Jesús Escudero Martín
Profesor de Matemáticas e Informática del
IES Fray Luis de León de Salamanca

DIÁLOGOS CON HUMOR (I, II, III y IV)

(GRAN SELECCIÓN)
[B/N]

Salamanca 2018

DIÁLOGOS CON HUMOR (I, II, III y IV)
(GRAN SELECCIÓN) [B/N]
Jesús Escudero Martín
Enero 2019

Tapa blanda: 480 páginas
Colección: Humor
Idioma: Español

ISBN: 9781792886782

E-mail: jescudero11111@gmail.com
Web: http://platea.pntic.mec.es/jescuder/
Blogs: http://blogs-escudero.blogspot.com.es/
Twitter: jesusescuderom
Facebook: jescuderomartin

A todos los que buscáis
el lado divertido
de las cosas

"No hay que tomar nada en serio, excepto los chistes"
(Osho Rajneesh)

"El éxito de un chiste depende de quien lo oye, no de quien lo dice" (Shakespeare)

"El día que no rías, es un día perdido"
(Charles Chaplin)

INTRODUCCIÓN

«Tomar la diversión como simple diversión y la seriedad en serio, muestra cuán profundamente indiscernibles resultan ambas entre sí» (Piet Hein)

Este podría ser el modo más conciso de expresar el punto de vista desde el que están escritas casi todas las páginas del libro.

Espero que, ni al más ingenuo de los lectores, se le ocurra pensar que los diálogos, chistecillos, se me han ocurrido a mí. Aunque hay algunos originales, la mayoría han sido extraídos de revistas, periódicos y libros de todo tipo, así como de Internet, de las redes sociales y del correo electrónico.

Como desde comienzos de los años 70, he recogido todo tipo de curiosidades de este tipo y otras, por afición, sin ánimo de publicarlos más adelante, desconozco el origen exacto de la mayoría de ellas.

Todo este material me ha ayudado a amenizar mis clases, cuando ejercía de profesor, sacando a colación el chascarrillo o la curiosidad apropiados en el momento oportuno. Los alumnos siempre están interesados en estos temas, y, sobre todo, si vienen a cuento.

Por último, indicar que ha sido escrito con la intención de que pase Vd. momentos entretenidos y para intentar sacarle esa sonrisa que pudiera tener escondida.

CLASIFICACIÓN DE LOS DIÁLOGOS

La variedad de diálogos es casi infinita, por eso es muy difícil clasificarlos en grupos definidos. Le muestro a continuación algunos tipos de los más relevantes.

AL PIE DE LA LETRA.

Es la locución adverbial que significa *"literalmente"* o *"enteramente y sin variación, sin añadir ni quitar nada"*.

Copiar un texto al pie de la letra consiste en transcribirlo palabra por palabra. Contar algo al pie de la letra es hacerlo con todos los detalles tal y como sucedió.

Hay historias que alguien toma de esa manera.

- Perdone, ¿sabe Vd. cómo se llaman los habitantes de San Sebastián?
- Todos, no.

    - ¿Sabe Vd. que el alcohol mata a dos millones de americanos al año?
    - No me preocupa, doctor, yo soy gallego.

- Por favor, ¿cómo se llama aquella montaña?
- ¿Cuál?
- Muchas gracias. ¿Y esa otra?

    - ¿Cómo se declara el acusado?
    - Señor juez, con flores y arrodillado, soy un hombre bastante tradicional.

- ¡Camarero, le he pedido ya cien veces un vaso de agua!
- Sí, ahora mismo: ¡Marchando cien vasos de agua para el señor!

    - Por el virus, le hemos amputado el brazo.
    - ¿Qué virus? Si ingresé por unas hemorroides...
    - El virus informático. No vea qué follón con los historiales.

- ¿Qué te apuestas a que hago una tortilla española haciendo el pino?
- ¡No hay huevos!
- Pues, si no hay huevos entonces nada.

    - Paco, cariño, ¿por qué nunca quieres que cocine yo para ti?
    - Porque no sé cómo cocinas.
    - Pues, cocino de muerte.
    - Vale, ¿pides tú la pizza o la pido yo?

- Camarero, ¿aquí dan bien de comer?
- Sí señor, aquí comerá como en su casa.
- ¿Y si pago un poco más?

    - Vete, ya no te quiero. Sólo me das problemas.
    - Pero, ¿qué dices? Si soy tu profesora de mates.
    - Y dale...

- Gutiérrez, estás expulsado del equipo de paracaidismo.
- ¿Por qué?
- Porque no me caes bien.

- Levantemos el corazón.
- Lo tenemos levantado hacia el Señor.
- Estamos en una operación.
- Perdón, doctor.

AMBIGÜEDADES.

La ambigüedad es una situación en la que la información se puede entender o interpretar de más de una manera. El contexto tiene suma importancia en la eliminación de las posibles ambigüedades; la misma información puede ser ambigua en un contexto y no serlo en otro.

La lengua hablada contiene ambigüedades cuando hay más de una forma de componer un conjunto de sonidos en palabras. Estos casos se resuelven con el contexto. Ejemplos: *¿Me diste la caja? ¿Mediste la caja? Dámela vacía. Dame la vacía.*

- Hombre Manolo, ¿qué tal te va la vida?
- Fenomenal.
- ¿Qué es de Pilar?
- Arrancar los pelos de las piernas.

- Pili, creo que tú y yo tenemos química.
- ¿Sí? ¿Tú crees?
- Sí, mira tu horario...

- Sabes, me he comprado un champú anticaida.
- ¿Y te funciona?
- No, me sigo resbalando en la ducha.

- Hola, quería reservar una mesa para cenar mañana.
- ¿Cuantos serán?
- Seremos de 6 a 10.
- Necesito saber cuántos confirmados.
- Confirmados dos, el resto solo bautizados.

- Pues, mi marido y yo somos inseparables.
- ¿Vais siempre juntos?
- No, es que cuando nos peleamos se necesitan hasta ocho vecinos para poder separarnos.

- Tengo comprobado que es tan importante el ejercicio como el estiramiento.
- ¿Qué dices? Si te pasas todo el día en la cama.
- Sí, pero estirao.

* Desde el lunes mi hijo va a clase de flamenco.
* ¿Y cómo le va? ¿Está contento?
* Lo que peor lleva es meter la cabeza bajo el agua.

- ¿Ha visto Vd. "El Último Tango en París"?
- No, lo vi en Buenos Aires.

ARGUCIAS.

Argucia es un concepto que alude a un engaño, una treta o una artimaña presentado con agudeza. También podemos decir *añagaza, trampa, falsedad, patraña, embuste, cuento, componenda, enredo, sutileza, sofisma, ingeniosidad* y *tergiversación*. Prácticamente, todos ellos conducen a una situación tejida con gran habilidad para manipular de alguna forma a los demás.

El ingenio es clave a la hora de elaborar una argucia. Las ideas usadas para engañar a los demás deben ser convincentes, y para ello no sólo es necesaria la creatividad, sino un profundo conocimiento de los rasgos del receptor, tanto desde un punto de vista emocional como cultural. Por ejemplo, un adolescente se inventa que borró por accidente de su ordenador todos sus documentos para excusarse ante sus padres por no haber presentado un trabajo práctico en el colegio. Como es normal que las personas de cierta edad no lleguen más allá de las funciones básicas de un ordenador, la argucia podría tener éxito.

* Oye, tío, el tambor que me regalaste ha sido el mejor regalo que he tenido nunca.
* Me alegro mucho de que te gustara.
* Sí, papá me da todos los días dos euros para que no lo toque.

- ¿Por qué lloras?
- Porque todo me sale mal.
- Soy tu Hada Madrina, te concedo tres deseos.
- Quisiera que fueran cuatro.
- Concedido. Te quedan tres.

- (El guía) Este es el castillo que mandó edificar Carlos V.
- Oiga, pero si ahí no hay ningún castillo...
- No, él lo mandó edificar, lo que pasa es que no le hicieron caso.

    - Hijo, ¿por qué llegas ebrio?
    - Mamá, me dijiste "embriágate".
    - Idiota, te dije "abrígate".

- ¿A qué hora llegaste anoche a casa? ¡Desgraciado! ¡Mal nacido!
- ¡A las doce menos cinco!
- ¡Sinvergüenza! ¡Canalla! ¡Llegaste a las siete!
- ¿Y cuánto es doce menos cinco?

    - Tiene 138 puñaladas y Vd. dice que ha muerto de muerte natural.
    - Claro, señor juez, con esas puñaladas lo más natural es que se muriera.

- Oye Manolo, ¿me prestas 300 euros?
- Bueno, vale, pero con la condición de que no te los quedes mucho tiempo.
- No te preocupes, en una hora ya no los tengo.

    - Papá, ¿te acuerdas que me dijiste que cuando fuera mayor comería huevos?
    - Claro, hijo.
    - Pues, te presento a Ramón.

- Dígame, don Joaquín, ¿cuánto pesa?
- Con gafas 75 kilos.
- ¿Y sin las gafas?
- No sé, no veo la balanza.

    - Vamos a ver señora, saque la lengua.
    - ... Doctor, ya me estoy cansando de tener la lengua fuera y usted ni siquiera me ha mirado.
    - Es que quería escribir tranquilo la receta.

- ... Y dígame, ¿sabe Vd. cuándo se produjo la independencia de la India?
- Cómo no. Cuando el indio le concedió el divorcio.

- *Pili. ¿qué te pasa que estás malhumorada?*
- *Nada, que mi yerno me ha salido cornudo.*

CONTRADICCIONES.

El término contradicción alude al acto y el resultado de contradecir. Este verbo expresa lo opuesto de lo que otra persona afirma. Es habitual que alguien se contradiga a sí mismo.

En lógica, es la incompatibilidad que existe entre distintas proposiciones. Las expresiones *"Juan está vivo"* y *"Juan está muerto"* son contradictorias si se refieren al mismo individuo.

En derecho, es un principio jurídico que rige los procesos judiciales. Si hay una contradicción entre lo que sostiene el demandante y lo que alega el demandado, el juez actuará como árbitro imparcial que dicta una sentencia para resolver el litigio.

- *Yo tengo la valentía de un león.*
- *Yo también, pero la pierdo cuando tengo miedo.*

  - *Oiga, ¿es usted supersticioso?*
  - *¿Yo? No, trae mala suerte.*

- *Pepe, ¿tú eres rencoroso?*
- *No, pero el que me la hace lo paga.*

  - *Cruzaré mares y océanos por tí, lucharé en horribles batallas... Tus deseos serán órdenes para mí.*
  - *Bien, vamos esta tarde de compras.*
  - *Ni de coña.*

- *¿Es usted culpable o inocente?*
- *Inocente, señor juez.*
- *¿Ha estado detenido alguna otra vez?*
- *No, es la primera vez que robo gallinas.*

  - *Manolo, me han dicho que eres hipocondríaco.*
  - *¿Hipocondríaco yo?*
  - *Pero, si esa es la única enfermedad que no tengo.*

- *¡Pepe, Pepe, despierta!*
- *¡Qué pasa!*
- *¡Que se te han olvidado las pastillas para dormir!*

Jesús Escudero Martín - Diálogos con humor (I, II, III y IV)

- Doctor, tengo un grave problema.
- ¿Qué síntomas tiene?
- Cuando como, se me quita el hambre.

• ¿Cuántos años tiene tu hijo?
• Es un mozo, ya tiene 12.
• ¿Será buen estudiante
• ¿Bueno? Con decirte que la primera comunión la sacó a la segunda...

- Oye Joseba, ¿qué es la viagra?
- Pues Patxi, es un medicamento para tener sexo 4 ó 5 veces al día.
- ¡Ayvalahostia, un tranquilizante pues!

DOBLES SENTIDOS.

El doble sentido es una figura literaria en la que una frase puede ser entendida de dos maneras, usualmente como una forma de humor. La mayoría de los chistes suelen basarse en el doble sentido, aunque también utilizan metáforas comunes.

• Doctor, hay un hombre invisible esperando en la sala de espera.
• Dígale que en este momento no puedo verlo.

- Niños, ¿dónde vais con la vaca?
- Se la llevamos al toro.
- ¿Eso no lo puede hacer vuestro padre?
- No, tiene que ser el toro.

• Pues, mi marido es marinero y se pasa once meses en el mar y uno en casa.
• Vaya, ¿se te debe hacer eterno?
• No te creas, se pasa más de medio mes en casa de su madre.

- Perdone, ¿es ese el Ayuntamiento de Sevilla?
- Sí, señor.
- ¿Cuánta gente trabaja en él?
- Ni la mitad.

- Juan, ¿por qué vas en traje al instituto?
- Pues, porque tengo clase.

  - Camarero, en la carta pone que tienen verduras a elegir. ¿Qué verduras tienen?
  - Espárragos.
  - ¿Y qué más?
  - Nada más.
  - Entonces, ¿entre qué puedo elegir?
  - Entre si los quiere o no los quiere.

- Manolo, ¿sabes que he abierto una joyería con mi hijo?
- Pero, si no tenías ni un duro...
- No hombre. Con un destornillador.

  - Las reglas se hicieron para romperse.
  - ¡Abuelo! ¡Para! ¡Van a echarnos de la papelería!

IRONÍAS.

La ironía o *sarcasmo*, se entiende como una burla disimulada que consiste en dar a entender lo contrario de lo que se dice a través de una cierta entonación o del lenguaje corporal.

- Manolo, ¿sabes lo que es un pañuelo?
- No, el caso es que me suena...

  - Mamá, ¿cuándo comeremos pan de hoy?
  - Mañana.

- No se preocupe, su vida no corre peligro, yo mismo padecí su enfermedad hace unos años.
- Si doctor, pero usted no tenía mi mismo médico.

  - Buenos días, ¿tiene veneno para cucarachas?
  - Claro que tengo esos polvos infalibles. ¿Quiere una bolsa para llevarlos?
  - No, si le parece le traigo aquí las cucarachas.

- Oiga, ¿este balneario es bueno para el reuma?
- Buenísimo, aquí lo cogí yo.

  - ¡Tía! Te noto como apagada.
  - Más que apagada, estoy fundida.

- *Loli, estoy preocupada, mi marido no me come nada.*
- *¿Y eso?*
- *¡Uf, eso menos!*

  - *Doctor, soy asmático, ¿es grave?*
  - *No amigo, es esdrújula.*

- *Eres la chica más guapa que he conocido nunca.*
- *Tú lo que buscas es acostarte conmigo.*
- *Anda, y la más lista…*

  - *Paco, ¿qué tal en la piscina con los niños?*
  - *Estoy hasta los cataplines.*
  - *Entonces, no cubre mucho…*

OTROS JUEGOS DE PALABRAS.
Se pueden observar en los siguientes ejemplos.

- *¿En qué trabaja Vd.?*
- *Soy director general de una empresa de importación y exportación.*
- *¡Qué puesto más importante!*
- *¡Y exportante!*

  - *Manolo, ¿qué tal te ha ido en el examen del carnet de conducir?*
  - *Ha sido coser y cantar.*
  - *¿Sabes coser?*
  - *No.*
  - *¿Y cantar?*
  - *Tampoco.*
  - *Vale, entiendo.*

- *Papá, ¿qué significa "sintaxis"?*
- *Que tienes que coger el bus.*
- *Gracias papi, eres un pozo de sabiduría, si no fuera por ti, ¿qué sería de mí?*

  - *Pues, mi hijo cada vez está más gordo.*
  - *¿Y qué vas a hacer?*
  - *Le voy a meter a clase de canto.*
  - *¿Y eso?*
  - *Pues, porque de frente no entra.*

- *Papá, ¿cómo se dice fuera o fuese?*
- *Da lo mismo, hijo.*
- *Pues, ponte bien el bañador que tienes un huevo fuese.*

  - *Ring, ring, ring... ¿Dígame?*
  - *Hola Paco, te llamo por la raqueta de tenis.*
  - *Vaya, pues se escucha divinamente, tío.*

- *Manolo, cariño, es que me traes por la calle de la amargura...*
- *Pero, Merche, ¿no ves que te traigo por donde me dice el GPS?*

  - *¿Tiene juegos de cama?*
  - *Sí, señorita.*
  - *¿Y reglamentos?*

- *Pues, el otro día íbamos yo y Antonio.*
- *Perdona, querrás decir, Antonio y yo.*
- *Vale hombre, yo no iba...*

  - *¡Mosca! Hay una sopa en mi camarero.*
  - *Señor, creo que usted tiene dislexia.*
  - *¡Tu madre de la concha!*

- *¿Dónde estás trabajando?*
- *Soy funcionario del Ayuntamiento.*
- *¿Y qué tal te va?*
- *Fatal, mi jefe es un tirano, nos hace trabajar por diez.*
- *¿Y cuántos sois en el departamento?*
- *Veinticinco.*

  - *Pepe, ¿te cuento un chiste verde rápido?*
  - *Vale.*
  - *Una lechuga en una moto.*

Por último, quiero hacer la observación de que en todo momento he procurado que *"el sentido del humor"* esté siempre presente y que *"el mal gusto"* brille por su ausencia en los **3.017** diálogos, historias, chistecillos... que aparecen.

Salamanca, enero 2019

DIÁLOGOS CON HUMOR (I)

- Papá, tengo que darte dos noticias, una buena y otra mala.
- He tenido un mal día, así que cuéntame sólo la buena.
- La buena es que el airbag del coche nuevo funciona perfectamente.

  - Nena, me recuerdas mucho a mi cuarta novia.
  - ¿Y la quinta?
  - No sé, sólo he tenido tres.

- Oiga, señor guardia, ¿si pesco en este río sería un delito?
- Nada de eso, sería un milagro.

  - Nena, creo que tú y yo nos vamos a entender muy bien.
  - ¡Whats you see!
  - ¿Ehhhh?

- Por favor, ¿voy bien para el Parque de Atracciones?
- Hombre, yo vengo de allí en camiseta y nadie me ha dicho nada.

  - Disculpe, ¿por qué está Vd. tan gordo?
  - Pues, por no discutir.
  - Hombre, ¿no será por eso?
  - Bueno, pues no será por eso.

- Por favor, para ir al hospital, ¿qué tengo que tomar?
- Veinte aspirinas juntas, por ejemplo.

  - Perdone, ¿la forma más rápida de llegar a la prisión de Carabanchel?
  - Ahí tiene una oficina de Cajamadrid, entre y diga: "¡Esto es un atraco!".

- Por favor, ¿me falta mucho para *"El Retiro"*?
- Con lo joven que eres, aún tienes que trabajar, aún.

  - Por favor, ¿este autobús me lleva para el cementerio?
  - Si se pone delante, sí.

- Oiga, por favor, ¿en este lugar hay algún animal negro?
- No, señor.
- Pues, llamen rápido a una ambulancia que acabo de atropellar a un cura.

  - Oye palurdo, ¿por dónde se va al hospital del pueblo?
  - Vuelve a llamarme palurdo y lo encontrarás rápido.

- Oiga, yo a Vd. le conozco de alguna parte.
- Es posible, voy bastante por allí.

  - ¿Qué le parece a usted eso de que los curas se casen?
  - Me parece muy bien.
  - ¿Por qué?
  - Para que sepan lo que es el infierno.

- *(Enano un día por Madrid)* Por favor, ¿cómo puedo llegar al metro?
- Tú con la edad que tienes ya no llegas.

  - Señora, ¿con qué lava usted las camisas de su marido?
  - ¡Con una mala leche!

- *(Encuesta a un guarro)* ¿Le puedo hacer dos preguntas?
- Sí, claro.
- ¿Podría decirme Vd. cuándo fue la última vez que se ha duchado y si piensa volver a hacerlo?

- Le voy a dar una primicia. ¿Sabe Vd. que el artista más guapo de España se está quedando sordo?
- ¿Sí? ¿Quién es?
- ¿Cómo dice?

> - Perdone, ¿cree Vd. que llevo el escote muy grande?
> - Acérquese un poco más, que no veo bien... ¿Tiene Vd. pelos en el pecho?
> - No.
> - Entonces, sí que es bastante grande el escote.

- ¿A qué atribuye usted su larga vida?
- Entre otras cosas, a que el juez no supo nunca quién mató a Jim Willians.

> - Pepa, cariño, últimamente te noto mucho más gorda.
> - Sí, es verdad. Me he apuntado a salsa y merengue.
> - Vaya, siempre pensando en comer. Así no adelgazas.

- Perdone, señora, ¿ha visto algún policía por aquí?
- No, señor.
- Pues, deme el bolso y el reloj ahora mismo.

> - Oiga, ¿a usted qué le molesta más la ignorancia, la indiferencia o la intolerancia?
> - Pues, ni lo sé ni me importa y me parece una pregunta bastante gilipollas.

- ¿Qué opina Vd. de que los curas se casen?
- Si se quieren...

> - ¿Le gusta a Vd. la música?
> - Sí, pero puede seguir tocando.

- Perdone, ¿es Vd. soltero o casado?
- Soltero.
- ¿Y, no piensa casarse nunca?
- ¿Para qué? Si tengo dos hermanas que me cuidan, me miman y me dan todos los caprichos.
- Sí, pero sus hermanas nunca le podrán dar lo que le puede dar una mujer.
- ¿Quién le dijo que eran hermanas mías?

  - Si desea curarse, de ahora en adelante, deberá beber más agua que vino.
  - Imposible, doctor.
  - Imposible, ¿por qué?
  - Porque bebo cinco litros de vino al día.

- María, cariño, ¿quieres que pasemos los dos un fin de semana perfecto?
- Vale, estupendo.
- Pues, nos vemos el lunes.

  - ¿Qué le pasa en el ojo que lo tiene tan hinchado?
  - Ayer, estaba la calle helada, un resbalón, una caída tonta, le da a uno la risa y ya ve.
  - ¿Y con qué se dio en el ojo?
  - No, si el que se cayó fue otro.

- Por favor, ¿para ir a la Universidad?
- Primero tiene Vd. que hacer Primaria y después Bachillerato.

  - ¿Adónde va a ir Vd. de vacaciones?
  - A Venezuela.
  - ¿En qué va a ir?
  - En barco.
  - ¿Y si el barco se va a pique?
  - Pues, me voy unos días a pique y luego a Venezuela.

Jesús Escudero Martín - Diálogos con humor (I, II, III y IV)

- Perdone, señora, al verla sonreír me dan ganas de decirle que venga a mi casa.
- Vaya, qué atrevido.
- ¿Atrevido? No, dentista.

     - ¿Pierde Vd. los estribos con mucha facilidad?
     - Pues sí, tenía 5.000 y ya no me queda ninguno.

- Es usted muy guapa, señorita.
- ¡Qué pena que yo no pueda decirle a Vd. lo mismo!
- Haga como yo; no diga la verdad.

     - ¿Qué tal por Cuba? ¿Qué tal vivís?
     - No nos podemos quejar.
     - ¿Vivís bien?
     - No. ¡Que no nos podemos quejar!

- Usted es un pintor que tiene muy mal gusto.
- Desde luego, será por eso que usted me cae simpática.

     - Por favor, señora, ¿tiene Vd. alguna hija?
     - Sí, una de 20 años.
     - ¿Sabe si pierde mucho durante el período?
     - Pues sí, unos 3.000 euros porque es prostituta.

- Oiga, por favor, ¿se caen a menudo los escaladores que intentan escalar ese pico?
- No, con una vez tienen suficiente.

     - Tiene Vd. una pulmonía.
     - ¿Una pulmonía, doctor?
     - Sí, deje el tabaco, el alcohol y las mujeres por un tiempo.
     - ¿Y me quedo sólo con la pulmonía?

- ¿Vd. cómo distingue un avellano de un almendro?
- Por el fruto.
- ¿Y si no tiene?
- Pues, me espero.

> - Hola Cristóbal.
> - ¿Cómo me has conocido?
> - Pues, por la Pinta.

- ¡Tío bueno! ¡Macizo! ¡Te voy a comer!
- Me cayó tan bien que le compré todos los cupones.

> - Perdone, el avión que acaba de salir, ¿sabe si es de carga o de pasajeros?
> - Es de carga.
> - ¿Y qué carga?
> - Pasajeros.

- Perdone, señor, ¿he visto su cara en alguna otra parte?
- No lo creo, joven.
- ¿Está seguro?
- Segurísimo. Mi cara la llevo siempre en el mismo sitio.

> - ¡Tía buena! ¡Maciza!
> - Oiga, Vd. no tiene pelos en la lengua, ¿eh?
> - Porque Vd. no querrá.

- ¿Desde cuándo está Vd. casado?
- Desde hace 20 años.
- ¿Y siempre ha estado enamorado de la misma mujer?
- Sí, señor.
- Eso es admirable.
- Pero peligroso. Si mi esposa se entera me mata.

- Pedrito, vete a la tienda del señor José y dile que te dé dos euros de huevos.
- ... Señor José, me ha dicho mi madre que si tiene huevos me dé dos euros.
- Toma dos monedas de un euro y dile a tu madre que así no se piden las cosas.

　
- Oiga, por favor, ¿ha visto Vd. a un niño rubio con el pelo rizado doblar esa esquina?
- No, señor, cuando yo he llegado aquí la esquina ya estaba doblada.

　
- Perdone, ¿cómo es que le han puesto *"Bar el Maricón"*?
- Son cosas de mi mujer.
- ¿Podría hablar con ella un momento?
- Sí. ¡Juan, sal un momento, por favor!

　
- Por favor, ¿qué hora tiene Vd.?
- Las diez menos diez.
- ¡Bah! ¡Entonces no tiene nada!

　
- Perdone, sus zapatos me encantan, ¿son del 36?
- No, de la guerra civil no me pongo nada.

　
- ¿Sabes por qué se llama Papa Noel?
- Pues, no tengo ni idea.
- Porque los regalos te los trae papá, no él.

　
- Señora, mire esa pareja, no se sabe bien quién es el chico y quien es la chica.
- Yo sí lo sé, son mis hijos.
- Perdone, no sabía que Vd. era su madre.
- No soy su madre, soy su padre.

- Por favor, señor, ¿cuántos cornudos conoce sin contarse usted?
- Señorita, es usted un poco mal educada.
- Bueno, pues, cuéntese.

- Oiga, ¿tiene Vd. algo que ver con el mundo del cine?
- Sí. Un cuñado de mi hermana es acomodador.

- Teniendo Vd. 98 años y su mujer 97, ¿por qué se quieren divorciar?
- Porque yo ya sólo hago el amor dos veces al año.
- ¿Y, cuántas veces quiere hacerlo a esa edad?
- No, si es que mi mujer quiere que sea con ella.

- Oiga, ¿qué opina Vd. de la China roja?
- Pues, mire Vd., ¿qué quiere que le diga? No tengo ni idea de porcelanas.

- Perdone, ¿sabe Vd. hablar el esperanto?
- Yo no, pero un primo que tengo, sí.
- ¿Y lo habla bien?
- Fenomenal. Como si hubiera nacido allí.

- Pero, ¿qué te ha pasado en la pierna?
- Ayer jugando al fútbol, cuando iba a sacar un córner se me cruzó un cerdo y en lugar de dar al balón di al cerdo.
- Pues, también es mala suerte.
- Pues, esto no es nada. Si hubieras visto al que lo remató de cabeza...

- Perdone, ¿cuál ha sido su profesión?
- Talador de árboles. De joven talé todos los que había en la selva del Sahara.
- Querrá decir en el desierto del Sahara.
- Sí, ahora lo llaman así.

- Perdone, señora, ¿sabía Vd. que de cada cinco niños que nacen en el mundo, uno es chino?
- No lo sabía. Menos mal que yo sólo he tenido cuatro.

  - Oiga, es cierto que en esta localidad se ven muchos platillos volantes.
  - Hombre, eso depende de si hay un restaurante cerca.

- Perdone, camarero, ¿sirven también mujeres en este bar?
- No, cada uno tiene que traer la suya.

  - María, ¿quieres casarte conmigo?
  - Estoy asando un pollo.
  - ¿Y qué tiene que ver eso?
  - Que yo nunca tomo decisiones importantes al asar.

- Cariño, ¿cuánto me quieres del 1 al 10?
- Yo del 1 al 10 te quiero mucho, pero del 11 al 30 me voy de viaje con mis amigos.

  - ¿Qué es para usted el amor?
  - No lo sé, yo nunca he sido infiel.

- Oiga, señor, ese tatuaje que lleva en el pecho, ¿con el agua no se borra?
- Pues, no lo sé.

  - Doctor, tengo tendencias suicidas, ¿qué hago?
  - Pagarme ya mismo.

- ¿Cuántas ovejas tiene Vd.?
- Pues, no lo sé, cada vez que las cuento me duermo.

- ¿Qué tal tu hijo en el colegio?
- Fenomenal. El otro día cuando se enteró de que había aprobado 1º de la ESO, de la emoción, se cortó al afeitarse.

> - Desde esos pinos hasta aquellos montes, toda la finca es mía. Tardo en recorrerla en coche 8 horas.
> - Yo también tengo un coche igual.

- Raquel, qué abrigo de visón más lujoso que tienes. ¿De dónde lo has sacado?
- Pues, el otro día estaba en un bar, vino un tío y me invitó a una copa, después estuvo hablando conmigo y más tarde me invitó a su apartamento, allí abrió un armario y me dijo: de todos estos abrigos de visón escoge el que quieras.
- Pero, tú tendrías que hacer algo, ¿no?
- Bueno, le tuve que coger el dobladillo porque las mangas me venían un poco largas.

> - Conozco a un médico muy bueno que me ha quitado las ganas de fumar.
> - Entonces, ¿ya no fumas?
> - Sí, pero sin ganas.

- Raquel, cariño, hoy me ha ido mal, muy mal. No he conseguido cazar ni una pieza.
- Era de esperar, te has olvidado la cartera en casa.

> - Vengo a decirle a Vd. que la leche que me vendió ayer era auténtica agua sucia.
> - De sucia nada.

- Pepe, mañana voy a ir a un médico porque me va a reducir la boca por 300 euros.
- Llévate 600.

- Pepe, ¿tú caballo fuma?
- No.
- Pues, corre que debe estar ardiendo el establo.

  - ¿Quieren salir sonriendo en la foto?
  - Pues, sí.
  - Entonces les diré el precio después de sacar la foto.

- *(Borracho llega a casa) Su esposa:* ¿De dónde viene Pepe?
- *Pepe:* ¿De dónde viene Pepe? ¿De dónde va a venir Pepe? Pues, de José.

  - Una limosna, somos las hermanas de San José.
  - Pues, qué bien que se conservan.

- Perdone, su perro parece listo.
- Sí, es un perro fenomenal, a un km. de distancia ya me huele.
- Pues, lávese más a menudo, guarro.

  - Quería una estilográfica.
  - Supongo que desea darle una sorpresa a su hijo para su cumpleaños.
  - Desde luego, él espera un coche.

- Fíjate si habla mi mujer, que puede estar 4 horas hablando sobre cualquier asunto.
- La mía, puede estar hablando 8 horas y no necesita asunto.

  - Oiga..., ¿es la pollería?
  - Sí señor, dígame.
  - Soy el señor Pérez. Aquella liebre y los tres faisanes que le encargué ayer ya puede venderlos. Esta mañana no me encuentro bien y he decidido no ir de caza.

- Hay que ver la suerte que tiene tu mujer.
- Pues sí. El otro día se encontró una pulsera de oro, ayer un collar de perlas, esta mañana un brazalete de brillantes.
- En cambio yo el otro día me encontré en casa unos calzones y no eran de mi talla.

> - Me pone muy furioso que Vd. no dé golpe en todo el día. ¿Entendido?
> - Sí, señor ahora mismo le traigo un calmante para que se le pase la furia.

- ¿Tiene artículos de viaje?
- Sí, señor.
- Pues, póngame dos bocadillos de anchoas.

> - ¿Te acuerdas de mi prima Maribel?
> - ¿Qué Maribel?
> - Aquella que decía que iba a hacer cualquier cosa para conseguir un abrigo de pieles.
> - ¿Ah, sí?
> - Pues, ya ha conseguido el abrigo, pero ahora no se lo puede abrochar.

- Quería una botella de agua.
- ¿De Lanjarón? La que agranda y fortalece el corazón.
- No, prefiero de Bezoya.

> - Si no me concede Vd. aumento de sueldo me mato.
> - No se preocupe que le voy a ayudar. ¿Hago traer pistola o cuchillo?

- ¿Tiene aspirinas?
- Sí, señor.
- Pues, tómese dos que soy el inspector de Hacienda.

- He pillado un resfriado tremendo. He tenido que hacer todo el viaje sentado junto a la ventanilla del tren que no se cerraba.
- Pero, ¿por qué no te cambiaste de sitio?
- ¿Con quién, si no había nadie en el compartimento?

- ¿Qué tal las vacaciones por Norteamérica?
- Regular.
- ¿Por qué?
- Por dos cosas que no me han gustado nada de los norteamericanos.
- ¿Cuáles?
- Que son muy racistas y que hay muchos negros.

- Paco, ¡por el culo no! ¡Por el culo no!
- Entonces, ¿por dónde, Emilio?

- Oye, Juan, ¿cuál es la raíz cuadrada de 36?
- No lo sé, es que yo soy de letras...
- Bueno, pues, ¿cuál es la raíz cuadrada de treinta y seis?

- Pepe, en ese restaurante, una chuleta de ternera grande, sólo cuesta un euro.
- Pues, sí que es barato.
- Claro, que si la quieres con carne 30 euros.

- *(En la tienda de ropa)* Oiga, ¿el jersey que me llevé ayer encoge o estira?
- ¿A Vd. cómo le queda?
- Grande.
- Entonces, encoge.

- Quería algún trabajo.
- ¿Le conviene de jardinero?
- Hombre, yo lo que necesito es ganarlo.

- Pepe, estoy escribiendo mis memorias, ya voy por el 1980.
- Pues, a ver si llegas pronto al 93 y me devuelves las 5.000 ptas. que te presté entonces y aún me debes.

  - Vaya fenómeno que es Felipe.
  - ¿Por qué lo dices?
  - Porque siendo sordomudo se ha casado ya siete veces.
  - Es que las mata callando.

- ¿Me permite, jefe, que me ausente durante dos horas? Es que voy a ser padre.
- Vale, márchese.
- ...
- *(A las dos horas)* ¿Qué ha sido niño o niña?
- Ahora es cuestión de esperar nueve meses, ¿sabe?

  - *(El peluquero después de hacer dos cortes al cliente)* ¿A usted no le he afeitado ya en otra ocasión?
  - ¡Oh, no! El brazo lo perdí en la guerra.

- ¿Me podría dar trabajo que tengo 20 hijos?
- Aparte de eso, ¿qué sabe hacer?

  - ¿Cómo tardas tanto?
  - Porque no encontraba la calle.
  - Hombre, preguntando se va a Roma.
  - ¿Y de dónde te crees que vengo?

- ¿Siguió usted mis consejos?
- Sí, doctor.
- ¿Se tomó el fósforo necesario que le dije?
- En realidad creo que me pasé un poco. Ahora cada vez que me rasco me enciendo.

- ¿Cuántos años tiene señorita?
- Veinticinco años, señor juez.
- Bien, ahora que ya ha dicho su edad, ¿jura decir la verdad, toda la verdad y nada más que la verdad?

    - Paco, hoy para cenar, sobras.
    - Pues, que sepas que tú a mí, tampoco me haces falta, Puri.

- ¿Tu coche gasta mucha gasolina?
- Una cucharada a los 100.
- ¿Sopera o de café?

    - ¿Cómo es tu amor por mí?
    - Cuenta las estrellas del cielo y lo sabrás.
    - ¡Ah! ¿Es infinito?
    - Pues no, es una pérdida de tiempo.

- Antonio, que tengo mala la vaca.
- ¿Y a mí qué me cuentas?
- Cuando tú tuviste mala la tuya, ¿qué le diste?
- Amoníaco.
- ...
- Oye Antonio, que he dado amoníaco a la vaca y se me ha muerto.
- Nos ha jodido, a mí también se me murió.

    - *(En la salchichería)* Entonces, niño, ¿crees que tengo yo escondido tu perro?
    - No lo sé, pero cada vez que silbo se mueven aquellos salchichones.

- Pepe, ¿tú te acostaste con tu novia antes de casarte con ella?
- Yo, no, ¿y tú?
- Yo, sí. Pero perdóname, no sabía que se iba a casar contigo.

- Conozco una familia de héroes: El padre se lanzó sin paracaídas desde 5.000 metros, la madre desde 6.000, el hijo mayor desde 7.000.
- ¡Vaya familia!
- Y no queda ahí la cosa, el hijo menor está preparando el salto para batir el récord desde los 8.000 metros.
- Vaya, ¿cómo le envidiarán los demás familiares?
- ¿Qué familiares?

  - Perdone, ¿a usted le gusta el yoga?
  - No lo he probado nunca; pero dicen que con coca-cola está muy bueno.

- Me dijo el médico que para adelgazar tenía que montar tres horas diarias a caballo.
- ¿Y has perdido mucho?
- Yo no, pero el caballo se está quedando en nada.

  - ¡Curioso! A mi amigo Chang le gustan todas las mujeres menos la suya.
  - A mí me ocurre lo mismo, me gustan todas las mujeres menos la de Chang.

- Antonio, no sabía que tenías trillizos.
- Es uno solo, lo que pasa es que es muy nervioso.

  - Oye Mariano, que el burro que me vendiste ayer se me ha muerto.
  - Qué raro, hace veinte años que lo tenía yo y eso no le había pasado nunca.

- Manolo, ¿qué tal tienes el estómago?
- De hoy en adelante, fenomenal, el médico ha prohibido a mi mujer que guise.

- Doctor, ¿qué hago para adelgazar?
- Basta con que mueva la cabeza de izquierda a derecha y de derecha a izquierda.
- ¿Cuántas veces?
- Todas las veces que le ofrezcan comida.

    - Deme un frasco de champú.
    - ¿Para cabello seco o cabello graso?
    - Para cabello sucio.

- ¿Te ha dicho ya el contable lo que debes hacer por la tarde?
- Sí, señor. Cuando vea que viene usted despertarle.

    - ¿Dónde va Vd. con ese cerdo?
    - A casa, me ha tocado en una rifa.
    - ¿Dónde lo va a poner?
    - Debajo de la cama.
    - Va a oler muy mal.
    - Pues, que se joda.

- Mariano, ¡qué guapo estás! ¿te has hecho la cirugía plástica?
- No hombre, es que en un accidente he perdido el dedo gordo del pie, y como tenía la nariz tan larga, me han injertado un trozo de ella en el pie.
- ¿Y, qué tal?
- Fenomenal. Sólo tengo un problema, cada vez que estornudo se me sale la zapatilla.

    - Manolo, ¿qué tal andas?
    - Mal.
    - ¿Qué pasa?
    - Mi madre, que desde el domingo para acá no nos conoce a ninguno.
    - ¿Por algún problema de la cabeza?
    - No, que no encuentra las gafas.

- Manolo, tengo un dilema.
- ¿De qué se trata?
- Tengo cataratas en los ojos, líquido en las rodillas y me da la gota muy a menudo.
- ¿Y dónde está el dilema?
- Que no sé si ir al médico o al fontanero.

- ¿De dónde vienes?
- Del médico.
- ¿Qué te ha dicho?
- Me ha quitado el tabaco, el café, el whisky...
- Pues, en la aduana de Algeciras te hubiera pasado exactamente lo mismo.

- Tengo actualmente una mujer que me quita el sueño.
- Pero, ¿te has vuelto a enamorar?
- No, la mía, que ronca una barbaridad.

- Pepe, me he separado.
- Qué alegría me das. Tu mujer era un pendón verbenero, yo mismo me acosté con ella.
- No hombre, me he separado de mi socio.

- Perdone, ¿usted de donde es?
- De Don Benito. *(Pueblo de la provincia de Badajoz)*
- ¿Y usted?
- Yo de Donostia.
- Bueno, bueno, tampoco es para ponerse así.

- Hombre Manuel, ¿qué es de tu vida?
- Pues mira, me he colocado de funcionario.
- ¡Qué bien! Así, por las tardes, no trabajarás.
- No, no. Por las tardes no voy. Cuando no trabajo es por las mañanas.

- ¡Qué imbécil soy, necesito doscientos euros y no sé a quién pedírselos prestadas!
- Menos mal, por un momento pensé que ibas a pedírmelos a mí.

  - Señorita, ¿le haría ilusión cenar conmigo esta noche?
  - Claro que sí.
  - Pues, compre cualquier cosa que a las 9 estoy en su casa.

- ¿Es muy charlatana tu esposa?
- No mucho, muchísimo. Tengo la seguridad de que si yo me quedara sordo, ella tardaría por lo menos una semana en enterarse.

  - Manolo, ¿tú, mañana a quién vas a votar, a la izquierda o a la derecha?
  - Pues, a ninguno de los dos, voy a votar a los maricones.
  - ¿A los maricones?
  - Sí, como de todas formas nos van a dar por detrás, por lo menos que lo hagan los profesionales.

- ¿Me da un frasco de elixir de ese crecepelo tan bueno que tienen?
- ¿Frasco grande o pequeño?
- Pequeño, que no me gusta mucho la melena.

  - Hola, buenas. Quería comprar una mosca.
  - Pero bueno, si esto es una ferretería.
  - Ya, pero es que como he visto tantas en el escaparate...

- ¿Nombre?
- Abu Abdalah Sarafi.
- ¿Sexo?
- Cuatro veces por semana.
- No, no. ¿Hombre o mujer?
- Hombre, mujer y algunas veces camello.

- *(En el Registro Civil)* Venía a inscribir a mi hijo.
- ¿Qué nombre le va a poner?
- Crisantemo.
- ¿Crisantemo?
- Sí, Crisantemo me llamo yo, Crisantemo se llama mi padre y Crisantemo se llamaba mi abuelo.
- Y claro, ¿quiere que siga el cachondeo? ¿No?

  - Donde mejor se duerme la siesta es en mi casa de campo.
  - Ni hablar, tú no conoces mi despacho.

- A mí la pitonisa me lo adivinó a medias.
- ¿A medias?
- Sí, me dijo que me tocaría el gordo.
- ¿Y qué fue lo que pasó?
- Que se equivocó de sexo. Ya ves las anchuras que tiene mi mujer.

  - ¿Qué tal tu hija?
  - Bien, se ha echado un novio que creo que es músico.
  - ¿No lo sabes seguro?
  - No, lo digo porque viene, toca y se va.

- Juan, ¿qué te ha parecido mi novia?
- ¿Quieres que te diga la verdad, o que sigamos siendo amigos?

  - *(En un control de alcoholemia)* Le vamos a retirar el carné, ha dado usted 4´5.
  - ¿Y me van a suspender por medio punto?

- Camarero, toma 10 euros y dile a aquel señor de la barra que deje de decir tonterías si no quiere que le arranque la cabeza de cuajo.
- A la orden, señor.
- Pero díselo como cosa tuya, ¿eh?

- Tengo un problema, Juan. Últimamente me meo en la cama y no sé qué hacer.
- Debes ir a un urólogo.
- ...
- ¿Qué? ¿Se arregló tú problema?
- Oye, ¿dónde me dijiste que fuera?
- Al urólogo.
- Como no me acordaba del nombre, fui al psicólogo, pero me ha ido muy bien.
- ¿Ya no te meas en la cama?
- Sí, pero me da igual.

> - ¿Qué es lo que tengo, doctor?
> - Poca cosa, se ha roto Vd. el tendón de Aquiles.
> - Pues, me duele como si fuese mío.

- Pepe, me han dicho que el cuadro que tengo en el salón es de Velázquez.
- No te preocupes, si lo has pagado tú, es tuyo.

> - Primero fuiste de derechas, después radical; más tarde, de izquierdas; luego falangista; ahora socialista.
> - Siempre estás cambiando de idea.
> - De eso nada. Mi idea siempre fue ser concejal.

- Manolo, algo no va bien en esta sociedad que tenemos...
- Es posible, pero, ¿por qué lo dices?
- Porque mi vecino va al gimnasio en coche para montar en una bici estática.

> - Mariano, ¿sabías que mi mujer se fue ayer a vivir con mi mejor amigo?
> - No, ¿cuál de ellos?
> - No lo sé, pero a partir de ahora es mi mejor amigo.

- Vaya, tenemos conductor nuevo. Y dígame, ¿cómo se llama usted?
- Carlos, señor.
- Bueno, verá, yo no acostumbro a llamar a mis empleados por su nombre de pila. ¿Me podría decir su nombre completo?
- Me llamo Carlos Cielo Querido, señor.
- Bueno, pues, empiece a conducir, Carlos.

- ¿Y tu marido? ¿Qué tal?
- No piensa nada más que en trabajar.
- Eso es bueno.
- ¿Bueno? No creas, lleva seis años tumbado en el sillón y aún no se ha decidido en qué trabajar.

- ¡Doctor, un perro acaba de morder a mi suegra en un dedo!
- ¿Y lo han desinfectado?
- No hemos podido, el perro salió corriendo.

- Oye, Manolo, ¿cuándo me vas a devolver los treinta euros que te presté?
- Chico, yo te los pedí en voz baja.
- Vale, ¿pero cuándo me los vas a devolver?
- ¿Qué te crees, que soy adivino?
- Es que ya hace un año que te los presté.
- Pues, invítate a algo para celebrar el aniversario.

- Papá, ¿por qué no le dejas conducir a mamá?
- ¿Y eso?
- Es que es más emocionante.

- ¿Qué tal te va?
- Mal, estoy en el paro, hace diez meses que no cobro el subsidio, a mi mujer la tengo enferma, no hay forma de ir tirando, estoy agobiado.
- ¿Y tienes algo a la vista?
- ¿Qué? ¿Quieres que tenga cataratas también...?

- Hombre, Antonio, ¿qué tal te va la vida?
- Pues, mira, desde que monto en bicicleta todo me va sobre ruedas.

  - Hola Manolo, ¿qué es de tu vida?
  - Estoy a punto de suicidarme.
  - ¿Cómo es eso?
  - Mi empresa ha hecho suspensión de pagos, mi hijo llega todas las noches borracho, mi hija se ha ido de casa y mi suegra se pincha. Mira si estaré desesperado, que si mi mujer se va con otro, soy capaz de irme con ellos.

- Paco, mi novia actual trabaja como jardinera para el Ayuntamiento.
- Pues, ten cuidado no te deje plantado.

  - ¿Cómo no vino Vd. a trabajar ayer?
  - Porque mi mujer tuvo un parto dificilísimo.
  - Pero eso me lo dijo Vd. hace 15 días.
  - Ya lo sé, jefe, es que mi mujer es comadrona.

- Paco, cariño, ¿si te tocara la primitiva me seguirías queriendo?
- Sí, pero te echaría mucho de menos.

  - A mi mujer le encantan esos libros que no se sabe cómo van a terminar, y que hasta el final uno nunca puede adivinar si va a salir todo bien o va a ocurrir alguna tragedia.
  - ¿Ah, sí? ¿Qué tipos de libros son esos?
  - Los de recetas de cocina.

- Mire, por mil euros entre mi hermano y yo le hacemos el túnel.
- ¿Y, cómo lo harán?
- Mi hermano se pone en un lado, yo en el otro, empezamos a picar y cuando nos encontremos ya está en túnel hecho.
- ¿Y si no se encuentran?
- Mejor para Vd. dos túneles por el mismo precio.

- María, esconde los paraguas que viene gente a cenar.
- ¿Tienes miedo a que se los lleven?
- No, tengo miedo a que los reconozcan.

  - ¿Por qué mató Vd. a su esposa?
  - Por Piedad.
  - ¿Por piedad?
  - Sí, mi nueva amiga se llama Piedad.

- Juan, cariño, ¿sabes si los refranes y las máximas son siempre verdaderos?
- Claro, por eso tú nunca llegarás a ser millonaria.
- ¿Por qué lo dices?
- Hay una máxima que dice: *"El silencio es oro"*.

  - Vaya perro más delgado tiene Vd., ¿no le da de comer?
  - Para lo que hace.
  - ¡Pues, mátelo!
  - Para lo que come...

- ¿Qué te ha dicho el médico?
- Que tengo la lengua sucia.
- ¿Y qué te ha cobrado?
- 50 euros.
- Pues, si te llega a mirar los pies no te alcanza con el sueldo del mes.

  - *(Entre secretarias)* Mira, qué bien se viste el jefe.
  - Sí. ¡Y qué rápido!

- González, este mes ha solicitado Vd. siete permisos para ir al entierro de su suegra, ¿cómo se explica eso?
- Es que cuando no es por una cosa es por otra, pero siempre se me estropea el plan.

- Mariano, cariño, esta tarde se ha subido un señor conmigo en el ascensor, ha sacado un cuchillo y me ha dicho: *"Nena, hacemos el amor o te mato"*.
- ¿Y qué ha pasado?
- Pero, ¿no ves que te lo estoy contando?

> - Pepe, dime algo romántico.
> - El Acueducto de Segovia.
> - Serás idiota, te he dicho algo romántico, no románico.

- *(El marido tirándole platos a su mujer el día después de la boda)*
  Pero, ¿qué haces, Pepe? Siempre me dijiste que me ibas a adorar.
- Sí, pero antes te voy a platear.

> - ¿Qué le diste ayer al caballo para que se pusiera tan bravo sexualmente con la yegua?
> - Un jarabe nuevo muy potente.
> - ¿Cómo se llama?
> - No lo sé, sólo sé que sabe a menta.

- Pero, María, ¿qué te ha pasado para que traigas este aspecto?
- Un individuo, que me ha insultado, me ha pegado, se ha metido con toda mi familia...
- Pero, ¿dónde has conocido un tipo así?
- Justamente, después de atropellarlo.

> - ¿Por qué lloras cariño?
> - Porque la sopa que hoy había preparado para ti se la ha comido el gato.
> - ¿Por eso lloras? No te preocupes, ya te compraré otro gato.

- Bravo, querida, vas progresando, sólo has estado media hora hablando por teléfono, ¿quién era?
- No, se habían equivocado de número.

- Doctor, por la noche estoy bien, pero durante el día tengo siempre la cara congestionada y a veces me falta la respiración.
- ... Ya está, ¿se siente mejor ahora?
- Desde luego. Pero, ¿qué tenía?
- Tenía Vd. el cuello de la camisa muy apretado.

> - Raquel, cariño, cuando cumplamos nuestras bodas de plata te voy a llevar a China.
> - ¿Y cuándo cumplamos las de oro?
> - Quien sabe, lo mismo te voy a recoger.

- Paco, he llegado a la conclusión de que los hindúes no conocían el Seat 600.
- ¿Por qué dices eso?
- Porque acabo de leer el kamasutra y veo que faltan muchas posturitas.

> - ¿Por qué dices que te casaste conmigo por dinero, si yo no tenía un duro?
> - Mira chica, alguna excusa tenía que poner.

- Cariño, ¿qué te gusta más, mi cuerpo o mi inteligencia?
- María, lo que más me gusta de ti es tu sentido del humor.

> - ¿Por qué se hizo Vd. cocinero?
> - Porque una vez me mandaron a freír espárragos, me gustó y me quedé.

- Marisa, ¿tú, te llevas bien con tu marido?
- Pues, sí. No discutimos nunca. Cuando yo tengo la razón lo reconoce y en paz.
- ¿Y cuando la tiene él?
- Eso no ha pasado nunca ni pasará.

- Pilar, ¿qué te pasa que tienes tan mala cara?
- Calla, que tengo ingresada a mi madre en La Paz.
- ¿Está grave?
- Dice el médico que está con un pie en La Paz y con el otro en el cementerio.
- Hija, qué incómoda tiene que estar con el chichi en El Retiro.

- Perdone, ¿dónde ha estado Vd. este verano?
- En Egipto.
- ¿Ha visto el nacimiento del Nilo?
- No llegué, pero vi el bautizo.

- María, me he comprado una jaula para tigres.
- ¡Qué gastador eres! ¿Para qué la quieres la jaula si no tienes tigres?
- Bueno, cuando tú te compras un sujetador, yo no te doy la paliza con que si tienes o no tienes.

- Hola cariño, te noto preocupada.
- Es que pronto seremos tres.
- ¿Te has hecho las pruebas?
- Todavía no.
- Entonces, ¿cómo lo sabes?
- Es que mañana viene mi madre.

- Manolo, ¿dónde vas con ese saco al hombro?
- Es estiércol.
- ¿Para qué?
- Para las fresas.
- ¿No estarían mejor con nata?

- ¡María! ¡Me han tocado 600 millones a la primitiva! ¡Prepara la maleta!
- ¿Ropa de verano o de invierno?
- Toda, que te vas con tu madre.

- Piluca, desde que te conozco me has hecho un hombre diferente. Ni fumo ni bebo ni digo palabrotas.
- ¿Sí?
- ¡Cojones! Ya me he dejado el tabaco olvidado en el bar.

> - *(El marido agonizando)* María, ahora que me voy a morir quiero confesarte un secreto.
> - ¿Qué secreto?
> - Que hace poco te engañé con tu mejor amiga.
> - ¿Y por qué te crees que te he envenenado?

- Perdone, ¿cuál es su profesión?
- Tiro de pluma.
- ¿Trabaja en alguna oficina?
- No; de pinche de cocina. Soy el que pela los pollos.

> - Le vengo siguiendo desde hace un rato y se ha saltado Vd. todos los semáforos. Tengo que multarle.
> - Es que soy daltónico.
> - Hombre, ¿es que en Daltonia no hay semáforos?

- ¡Camarero! Hace más de media hora que estoy esperando que traiga la comida. Si me hace esperar más se me pasará el apetito.
- No se preocupe, señor; aquí tendrá apetito incluso después de haber comido.

> - Por favor, ¿me puede dar Vd. 10 céntimos que hace 15 días que no cómo?
> - Con 10 céntimos, ¿qué va a arreglar?
> - No, si es para pesarme y ver cuánto he perdido.

- Mari, cariño, cuando hablas me recuerdas al mar.
- ¡Qué lindo! No sabía que te impresionara tanto.
- Mira, no me impresionas. ¡Me mareas!

- Cariño, ¿qué quieres que te regale para Navidad, un abrigo de visón o un viaje a Canadá?
- Un viaje a Canadá.
- ¿Por qué?
- Porque allí el visón es más barato.

> - Señora María, que está usted muy gorda.
> - Sí, hijo, como una tapia.

- Pepe, ¿me quieres?
- Claro, mujer.
- ¿Y si me pegara un tiro lo sentirías?
- Claro, ¿o te crees que soy sordo?

> - Mi cabo, que no cabo en la garita.
> - ¡Imbécil! Se dice *"quepo"*.
> - Mi quepo, que no cabo en la garita.

- ¿Ya has aprendido a conducir la moto?
- Claro.
- ¿Y qué te ha parecido lo más duro?
- El farol de enfrente de mi casa.

> - Cariño, tengo un negocio entre manos que si me sale bien nos iremos un mes a Brasil.
> - ¿Y si te sale mal?
> - Para toda la vida.

- Vengo a denunciar la desaparición de mi suegra.
- ¿Cuánto hace que falta del hogar?
- Ocho meses.
- ¿Y viene ahora?
- Es que no me lo acababa de creer...

- Este verano he ligado tres veces más que el año pasado.
- ¡Anda ya! No me lo creo.
- Te lo juro. El año pasado no ligué nada, y este año nada de nada de nada.

    - Pepe, ¿sabes que estoy esperando un hijo?
    - ¡No jodas!
    - Sin joder.
    - Pues, entonces no es tuyo.

- Vaya foto más fea que llevas en la pitillera, ¿quién es?
- Mi suegra.
- ¿Tanto la quieres?
- Calla hombre, que es para dejar de fumar.

    - ¿Qué tiene que alegar el acusado?
    - Que soy inocente, incineré su cuerpo porque esa era su última voluntad.
    - Pero, podría haber esperado a que muriera, ¿no?

- Pues, yo le debo a Italia los mejores momentos de mi vida.
- Pero, si nunca has estado en Italia.
- Yo no, pero mi suegra va todos los veranos.

    - Doctor, ¿qué es lo que tengo?
    - Tiene Vd. un cálculo en el riñón.
    - ¿Y eso es grave?
    - No, es grava, como arenilla.

- Hoy en un curso del INEM nos han hablado de la onda expansiva.
- ¿Y eso qué es?
- Pues, más o menos, como si tú te acuestas con tu mujer y le dieras gusto a todo el bloque.

- Marisa, hoy vienen a comer los señores de González.
- Muy bien, señora, ¿quiere que vuelvan otro día o que no vuelvan más?

  - Pues, mi suegra, como cocinera es un sol.
  - ¿Es buena?
  - No, lo quema todo.

- Venía a ponerme la inyección.
- Muy bien... Es Vd. un poco guarro.
- ¿Por qué lo dice?
- Porque el algodón no engaña.

  - Venía a divorciarme.
  - ¿Por qué?
  - Porque mi mujer desde hace diez años me tira los trastos a la cabeza.
  - ¿Y viene Vd. ahora?
  - Es que últimamente está afinando la puntería.

- Manolo, ¿dónde vas tan corriendo a la cuatro de la mañana?
- Es que a mi suegra le ha dado un cólico de gambas.
- ¿Y vas a por el médico?
- No, a por más gambas.

  - Juan, todo hombre que no consigue que los demás le entiendan, es idiota perdido, ¿me comprendes?
  - Pes, no.

- Pepe, me he encontrado al Presidente de la Sociedad Protectora de Animales, y me ha tratado como a un perro.
- ¡Caramba!
- Sí, sí, ha estado muy amable conmigo.

- Mi amor, te prometo que he cambiado y me gustaría volver a intentarlo contigo.
- Pero, ¿usted quién es?
- Ves como he cambiado que ya ni me reconoces...

  - Juan, tengo dos noticias que darte, una es buena y la otra mala. ¿Cuál quieres que te dé primero?
  - Pues, dame la buena.
  - Pues, tengo que decirte que voy a ser padre.
  - ¡Enhorabuena! ¿Y la mala cuál es?
  - Que tu novia está embarazada.

- Cariño, ¿qué hay para comer?
- Hay, una deconstrucción de huevo y patata crujiente al toque de ébano.
- Se te ha quemado la tortilla, ¿no?
- Como un tizón.

  - Manolo, ¿sabes que han aprobado lo de la emancipación de la mujer?
  - ¿Y eso qué es?
  - Que van a mandar en casa lo mismo ellas que nosotros.
  - Vaya, ya era hora de que pudiéramos mandar algo nosotros.

- Manolo, ¿de dónde vienes?
- Del cementerio de enterrar a mi suegra.
- ¿Y cómo vienes tan triste?
- Es que me ha dicho el cura que en la otra vida nos volveremos a encontrar.

  - Fíjate, este año mis yernos quieren que vaya de vacaciones con ellos.
  - ¡Qué yernos tan buenos tienes!
  - Sí, pero el de Cádiz quiere que vaya a Lugo y el de Lugo quiere que vaya a Cádiz.

- Doctor, ¿qué puedo hacer para que esta año durante las vacaciones mi mujer no se quede embarazada?
- Pues, llévesela con Vd.

- Desde que mi mujer se fue, la casa está como vacía.
- ¿La echas de menos?
- No, que se llevó los muebles.

- Pepe, ¿qué hora es?
- Hora de que me pagues lo que me debes.
- Chico, no creí que fuese tan temprano.

- Hola, ¿es aquí el curso de tiro al plato?
- Sí. ¿Le apunto?
- No, a mí no. Al plato.

- Bautista, ¿está ya el baño?
- Sí, señor, excepto el agua caliente.
- ¿Cómo que excepto el agua caliente? ¿Qué le pasa al agua caliente?
- Que está fría señor.

- Mi amor, me voy a hacer un seguro de vida por 50 millones de euros, para que cuando me muera no pases angustias económicas.
- Tranquilo mi amor, con que te mueras es suficiente.

- Arturo, ¿tú sabes lo qué pasa si tiras un pato al agua?
- Nada.
- Entonces lo voy a tirar.

- Doctor, mi mujer me pone los cuernos y no me salen.
- Pero hombre, eso es en sentido figurado.
- ¡Ay, qué susto! Creí que era por falta de calcio.

- Mariano, ¿qué llevas en la muñeca?
- Una pulsera que quita el dolor reumático.
- ¿Y te funciona?
- No, pero los que me lo preguntan me ayudan a pasar el rato.

> - Mamá, estoy encantado en la mili. Mi teniente es colosal; me deja dormir hasta las nueve, no me obliga a hacer la instrucción, me regala tabaco...
> - Pero hijo, ¿algún defecto tendrá?
> - Sí, que es muy besucón.

- ¿Qué te han traído los Reyes?
- Un kilo de heroína, dos kilos de cocaína y dos sacos de marihuana.
- Pero, ¿a quién has enviado la carta?
- Directamente a los camellos, paso de la monarquía.

> - Pues, el otro día en las fiestas de Porriño entre pitos y flautas me gasté 500 euros.
> - ¿Y cómo fue eso?
> - Pues, 300 en pitos y 200 en flautas.

- Juan, ¿sabes en qué se diferencian un homosexual y un aguacate?
- Pues no, yo nunca he probado un aguacate.

> - Camarero, ¿tiene ancas de rana?
> - Sí, señor.
> - Pues, pegue un salto y tráigame un carajillo.

- Paco, hay que enfocar cualquier situación problemática de la vida como lo haría un perro.
- ¿Cómo un perro?
- Sí, olfatea el problema y si no te lo puedes comer o trincar méate en él y vete.

- No sabes qué mal me levanté esta mañana. Me sentí tan mal, tan mal, que decidí suicidarme tomándome 100 aspirinas.
- Vaya, pero al final no lo hiciste, ¿qué pasó?
- Nada, que después de tomarme la segunda me encontré muchísimo mejor.

  - Pepe, tanto tiempo sin verte, ¿dónde vives ahora?
  - Mira, ¿tú has visto un kiosco pintado de verde que hay enfrente de la cárcel?
  - Sí, claro.
  - Pues, enfrente del kiosco vivo yo.

- *(En la comisaría)* A mi hijo le han robado el tambor y quería dar una recompensa.
- ¿Al que lo encuentre?
- No, al que se lo ha robado.

  - Tu hijo toca el piano como Velázquez.
  - Pero, si Velázquez era pintor y no sabía tocar el piano.
  - Pues, igual que el idiota de tu hijo.

- Hay que ver lo buenas que nos han salido las mujeres.
- Es verdad, todos los días la compra, la cocina, los niños...
- No, si lo digo, por lo que nos están durando.

  - ¡Queda Vd. despedido!
  - ¿Por qué?
  - Por mearse en la piscina.
  - Pero, jefe, si todo el mundo lo hace.
  - Ya, pero no desde el trampolín.

- Ayer me encontré un maletín con 10 millones de ptas.
- ¿Y lo devolviste?
- Claro, ¿para qué quiero yo un maletín?

- Paco, ¿qué te ha pasado que vienes lleno de sangre?
- Mira, ¿tú ves aquella calle?
- Sí.
- ¿Y aquella farola?
- Sí.
- Pues, yo no la vi.

    - Raquel, cada día está Vd. más guapa.
    - No exagere, jefe.
    - Bueno, pues cada dos días.

- Pero, ¿por qué lloras?
- Porque hace tres meses en la selva me salió un gorila de dos metros, me quitó la escopeta y me violó repetidas veces.
- ¿Y por eso lloras?
- No, si lloro porque ni me llama ni me escribe ni...

    - Doctor, le traigo un perro que habla.
    - No me lo creo.
    - ¿No? Tóquelo verá que duro está.
    - No, está blando.
    - ¿Ve? Ya le decía yo que hablaba.

- ¿Te vas casar con Antonio con las faenas que te ha hecho?
- Es la única forma de hacérselo pagar.

    - Martínez, queda Vd. despedido.
    - Pero, si yo no he hecho nada.
    - Por eso, precisamente por eso.

- Manuel, ¿conoces algún fanático con sentido del humor?
- No creo que exista, como tampoco nadie con sentido del humor que sea fanático.

- Señor director, el nuevo contable es sordo, ¿le despedimos?
- No, póngale en la sección de reclamaciones.

    - Quería un aumento de sueldo.
    - ¿Por qué?
    - Porque me he casado.
    - Lo siento, esta empresa no responde de las desgracias ocurridas fuera del trabajo.

- Señora, vengo a afinar el piano.
- Pero si yo no he llamado a ningún afinador de pianos.
- Ya, pero lo han llamado sus vecinos y pagan ellos.

    - En mi trabajo estuve los primeros 20 años orgulloso.
    - ¿Por qué?
    - Porque mi jefe decía que era su mano derecha.
    - ¿Y los años siguientes?
    - Fatal.
    - ¿Por qué?
    - Porque me enteré que el jefe era zurdo.

- ¿Dónde has estado estos ocho años, Pepiño?
- En Alemania.
- Sabrás hablar alemán.
- Pues no, estaba en un pueblo pequeño y les enseñé a todos a hablar gallego.

    - Mi perro no tiene nariz.
    - ¿Y cómo huele?
    - Mal, muy mal.

- Vicente, ¿tú cuántas veces has estado en Nueva York?
- Ocho o siete. ¿Y tú?
- Una o ninguna.

- ¿Vd. tiene experiencia de minero?
- Sí, en la mayor mina del mundo que está en Venezuela, he trabajado a 4.000 m. de profundidad.
- ¿Qué llevaba Vd., candil, gas, luz eléctrica,...?
- Nada de eso, siempre tuve el turno de día.

  - Jefe, que este mes me han pagado de menos.
  - Ya, pero el mes pasado le pagamos de más.
  - Sí, un error se pasa, pero dos...

- Cariño, he tenido un sueño maravilloso. He soñado que me regalabas un collar de diamantes por mi cumpleaños. ¿Qué querrá decir?
- Lo sabrás el día de tu cumpleaños.
  (El día del cumpleaños, el marido entra en casa con un paquete en la mano, la mujer, emocionada, se lo arrebata, rasga nerviosa el papel, abre rápidamente la caja y encuentra un libro titulado: "El significado de los sueños")

  - Cariño, tengo dos noticias. Una buena y otra mala.
  - ¿Cuál es la buena?
  - Que he dejado las drogas.
  - ¿Y la mala?
  - Que no recuerdo dónde.

- Oye, Pepe, cuando hablas se te ven pelos en la lengua.
- Es posible, algo me notaba yo. Pues, no sé de qué coño serán.

  - Manolo, vaya suerte que tuve ayer.
  - ¿Por qué lo dices? ¿Te tocó la lotería?
  - Casi... Estuve en un puticlub y estaba allí dentro mi mujer pero no me vio.

- *(En el estanco)* ¡Deme una caja de cerillas!
- No grite que no soy sordo... ¿Con filtro o sin filtro?

- Vaya bolso más chulo que tienes.
- Es de piel de pene.
- ¿Sí? ¿Qué tal es?
- Normal, lo bueno que tiene es que frotándolo un poco se hace una maleta así... de grande.

- Estoy muy, pero que muy preocupado; hay rumores de que piensan ascenderme.
- ¿Qué más quieres? Eso no es para preocuparse, sino para festejarlo.
- De ninguna manera. ¿No ves que yo trabajo en el subterráneo y si me ascienden me quedo en la calle?

- Doctor, hace una semana que ni como ni bebo ni duermo, ¿qué es lo puedo tener?
- Posiblemente tendrá Vd. hambre sed y sueño.

- ¿Qué tal tu hija aprendiendo piano?
- ¡Huy! tiene los dedos como rayos.
- ¿Qué? ¿Muy rápidos?
- No, que no se sabe dónde van a caer.

- Manolo, ¿a ti te resulta difícil tener que tomar decisiones?
- Bueno, sí y no.

- ¿Cómo se llama Vd.?
- Gilbert O'Sullivan.
- ¿Qué? ¿No se acuerda?

- Esta mañana el veterinario ha pillado a su mujer con el Eusebio y de dos tiros le ha dejado seco, gracias a Dios.
- ¿Por qué gracias a Dios?
- Porque si en lugar de ser esta mañana, es ayer, los dos tiros me los pega a mí.

- María, ¿qué harías si me tocara la primitiva?
- Me quedaría con la mitad, me separaría de ti y me iría de casa.
- Muy bien, me han tocado 12 euros; toma tus 6 euros y ya te estás largando.

    - Venía por el anuncio: *"HACE FALTA EBANISTA DE PRIMERA"*.
    - ¿Es Vd. ebanista de primera?
    - Claro, por eso vengo.
    - Le tendré que hacer una prueba.
    - Vale.
    - Mire, sáqueme de este tronco un San José.
    - *(A las 8 horas, el tronco es un palillo)* ¿Qué? ¿Ya le ha salido el San José?
    - Todavía no, pero no se preocupe que si está aquí dentro tiene que salir.

- Carmen, ¿estás enferma? Te lo pregunto porque he visto salir a un médico de tu casa, esta mañana.
- Mira, ayer por la mañana yo vi salir a un militar de la tuya, y no estamos en guerra, ¿verdad?

    - Camarero, ya le he pedido cien veces un vaso de agua.
    - Sí, ahora mismo: ¡Cien vasos de agua para el señor!

- Quería un trabajo como escritor.
- ¿Cuántos libros ha escrito hasta el momento?
- Dos libros.
- ¿Cómo se titulan?
- El primero *"Cómo defraudar a Hacienda"* y el segundo *"Mis 20 años en la cárcel"*.

    - Jefe, ¿no me podría subir el sueldo?
    - ¿Tanto le cuesta a Vd. bajar a cobrarlo?

- *(Pregunta a un enterrador)* ¿Cómo cree que va el mundo, mejor o peor que antes?
- Mucho peor.
- ¿Por qué lo dice?
- Porque gente que antes no se moría se está muriendo ahora.

    - Querido, cuando nos casemos, compartiré contigo todas tus desgracias y problemas.
    - Pero, si no tengo ni desgracias ni problemas...
    - He dicho *"después"* de que nos casemos.

- Cuando Pablo murió dejó todo lo que tenía al orfanato.
- ¡Qué bien! ¿Y qué tenía?
- Doce hijos.

    - *(El fiscal)* Es usted un sinvergüenza.
    - *(El abogado defensor)* Y usted un ladrón.
    - *(El juez)* Bueno, ya que ambas partes se han identificado, ¿podemos comenzar el juicio?

- *(En un juicio)* ¿Practica Vd. la prostitución?
- No, señor juez, la practiqué hace mucho tiempo, ahora la ejerzo.

    - Manolo, ¿tú usas el facebook?
    - Sí quería, pero no puedo.
    - ¿Qué te pasa?
    - Que me dice "su clave es incorrecta". Pongo *"incorrecta"* pero no se abre.

- *(Pareja de sordomudos)* Paco, cuando quieras que hacer el amor conmigo me tocas una teta, y cuando no quieras me las tocas dos veces.
- Mira María, es mejor así: cuando tú quieras que hagamos el amor me la tocas una vez, y cuando no quieras me la tocas 250 veces.

- Oye Raquel, el abrigo de visón que llevas es muy bonito, pero, ¿no te da pena que un pobre animal sufra para que tú presumas?
- Y tú, ¿por qué defiendes a mi marido?

  - ¿Por favor, hablo con Dios?
  - ¿Sí?
  - ¿Puedo preguntarle algo?
  - Por supuesto.
  - ¿Qué es para Vd. un millón de años?
  - Un segundo.
  - ¿Y un millón de euros?
  - Un céntimo.
  - ¿Podría darme un céntimo?
  - Espera un segundo.

- Don Juan, su hijo es un jugador de fútbol muy prometedor.
- ¿Es muy bueno?
- No, que ya viene prometiendo desde hace años jugar mejor.

  - *(La abuela a su nieta)* Yo, a tu edad, ya trabajaba.
  - *(La nieta)* Yo, a tu edad, todavía estaré trabajando.

- Oiga, ¿se ha fijado que la novia es bastante horrible?
- Un respeto, no diga eso, que es mi hija.
- Usted perdone, no pensé que fuera el padre.
- No soy el padre, soy la madre. ¡Idiota!

  - Jo, tío, no veas los que andan sueltos por la calle.
  - A mí me da igual, como soy invisible.

- *(La esposa mirando a su marido desnudo)* Mi amor, estás para comerte. Pareces un almuerzo típico de pueblo.
- ¿Y cómo es eso?
- Panza, chorizo, pellejo y huevos.

- *(La esposa, después de aparcar el coche)* Cariño, ¿me ha quedado el coche muy separado de la acera?
- ¿De cuál de las dos?

  - Paco, ¿qué vas a hacer hoy?
  - Nada.
  - Eso ya lo hiciste ayer.
  - Sí, pero no terminé.

- ¿Qué hace Vd. aquí?
- Esperando al tranvía.
- Pero si los quitaron hace diez años.
- Ya me parecía a mí...

  - ¿Quién estaba al otro lado del teléfono?
  - Mi marido; dice que llegará tarde porque está tomando unas copas contigo.

- Doctor, vengo a decirle que quería hacerme una vasectomía.
- Una decisión tan importante, ¿la habrá comentado ya con su esposa e hijos?
- Sí, votaron y el resultado fue 17 a 2.

  - Me da un billete de metro.
  - Lo siento, tan largos no los tengo.

- Julio, cuando hagas el amor con tu mujer, ten cuidado porque el domingo teníais la ventana abierta y se os veía todo.
- Me extraña, yo estaba en el fútbol.

  - Hace tres noches que no duermo.
  - Estarás deshecho.
  - Bueno, menos mal que me desquito durante el día.

- Camarero, esta es la segunda mosca que me encuentro en la sopa.
- Pues, no tiene Vd. suerte, aquel señor ya lleva cuatro.

  - ¿A qué hora llega el avión de Nueva York?
  - Llega demorado.
  - Precioso color, pero, ¿a qué hora llega?

- Camarero, ¿por qué este menú es tan barato?
- Hombre, para lo que vale, ¿encima quiere información?

  - Querida, ¿qué te parecen los peces que traigo hoy?
  - No me tomes el pelo, nuestra vecina acaba de verte en la pescadería.
  - Claro, traía tantos que he tenido que vender algunos.

- Perdone, señor, ¿sabe Vd. la diferencia que hay entre un buzón y un vaca?
- Pues, no.
- Bufff. Cualquiera le manda a echar una carta.

  - Perdone, ¿tiene Vd. actualmente algún sueño?
  - Sí, sueño con ser millonario como mi padre.
  - ¿Es que su padre es millonario?
  - No, pero también lo sueña.

- (El marido en un almacén de ropa femenina) Busco un regalo para mi esposa.
- Tengo unos calzones divinos. Si quiere se los muestro.
- Bueno, pero, primero véndame el regalo.

  - Perdone por el retraso, jefe, pero mi mujer me ha comunicado esta mañana que está esperando un niño.
  - Bueno, siendo así. ¿Y de quién sospecha?

- Doctor, gracias a las hormonas de mono que usted le dio a mi mujer hace nueve meses, acaba de dar a luz hace un rato.
- ¿Qué ha sido, niño o niña?
- No lo sabemos, nada más nacer se ha subido a una lámpara.

  - *(En el Registro Civil)* ¿En qué puedo ayudarlo señor?
  - Indio querer cambiar de nombre.
  - Pero, los nombres indígenas son parte de sus raíces culturales. ¿Está seguro de que desea cambiarlo?
  - Sí, indio tener certeza. Indio no ve más sentido en tener ese nombre.
  - Bien, ¿cuál es su nombre actual?
  - Gran Nube Azul Que Lleva Mensajes Para El Otro Lado De La Montaña y Del Mundo.
  - ¿Y cómo desea llamarse ahora?
  - E-mail.

- ¿Qué le pasa?
- Que no puedo recordar nada, doctor.
- ¿Desde cuándo tiene usted este problema?
- ¿Qué problema?

  - ¿Es Vd. de la Real Academia?
  - No, pero como si lo seriese.

- *(Solicitando un trabajo en el circo)* Le traigo un ratón que toca el piano y un pájaro que canta.
- ¿Podría hacerme una demostración?
- Claro, ...
- Pero, ¿esto tendrá truco, no?
- Pues, si le digo la verdad, el pájaro no canta, es el ratón que es ventrílocuo.

  - Paco, no sé si comprarme una moto o casarme.
  - Es igual, las dos cosas son para estrellarte.

- Me acabo de enterar de que en Segovia han prohibido pasar por debajo del Acueducto a los camiones.
- No lo entiendo, mucho más difícil va a ser que pasen por encima.

> - Tengo un novio impresionista.
> - ¡Venga ya!
> - Míralo.
> - ¡Coña, qué feo!
> - ¿A que impresiona?
> - Pues, ya te digo...

- Padre, me acuso de que me he acostado con la Salustiana en el banco de la sacristía.
- Hijo, el pecado es gordo, pero el sitio es cojonudo.

> - González, hoy es el cuarto día de la semana que usted llega tarde a trabajar.
> - Tiene razón, jefe.
> - ¿Qué conclusión saca de ello?
> - Que hoy es jueves.

- Señor, le voy a dar una primicia. ¿Se ha enterado Vd. que el artista más guapo de España se está quedando sordo?
- ¿Ah sí? ¿Quién es?
- ¿Cómo dice?

> - ¿De dónde viene Vd.?
> - Del médico.
> - ¿Le ha acertado lo que tenía?
> - Casi, casi, pues tenía 30 euros y me ha cobrado 28.

- Por favor, ¿la Gran Vía?
- Pero, ¿cómo pregunta eso? Hasta un idiota saber ir a la Gran Vía.
- Basta con que me diga donde es, no hace falta que me acompañe.

- Vamos a ver, ¿de qué se le acusa a Vd.?
- De robar un abrigo.
- Vaya, su cara me suena. ¿No le condene hace tres años por robar otro abrigo?
- Sí, pero, ¿usted se cree que un abrigo va a durar toda la vida?

> - Padre, me acuso de que me he acostado con el cura del pueblo de al lado.
> - Hija, tu parroquia es esta.

- Calzo un 42, pero quiero unos zapatos del 40.
- ¡Pero, le van a hacer daño!
- Ya lo sé. Pero verá usted: trabajo en algo que no me gusta, me llevo mal con mi familia y todo me sale al revés. Por lo menos disfrutaré al descalzarme.

> - *(Entre médico y abogado)* Vosotros los abogados sois unos ladrones de cuidado, cogéis a un cliente, y sólo lo soltáis cuando ya está en la ruina.
> - Pero nosotros, al menos lo dejamos vivo.

- Paco, ¿es verdad que vas a casarte con Virtudes?
- Sí, para el verano.
- Pero, ¿no sabes que ha estado liada con medio pueblo?
- Sí, pero este pueblo tampoco es Nueva York.

> - ¿Por qué lloras, majo?
> - Porque mi papá me ha pegado con la servilleta.
> - Pero, con la servilleta no puede hacerte mucho daño.
> - Es que mi papá se limpia con el antebrazo.

- Señorita, ¿practica Vd. la prostitución?
- No, señor juez, la practiqué hace mucho tiempo, ahora la ejerzo.

- Camarero, ¿me puede poner una copa de coñac?
- ¿Carlos I?
- ¡Qué coño! Estoy yo antes.

  - ¿Cómo se llama su perro?
  - Cornudo.
  - ¿Por qué le ha puesto ese nombre?
  - Para divertirme.
  - ¿Para divertirse?
  - Sí, cuando por la calle grito ¡Cornudo, ven aquí! no vea Vd. la gente que se vuelve a mirar.

- Quería comprarme un nicho para cuando me muera.
- ¿Cuál quiere el de arriba, el del centro o el de abajo?
- Me da igual, para lo que me voy a asomar.

  - Pero, Manuel, ¿qué haces aquí por Sevilla?
  - De viaje de novios.
  - ¿Y tu mujer?
  - La dejé en el pueblo, ya conoce Sevilla.

- Doctor, veo puntitos moviéndose enfrente de mis ojos.
- Pero, ¿las gafas que le recete no han ayudado?
- Bueno, ahora veo los puntos mejor que antes.

  - Oye, Manolo, ¿tus hijas cómo se llaman?
  - Marbú y Fontaneda. ¿Y la tuya?
  - La mía, María.
  - Anda, mira, como las galletas...

- Doctor, a mi marido cada vez le sienta peor el tabaco.
- Pero, si le dije que se fumara solamente tres cigarrillos después de comer.
- Ya, pero es que antes no fumaba.

- *(En la sala de espera del hospital)* ¿Familiades de Damóm Damidez?
- Sí, nosotros.
- Miden ustedes, en pdincipio la intedvención no devestía gdavedad, pedo en el quidófano sudgiedon complicaciones y lamento infodmadles que el señod Damón ha muedto.
- ¡No me joda!
- No, no me ha entendido, ni mejoda ni empeoda, ha muedto.

  - Señora María, cada día está usted más sorda.
  - Pues, no como mucho.

- Perdone, ¿cuántos hijos tiene Vd.?
- Siete.
- ¿Cómo se llaman?
- Aniano, Laureano, Mariano, Vespasiano, Jocondiano, Ticiano.
- ¿Todos terminan en ano?
- No, el pequeño se llama Próculo.

  - ¿Está Vd. soltera?
  - Sí, desde que nací.
  - ¿Ha tenido novio alguna vez?
  - Sí, cuatro: Fermín, Serafín, Manolín y Joaquín.
  - Vaya, todos terminan igual.
  - Sí, yéndose con otra.

- ¿Sabe Vd. tocar la guitarra?
- Pues, no lo sé; nunca lo he probado.

  - *(Buscando trabajo)* Para este cargo queremos a alguien que sea responsable.
  - Entonces soy la persona indicada para el puesto.
  - ¿Por qué lo dice?
  - Porque en todos mis trabajos anteriores, cuando algo salía mal, yo era el responsable.

- *(El escritor novel al editor)* ¿Le ha gustado mi libro?
- Su libro es bueno y original.
- ¿Lo editará entonces?
- Pues no.
- ¿Por qué? ¿No es bueno y original?
- Sí, pero es que la parte buena no es original y la parte original no es buena.

  - *(En una playa nudista)* Perdone la indiscreción, pero, usted siendo negro, ¿Por qué tiene el pito blanco?
  - Mire, no soy negro, soy minero de Hunosa y hoy he ido a comer a casa después de 15 días en la mina.

- Paco, ¿por qué últimamente te llaman *"caraculo"*?
- Prrrrrrrrr...

  - Mi capitán, hay un mariquita en la compañía.
  - Para hacer esa acusación hay que estar muy seguro y tener pruebas.
  - No voy a estar seguro, si me han abierto la taquilla y me han quitado el rímel, el pintalabios, la polvera, el abanico...

- España es maravillosa; la comida, el paisaje, el sol, la gente...
- ¿Y de hacer el amor?
- ¡Formidable! Yo, porque no quise, pero mi mujer se hinchó.

  - *(El señor de la casa por teléfono)* Maruja, ¿ha llamado algún imbécil?
  - *(La asistenta)* No, señor, es usted el primero.

- Pero, ¿cómo has puesto a tu hijo por nombre Bárbaro?
- Porque nació el día de Santa Bárbara.
- Pues, si llega a nacer el día de Santa Ana.

- Doctor, ¿qué tal han salido los análisis?
- Pues, tiene usted un 98% de alcohol en la sangre.
- ¿Solamente el 98%? ¡El puto hielo!

  - *(En la librería)* Por favor, ¿tienen algo de Hemingway?
  - Sí, *"El viejo y el mar"*.
  - Pues, deme, *"El mar"*.

- *(En el psiquiatría)* Doctor, para mí lo primero es el trabajo, lo segundo es el trabajo y lo tercero es el trabajo.
- Entiendo, está Vd. obsesionado con el trabajo.
- No, es que tengo tres trabajos.

  - Mi perro es extraordinario: cuando quiere baila estilo hawaiana, cuando quiere me recoge las zapatillas y me las trae, cuando quiere canta como Sinatra...
  - ¿En serio?
  - Sí, lo malo es que nunca quiere.

- Por fin he conseguido que mi novio me hable de matrimonio después de haber estado saliendo con él seis años.
- ¿Sí? ¿Y qué te ha dicho?
- Que tiene esposa y tres niños.

  - Doctor, cuando tomo café no duermo.
  - Qué curioso, a mí me pasa justo lo contrario, cuando duermo, no tomo café.

- Manolo, ¿qué te pasa en el ojo que lo tiene tan hinchado?
- Ayer, estaba la calle helada, un resbalón, una caída tonta, le da uno risa y mira.
- ¿Y con qué te diste en el ojo?
- No, si el que se cayó fue otro.

- *(Encuentro entre dos catalanes)* Hombre, Jordi, cuánto tiempo sin verte. ¿Qué es de tu vida?
- Pues, aquí con mi madre, la pobre se ha quedado sorda y ciega.
- ¡Vaya! ¡Qué faena! ¿Y, la llevas al médico?
- No, voy a que le corten la luz y el teléfono.

  - Manolo, tu perro parece un gato.
  - Es que es un gato.
  - Pues, entonces parece un perro.

- *(En el cirujano plástico)* Doctor, quiero que me quite 30 años.
- Señora, eso yo no puedo hacerlo, pero aquí tiene la dirección de alguien que quizás puede ayudarla.
- ¿Es la de otro cirujano plástico?
- No, es la de un falsificador de partidas de nacimiento.

  - *(En el juicio)* ¿Dónde pasó Vd. la noche del 13 de abril?
  - Durmiendo.
  - ¿Podría demostrarlo?
  - Claro, señor juez, tráigame una cama.

- ¿Sabes querida? Cuando hablo con tu madre siempre me recuerda al mar.
- ¡Qué bonito! No sabía que mi mamá te impresionara tanto.
- No me impresiona. Me marea.

  - *(Departamento de inmigración)* ¿Sexo?
  - Tres veces por semana.
  - No, quiero decir, ¿masculino o femenino?
  - No importa.

- Manolo, a mi mamá le acaba de picar un alacrán, ¿qué hago?
- ¿Cómo que un alacrán? ¡Si puse cuatro en la cajita!

- *(Paciente agonizando)* Doctor, dígame la verdad, ¿cuánto me queda de vida?
- Aproximadamente una hora.
- Gracias por su sinceridad. Hágame el favor de llamar a mi abogado y dígale que venga urgentemente para acá.
- ¿Piensa hacer su testamento?
- No, es que yo siempre quise morir como Jesucristo.
- ¿Cómo Jesucristo?
- Sí, entre dos ladrones.

- *(En una discoteca)* Perdone, camarero, ¿la salida?
- La rubia vestida de rojo.
- No, hombre, la de emergencia.
- La gorda de gafas.

- ¿Les ha gustado el menú?
- Pues, sí, ha sido una comida estupenda. Ahora tráiganos un buen puro, prepare la cuenta y llame a la policía.

- Manolo, ¿puedo confiarte un secreto?
- Por supuesto, somos amigos.
- Necesito 6.000 euros.
- Tranquilo, como si no me hubieras dicho nada.

- *(El cura en la misa funeral)* El difunto era un buen marido, buen amigo, excelente cristiano, un padre ejemplar...
- *(La viuda le dice al oído de uno de sus hijos)* Hijo, ve al ataúd y mira si tu papá es el que está dentro.

- Vamos a ver, cuénteme su versión de los hechos.
- Verá, señor juez, estaba yo en la cocina con el cuchillo de cortar jamón, en esto que entra mi mujer, tropieza, cae sobre el cuchillo y se lo clava en el pecho.
- Ya lo sé, pero siga...
- Pues así, hasta quince veces.

- Señor, tengo malas noticias sobre su madre.
- Doctor, no es mi madre, es mi suegra.
- ¡Ah! Entonces tengo buenas noticias.

  - Por favor, ¿me podría cambiar este billete de 20 euros por tres de 10?
  - Sí, ¿pero será por dos de 10?
  - Y entonces, ¿dónde está el favor?

- *(Entre amigos)* Me he comprado una casa con 100 habitaciones. En el ala norte vive mi mujer y en el ala sur yo.
- ¿Y si tienes ganas de hacer el amor, qué haces?
- Silbo y viene mi mujer.
- ¿Y si tiene ganas ella?
- Pues, viene y me dice: ¿has silbado?

  - Oiga, ¿está Vd. empadronado?
  - No, es mi carácter.

- Manolo, ¿tú sabes cuál es la diferencia entre horrible y terrible?
- Pues, en este momento no sabría decirte.
- Mira: Horrible es cuando estando en la playa con tu suegra, una ola se la lleva. Terrible es cuando otra ola te la devuelve.

  - *(Recién casados)* Pili, cariño, ¿jugamos a los médicos?
  - ¿De la Seguridad Social o privados?
  - ¿Cuál es la diferencia?
  - Si son de la Seguridad Social, te doy cita para dentro de un año y si son privados, son 100 euros.

- Doctor, últimamente me encuentro más gordo y más feo, ¿qué es lo que tengo?
- Tiene Vd. razón.

- *(Una pareja)* Juan, ¿cómo sabe el potro cuando la yegua quiere?
- Por el olor, María.
- Juan, ¿y cómo sabe el perro cuando la perra quiere?
- Ya te dije María, por el olor.
- ¿Y cómo sabe el toro cuando la vaca quiere?
- ¡Te he dicho que por el olor!
- Oye Juan, ¿tú eres maricón o estás resfriado?

    - *(Padre e hijo viendo una carrera)* Papá, ¿por qué corren tanto esos señores?
    - Porque al primero que llegue a la meta le dan un premio.
    - Entonces, ¿para qué corren los demás?

- *(En la pajarería)* El canario que le compré ayer es cojo.
- Pero, ¿para qué le quiere, para que cante o para que baile?

    - Acabo de ver al tío más flaco que he visto en mi vida.
    - ¿Tan flaco era?
    - ¿Flaco? Con decirte que no tenía ni dedo gordo.

- *(El poli a la prostituta)* ¿Y qué haría tu madre si te viese aquí?
- Me mataría, porque esta es su esquina.

    - Vengo a buscar empleo.
    - ¿Habla usted inglés?
    - Sí, señor.
    - ¿Nivel?
    - Level.

- Eva.
- Dime Adán.
- En esta revista dice que una de cada dos personas es infiel. ¿Algo que contar?

- Ayer me encontré un maletín con un millón de euros.
- ¿Y lo devolviste?
- Claro, ¿para qué quiero yo un maletín?

> - *(El del censo)* ¿Nombre?
> - Adán.
> - ¿Su esposa?
> - Eva.
> - ¿La serpiente también vive aquí?
> - Sí, un momento: ¡Suegraaaaa!

- *(En el juzgado en 1960)* ¿Casado?
- Sí, con una mujer.
- Hombre, todo el mundo está casado con una mujer.
- No señor, yo tengo una prima que está casada con un hombre.

> - Juan, cariño, se ha caído el reloj de pared y menos mal que mi madre se acababa de quitar de debajo de él.
> - Vaya, ya te decía yo que ese reloj se atrasaba.

- *(Llamada desesperada a la recepción del hotel)* ¡Por favor vengan rápido que estoy teniendo una discusión con mi esposa y dice que va a saltar por la ventana!
- Señor, ese es un asunto personal de Vds.
- Efectivamente, pero la ventana no se abre y eso ya es un problema de mantenimiento del hotel.

> - Papá, los políticos corruptos, ¿qué son?
> - Mayoría, hijo. Son mayoría.

- Doctor, quería hacerme una vasectomía.
- Decisión muy importante, ¿lo saben ya su esposa e hijos?
- Sí, votaron y el resultado fue 17 a 2.

- En mi oficina, querido joven, exijo que se trabaje las ocho horas.
- Muy bien, señor. ¿En cuántos días?

  - Fíjate lo que dice aquí: Se suicida una mujer cuando el banco le iba a embargar su casa.
  - ¡Qué pena! ¿Verdad?
  - Sí, sin embargo, era feliz.

- "Aquí yace un abogado, un hombre honrado, un hombre íntegro".
- ¡Virgen Santísima, enterraron a tres hombres en la misma fosa!

  - María, hace mucho calor y tengo que cortar el césped. ¿Qué dirán los vecinos si salgo a cortarlo desnudo?
  - Que me casé contigo por dinero.

- ¿Qué tal fue la botadura del submarino?
- La botadura bien, la lástima fue que no era un submarino...

  - Pues, mi mujer se ha casado cuatro veces.
  - ¿Y eso te da morriña?
  - Qué va, si yo fui su primer marido.

- Manolo, mira el parecido que tiene ese señor con Bertín Osborne.
- Pero, si ese tío no pasa de 1'50, es gordo, lleva gafas y tiene bigote.
- Vaya, si te fijas en esos detalles...

  - Oye Manolo, ¿qué está más cerca, Cuenca o la Luna?
  - A ver, tontolaba, ¿tú desde aquí ves Cuenca?

- *(En un control de alcoholemia)* Mire, ¿no le da vergüenza? El alcoholímetro marca 3,45.
- Coño, las cuatro menos cuarto, mi mujer me mata.

- Doctor, quería que me recete algo para adelgazar.
- Es muy simple, señora. Sólo tiene que mover la cabeza de izquierda a derecha y viceversa.
- ¿Cuántas veces al día?
- Cada vez que le ofrezcan comida.

- Oye, Manolo, ¿cómo se escribe nariz en inglés?
- NOSE.
- ¿Tú tampoco? Mierda, nadie lo sabe.

- José, ¿me querrás cuando sea vieja y fea?
- Pero Raquel, ¿cómo lo dudas? Si ya llevo años queriéndote así.

- Manuel, ¿cómo va tu vida sexual?
- Como la Coca-Cola.
- ¿Y cómo es eso?
- Primero normal, después light y ahora zero.

- *(Pareja de nuevos ricos en un concierto de violoncelo)* Manolo, vámonos ya.
- Espera a que acabe de serrar el tronco.

- Raquel, cuánto tiempo, he oído que te casaste.
- Sí, con un abogado, un hombre muy honrado.
- Oye, ¿pero eso no es bigamia?

- *(Entre caníbales)* ¿Qué te pasa que está tan preocupado?
- Que me acabo de comer un tartamudo y me repite.

- *(Muere un médico y llega al cielo)* **San Pedro**: ¿Usted qué era en la Tierra?
- Era médico.
- ¡Ah, no! proveedores por la otra puerta.

- ¿Y usted cómo se gana la vida?
- ¿Ganar? De momento y por casualidad, estoy sacando un empate.

  - Jefe, este mes me han pagado de menos.
  - Sepa que el mes pasado le pagamos de más.
  - Sí, pero un error puede pasar, pero dos...

- Pedro, ¿sabías que un tiburón huele una gota de sangre a ocho kilómetros?
- Eso no es nada, el cabrito de mi cuñao huele el jamón recién partido a más de veinte.

  - Juan, se me ha perdido el perro.
  - Pon un aviso en el periódico.
  - No seas tonto, no sabe leer.

- Fernández, ¿por qué hoy llega tan tarde a la oficina?
- Jefe, es que me he dormido.
- ¡Ah! ¿Pero también duerme en casa?

  - Doctor, creo que tengo algo en la cabeza.
  - Pues, demuéstrelo y dígame qué le pasa.

- Cariño, mira, ¿estoy bien maquillada?
- No, mi amor, todavía se te ve la cara.

  - Querida, ¿quieres que te lleve el desayuno a la cama?
  - No. Jamás he quedado satisfecha en la cama.

- Manolo, ¿quién te ha hecho este retrato?
- Un amigo.
- ¿Y lo sigue siendo?

- Mi hijita, no te fíes nunca de los hombres...
- No abuela, yo no me fío, les cobro siempre por adelantado.

- Raquel, mi ex-novio era un sol.
- ¿Y por qué le dejaste?
- Porque me ponía negra.

- ¿Conoce Vd. al testigo?
- Sí, señoría.
- El otro día dijo que no.
- El otro día no le conocía pero hoy sí.

- ¿Sabes, María? Me voy a casar con tu ex.
- No me extraña, cuando le dejé me dijo que iba a hacer alguna tontería.

- Camarero, este champagne que nos ha servido no vale gran cosa.
- ¿No? Ya me lo dirá cuando le traiga la cuenta.

- Papá, ¿qué se siente al tener un hijo tan guapo?
- No sé hijo, pregúntale a tu abuelo.

- Hijo, me ha dicho un pajarito que te drogas.
- Mamá, la que te droga eres tú, que hablas con pajaritos.

- Me vuelves a decir gorda y te dejo.
- No mi amor, piensa en el bebé.
- ¿Qué bebé?
- ¡Ah! ¿No estás embarazada?

- ¿Doctor cómo escucha mi ritmo cardíaco?
- ¿Alguna vez usted ha escuchado la marcha fúnebre?

- Dime con quién andas y te diré quién eres.
- Ando con tu hermana.
- Entonces eres mi cuñado.

- Roberto, cariño, ¿en este pueblo hay pingüinos?
- Pero bueno, si estamos a 35 grados...
- Entonces atropellé a una monja.

- *(En un concierto de piano)* Por favor, ¿sabe Vd. si es Beethoven?
- Yo creo que no, pero ya lo veremos cuando se vuelva.

- *(El juez)* ¿Por qué mató Vd. a ese señor?
- Porque tenía la boca muy grande.
- ¡Cuñu!

- Hola, Pepe, ¿qué tal se presentan las próximas fiestas?
- Estupendas, mi mujer ha decidido ir a pasarlas con su madre.

- Doctor, que tengo complejo de fea.
- De complejo nada.

- ¡Capitán! Tengo que darle dos noticias del Titanic, una mala y otra buena. ¿Cuál quiere primero?
- Dígame la mala.
- Nos hundimos.
- ¿Y la buena?
- Ganaremos 11 Oscars.

- Hola, Juan.
- ¿Qué pasa Pedro?
- ¿A qué no adivinas quien se ha vuelto gay?
- No, ¿quién?
- Dame un besito y te lo digo.

- Hola, ¿tiene sidra *"El Gaitero"*?
- No, sólo queda cava *"De la Viuda"*.
- No me jodas que se ha muerto el gaitero...

  - María, me gustas.
  - ¿A cuántas más se lo dices?
  - A todas.
  - ¿A todas?
  - Sí, a todas les digo que me gustas tú.

- ¿A qué te dedicas?
- Soy traficante de órganos.
- Eres un ser maldito, no tienes corazón ni cerebro.
- No, esos me llegan el viernes.

  - ¿Es el 112?
  - Sí, ¿cuál es la emergencia?
  - ¡Hay muertos por todos lados!
  - ¿Dónde es que vamos de inmediato?
  - En el cementerio.

- Cariño, no puedo verte triste. Si quieres hablar, hablemos, si quieres bailar, bailemos. ¿Qué quieres hacer?
- Nada.
- Entonces nademos.

  - Te amo Luisa.
  - ¿A mí y a cuántas más?
  - Depende de las hijas que vayamos a tener.

- ¡Policía! ¡Policía! Dos chicas se están peleando por mí.
- ¿Y cuál es el problema?
- Es que va ganando la que no me gusta.

- *(De jefe a empleado)* Hoy es el cuarto día que usted llega tarde esta semana. ¿Qué conclusión saca de ello?
- Que hoy es jueves.

    - Jefe, ¿puedo salir hoy dos horas antes? Mi mujer quiere que le acompañe de compras.
    - De eso nada.
    - Gracias, sabía que Vd. no me defraudaría.

- Doctor soy lesbiana, mi mamá y mis hermanas también.
- Niña, ¿en tu casa no hay nadie que le gusten los hombres?
- Sí, a mi hermano.

    - *(En la funeraria)* ¿Qué hacemos con su suegra? ¿La incineramos o la enterramos?
    - Las dos cosas. No corramos riesgos.

- Oye, Marisa, ¿sabías que tu novio ha salido antes conmigo?
- Bueno, él me ha dicho que había cometido algunas estupideces, pero no me dijo cuáles.

    - Doctor, últimamente me encuentro muy gordo y feo. ¿Qué es lo que tengo?
    - Mucha razón.

- *(Entre amigos)* Pepe, ¿qué te ha pasado que estás tan golpeado?
- Que me golpearon por toser.
- ¿Por toser?
- Sí, por toser dentro de un armario.

    - María, le he ofrecido a la vecina un intercambio de parejas.
    - Pero, Manolo, si la vecina es viuda.
    - Pues, ya se lo he dicho y le ha parecido bien.

- Disimula, que en esa esquina hay una señora que está loca, es muda y además habla sola.
- ¿Cómo va a hablar sola si es muda?
- Ya te dije que además está loca.

> *(De jefe a secretaria)* Raquel, ¿quién le ha dicho que puede pasar dando vueltas sin trabajar todo el día, sólo porque tuvimos un affaire?
> Mi abogado.

- Manolo, ¿sabías que el pingüino es compañero de una sola pingüina de por vida?
- ¿Y por qué te crees que le llaman *"el pájaro bobo"*?

> ¿Cuáles fueron las últimas palabras que pronunció tu padre antes de morir?
> No pudo decir nada, mi madre estuvo con él hasta el último momento.

- *(Dos abuelos con el horóscopo) Salud:* los astros te sonríen.
- *Dinero:* los astros te sonríen.
- *Sexo:* los astros se parten de risa.

> María, si salgo desnudo a regar el jardín, ¿crees que dirán algo los vecinos?
> Si, dirán que me he casado contigo por dinero.

- Yo no voto personas, yo voto ideas.
- ¿Y si te doy un millón de euros?
- Pues, voto a quien sea, porque la idea no es tan mala.

> Vaya suerte que tienes con tener un novio tocólogo.
> Anda, pues el tuyo que es meteorólogo...

- Mi amor, ¿crees en el amor a primera vista?
- ¡Claro! Si te hubiera mirado dos veces no me habría casado contigo.

- *(En el mecánico)* Buenos días. Venía a que me revisaran esta rueda, que dice mi mujer que se desgasta mucho.
- Está desequilibrada.
- Vaya, ya me lo suponía yo, igual que su madre.

- *(Entre empleados) Juan:* ¿Sabes que ha fallecido el jefe?
- *Pedro:* Sí. Me gustaría saber quién fue el que falleció con él.
- *Juan:* ¿Por qué lo dices?
- *Pedro:* ¿No leíste la esquela que puso la empresa? Decía: *"...y con él se fue un gran trabajador..."*.

- Ya nació tu hija. ¿Cómo se va a llamar?
- Fernanda.
- Ese nombre ya no está disponible. Puedes elegir Fernanda2014 o Fernanda2304.

- El sábado, mi abuelo se casó con una chica de 23 años.
- ¿No me digas? ¡Qué tío!
- Sí, y debe ser muy católica.
- ¿Por qué lo dices?
- Porque no para de hablarnos del nuevo testamento.

- ¿Se ha fijado lo fea que es la novia?
- Oiga, que la novia es mi hija.
- Perdone, no sabía que Vd. era el padre.
- ¡Pero qué dice! ¡Soy su madre!

- Oye, ¿qué tal era el abogado que llevó lo de la herencia que tenías que recibir?
- Buenísimo. Ahora todo es de él.

- Ring, ring, ring... ¿Dígame?
- ¿Es la Compañía de Jesús?
- Sí, dígame.
- Mire, soy Jesús, y llamaba para decirles que ya no quiero que me acompañen más.

  - ¿Cuántos años tienes?
  - Diecisiete.
  - Pues, si tu padre no hubiera sido tan tímido ya tendrías algunos más.

- Manolo, ¿sabes que se ha muerto el cura que nos casó?
- Me parece bien, el que la hace, la paga.

  - Doctor, pierdo el apetito a menudo.
  - ¿Por la mañana o por la tarde?
  - Después de comer.

- *(Dos tenderos, hablando de la crisis)* Mira Pepe, el lunes solamente vendí unos pantalones. El martes no vendí nada. Y el miércoles, peor que el martes.
- ¿Y cómo puede ser esto, si no vendiste nada el martes?
- Pues sí; me devolvieron los pantalones que había vendido el lunes.

  - Manolo, ¿quieres comer hoy conmigo?
  - Claro, con mucho gusto, hombre.
  - Perfecto, pues dile a tu mujer que ponga otro plato en la mesa que a las dos estoy en tu casa.

- ¡Qué no, Juan! ¡Que no tienes razón!
- ¡Te lo juro por las cenizas de mi padre!
- Pero, si tu padre no está muerto.
- Ya lo sé, pero fuma mucho.

- ¿Cómo te va por el gimnasio?
- Brutal, me salen músculos que ni siquiera conozco. Mira, ¿cómo se llama este?
- Trapecio.
- Yo a ti también, tío, y mucho.

> - Manolo, cariño, dime algo dulce.
> - La miel.
> - No, hombre, algo que me guste.
> - Un día de compras.
> - No hombre no, quería decir algo sexy.
> - La vecina.

- Eres la chica más simpática y guapa que he conocido.
- Tú lo que quieres es acostarte conmigo.
- Vaya, y la más lista.

> - ¡Alto! Se ha saltado Vd. un semáforo en rojo. Tengo que ponerle una multa. Dígame su nombre.
> - Josetxu Aristeguicorteneindiaguirre de Urrutxomengasalaberría y Mendiagorrialbizu de Gurruchagagoitiaga.
> - Bueno, rojo, lo que se dice rojo, no era, era ámbar intenso, más bien. ¡Siga, por favor!

- Loli, ¿tú cuando haces el amor hablas con tu marido?
- Si me llama por teléfono, sí.

> - Doctor, sólo quiero perder unos kilos para estar bien.
> - Pues, suba al monte dos veces al día y adelgazará Vd. por lo menos 20 kilos. Vuelva dentro de un mes.
> - Aquí estoy doctor, como Vd. me dijo.
> - Pero, si no ha adelgazado nada, ¿hizo lo que le dije?
> - Claro, doctor.
> - ¿Y cómo no ha adelgazado?
> - Yo, no sé, pero la burra se ha quedado en los huesos.

- Mi esposa y yo tenemos el secreto para un matrimonio feliz.
- ¿Sí? ¿Se puede saber cuál es?
- Dos veces a la semana vamos a un restaurante y disfrutamos de una rica comida y un buen vino.
- Pues, no está nada mal...
- Ella va los martes y yo, los viernes.

  - Camarero, ¿por qué han quitado los cuernos que había en esa pared como decoración?
  - Señor, ahí nunca hemos tenido cuernos, antes siempre ha habido un espejo.

- Mi mujer se queja de que nunca la llevo a ningún sitio.
- Pues, me parece muy bien, para qué vas a molestarte. Yo a la mía la llevo a todas partes, y siempre consigue volver a casa.

  - Doctor, otros médicos que me han examinado no me dan el mismo diagnóstico que Vd.
  - Bueno, no se apure, ya veremos quién tiene razón después de que le hagamos la autopsia.

- Hija, dicen las vecinas que te está acostando con tu novio.
- Mamá, la gente es que es muy chismosa. Una se acuesta con cualquiera y enseguida dicen que es el novio.

  - Estoy nervioso por la entrevista, no sé si me cogerán...
  - ¿Sabes inglés?
  - No, pero tengo 70 vacas y 80 toros.
  - Pues, ya tienes mucho ganado.

- Jo, tío, me acabo de comprar un aparato para la sordera que es maravilloso, me lo meto en la oreja y nadie se da cuenta.
- Jo, qué cosas, ¿y cuánto te ha costado?
- Las dos y cuarto.

- Señor comisario, vengo a denunciar la desaparición de mi esposa.
- ¿Cuánto tiempo hace que falta de casa?
- Una semana.
- ¿Y viene Vd. ahora a denunciarlo?
- Es que me dijo que bajaba un momento al bar para telefonear a una amiga y por eso los primeros días no me preocupé.

  - ¿Qué verduras o vegetales te gustan más?
  - Las habichuelas.
  - ¿Podrías deletrearlo?
  - Que no, que es broma, me gustan las papas.

- *(En un juicio por el robo de un coche) Juez*: Por falta de pruebas, el acusado es declarado inocente y se retiran los cargos.
- *Acusado*: Perdone, señoría, ¿significa eso que me puedo quedar con el coche?

  - ¿Qué pone en ese letrero?
  - ACEROS DE LLODYO.
  - Oye, ¿nos hacemos?

- Yo lo tenía todo; dinero, una casa maravillosa, un coche estupendo, el amor de una mujer fabulosa, y de repente, todo se fue al garete.
- ¿Qué paso?
- Mi mujer lo descubrió todo.

  - *(Juanito con su abuela en un velorio)* Abuela, pareces una película de estreno.
  - No sé lo que quieres decir.
  - Próximamente en esta sala.

- ¿Y cómo anda Vd. de apetito?
- Pues, muy irregular doctor, .con decirle que nada más comer un poco se me quita.

- Oye, tú que eres tan listo, si vas por el campo y ves un montón de bolitas negras por el suelo, ¿qué creerías que son?
- Obviamente, caquitas de oveja.
- Ya, claro. ¿Y si es muy grande y aplanada?
- De vaca, seguro.
- ¿Y si tiene un tamaño intermedio y apariencia más firme?
- Puede que sean de caballo.
- Oye, ¿y cuál es el peso específico del niobio?
- ¿Qué?
- Jo, tío, está visto que contigo sólo se puede hablar de mierda.

> - *Juez:* Queda usted declarado culpable. ¿Qué le indujo a coger el collar de perlas del escaparate?
> - Nada, que ponía: "APROVECHE LA OPORTUNIDAD".

- *(Amigos y planes de futuro)* Pues, yo estoy buscando ya novia para casarme, pero no sé qué hacer, porque a mi madre no le gusta ninguna de las chicas que la he presentado.
- Pues, busca una chica como tu madre y preséntasela.
- Ya lo hice, pero entonces no le gustó a mi padre.

> - Manolo, me han contratado como profesor de inglés.
> - ¿Trabajo estable?
> - No, mesa es table, trabajo es work.

- ¿Cuatro días y no te habías dado cuenta de que tu marido estaba muerto?
- Es que no era muy de hablar.
- ¿Y el olor?
- Tampoco era de bañarse seguido...

> - Luis, yo cuando tomo café no duermo.
> - Es muy curioso, a mí me pasa justo lo contrario, cuando duermo, no tomo café.

- ¿Se enojó mucho ayer tu mujer por quedarte un rato más jugando a las cartas?
- Nooo.... Total, estos cuatro dientes que me faltan me los tenía que sacar en cualquier momento.

  - Oye, Mariano, ¿tu esposa hace siempre lo que quiere?
  - Siempre. Con decirte que escribe su diario con una semana de antelación.

- Oye Manolo, ¿sabes que a mi esposa le ha dado últimamente por hacer el amor en el asiento de atrás del coche?
- Oye, ¿y qué tal se hace ahí?
- No sé, yo siempre voy conduciendo.

  - Ese doctor hace verdaderos milagros. Curó a mi mujer en tres segundos.
  - ¡No es posible!
  - Pues sí. Sólo le dijo que todas sus enfermedades eran síntomas de la proximidad de la vejez.

- Manolo, ¿tú haces todo lo que te manda tu mujer?
- ¿Yo? Ni de coña.
- ¡Ole tus pelotas! ¡Ese es mi Manolo!
- No... Si es que no me da tiempo...

  - Señor, tenemos un menú del día de nueve euros y otro de seis euros.
  - ¿Y qué diferencia hay?
  - Tres euros, señor.

- Señora, el otro día don Julio me estuvo hablando de usted.
- ¿Y qué dijo de mí?
- Nada. Me hablaba de usted porque aún no le he dado confianza para que me trate de tú.

- López, hoy es el cuarto día de esta semana que usted llega tarde al trabajo. ¿Qué conclusión saca de ello?
- Que hoy es jueves.

    - *(En el confesionario)* Padre, estoy saliendo con la esposa de mi mejor amigo.
    - Bueno, deje de hacerlo, rece cinco rosarios y una salve.
    - Padre, yo no sé rezar.
    - Entonces, ¿para qué viene a la iglesia?
    - La verdad es que estoy tan contento que se lo tenía que contar a alguien.

- Papa, cuando yo sea grande, quiero ser como tú.
- ¡Qué bien hijo! Pero, ¿por qué quieres ser como yo?
- Para tener un hijo como yo.

    - Hijo, si te masturbas mucho te quedarás ciego.
    - Papá, estoy aquí...

- Ring, ring, ring... ¿Dígame?
- ¿Es el veterinario?
- Sí señora. Aquí es.
- Por favor, necesito ahora mismo su ayuda ya que la cosa es muy urgente. Mire, mi pobre Fifí, que es una perrita preciosa, está siendo apareada por un enorme pastor alemán, y es horrible, parece que se han quedado atascados o algo, y mi pobre Fifí está aullando de dolor, ¿podría usted hacer algo?
- Mire, escuche bien, cuelgue el teléfono y póngalo al lado de una oreja del pastor alemán.
- Pero, ¿eso bastará para separarles?
- El mismo truco acaba de separarme a mí de mi esposa.

    - Hoy le digo a la parienta: Puri, sábado sabadete...
    - ¿Y qué te dijo?
    - ¿Qué me dijo? Pues, ya sabes, aspirador y KH7.

- Doctor, estoy muy nervioso, es la primera operación de mi vida...
- Tranquilícese, que estamos los dos en la misma situación...

- ¿Cómo te fue por África?
- Pues, me perdí en la selva y me violó un gorila.
- ¿Y cómo te sientes ahora?
- Mal, muy mal. Ni me llama ni me escribe...

- Lo siento sé que es un momento muy difícil para Vd. pero, tenemos que decidir qué hacemos con su suegra, ¿o la enterramos o la incineramos?
- Las dos cosas, no quiero arriesgarme...

- *(En el restaurante)* ¿Tiene huevos de tortuga?
- Claro que sí.
- Con razón eres tan lento, majete.

- González, ¿no sabe que está prohibido beber mientras se trabaja?
- No se preocupe jefe, que no estoy trabajando.

- Raquel, cariño, ¿me podrás avisar, por favor, cuando tengas un orgasmo?
- Pero mi amor, si me dijiste que no te llamara al trabajo...

- Ring, ring, ring... ¿Dígame?
- Doctor, ¡venga enseguida, mi hijo se ha tragado la estilográfica!
- Preparo el maletín y voy para allá.
- ... Ya no venga, doctor, he logrado encontrar un lápiz.

- ¿Este vino de dónde es?
- De Islandia, creo.
- ¿No pone la ciudad?
- Pone *"TETRABRICK"*.

- Buenos días. Venía a inscribir a mi hija en el registro.
- Muy bien. ¿Nombre?
- Deborah.
- ¿Está usted seguro, señor Nabos?

  - ¿Cómo te va por el gimnasio?
  - Brutal, me salen músculos que ni siquiera conozco. Mira, ¿cómo se llama este?
  - Trapecio.
  - Yo a ti también, tío, y mucho.

- Qué capullo mi vecino del tercero.
- ¿Qué te ha hecho?
- Que se pone a llamar a mi puerta como un loco a las 4 de la mañana... Casi se me cae el taladro del susto.

  - ¿Qué llevas en esa bolsa?
  - Pollos.
  - Si acierto cuantos llevas, ¿puedo quedarme con uno?
  - Si aciertas puedes quedarte con los dos.
  - Bueno, pues... ¡cinco!

- Curioso, yo me llamo Bartolomé pero me gusta que me quiten el me y me llamen Bartolo.
- Pues, yo me llamo Jacinto y no me gusta que me quiten el cinto porque se me caen los pantalones.

  - ¿Me podría decir la contraseña del wifi de su bar?
  - Tómate una caña por lo menos, capullo.
  - ¿Todo junto?

- Eres la chica más simpática y más guapa que he conocido.
- Tú lo que quieres es acostarte conmigo.
- ¡Coño! Y la más lista.

- Camarero, en la sopa que me ha traído hay una mosca.
- Tranquilo, no se preocupe, en la ensalada hay una araña que se hará cargo de ella.

> - Hija, ¿Te lo pasaste bien anoche?
> - No mucho, fue una noche aburrida.
> - ¿Sí? ¿Y por qué volviste a las cuatro de la mañana?
> - ¡Qué querías! Si estuve dos horas buscando el sujetador y las bragas.

- Doctor, ya me he tirado a 10 putas y sigo con el mismo ardor de estómago...
- Sal de frutas, atontado, le dije *"sal de frutas"*.

> - *(Una señora en la armería)* Hola, buenas. Quería una escopeta para mi marido.
> - ¿Le ha dicho de qué calibre?
> - ¿Qué dice? Si ni siquiera sabe que le voy a disparar...

- *Enfermera gangosa:* "Famidiades ded señod Fednandez, se des infodma qed señod Fednandez ha muedto".
- *La esposa:* ¡No me joda...!
- *Enfermera:* No me joda, ni mejodadá, ni mejodó, se mudió.

> - ¡Imbécil que es usted un imbécil!
> - Oiga, ¿qué es eso, un insulto o una broma?
> - ¡Un insulto, gilipollas!
> - ¡Ah bueno! Es que yo no soporto las bromas.

- Doctor, tengo molestias en los gitanales.
- ¿Dónde dice Vd.?
- En los gitanales.
- Querrá decir en los genitales.
- Yo qué sé, como los veo tan morenillos y con el pelo tan rizado.

- Camarero, ¿me hace el favor de cambiarme este billete de 10 euros por tres billetes de 5 euros?
- ¿Será por dos de 5 euros?
- Entonces, ¿dónde está el favor?

  - Oye, ¿cómo te llamas?
  - Gumersindo.
  - ¡Ah! ¿Y qué significa?
  - Que mis papás no me quieren.

- Acabo de ver a mi marido en calzoncillos y calcetines.
- ¿Y qué has hecho?
- Me he puesto a cortar cebolla para disimular.

  - Juan, ¿tu mujer a qué se dedica?
  - Es jinete de aves de corral.
  - ¿Y eso qué es?
  - Pues, que cada dos minutos te monta un pollo.

- Ring, ring, ring... ¿Dígame?
- Por favor, ¿cuánto tarda el vuelo que va de Madrid a Nueva York?
- Un momento...
- Gracias. Pues, sí que son rápidos los aviones de esta compañía.

  - Pepa, muérete de envidia, me regalaron una lavadora y creo que fue Lady Gaga
  - ¿Y cómo lo sabes?
  - Pues, porque en la caja ponía LG.

- ¿Cómo habéis llamado al niño?
- Elengendro.
- Será Alejandro...
- Es que tú no lo has visto...

- Martínez de homicidios, ¿con quién hablo?
- Con el agente Aguirre.
- ¿Qué ha pasado?
- Asesinado un varón de 38 años. Su madre le ha dado 6 puñaladas por pisar el piso mojado que estaba recién fregado.
- ¿Ya han detenido a la madre?
- No, todavía está mojado el piso...

  - ¿Me pone un zumo de piña?
  - ¿Natural...?
  - De Pontevedra, pero no creo que eso importe.

- Manolo, ¿sabes cómo es la carga del electrón?
- Negativo.
- ¿Y la del protón?
- Tampoco.

  - ¿Cuánto dura la batería del móvil?
  - Depende de la autonomía.
  - Bueno, en Galicia, por ejemplo.

- Maruja, por ti sería yo capaz de cruzar el Atlántico a nado.
- ¡Calla y no digas bobadas! ¿Vendrás a verme mañana?
- Si no llueve, sí.

  - Hoy he jugado un partido de basket con los amigos.
  - ¿Y cómo habéis quedado?
  - Por WhatsApp.

- Pero, señora, ¿usted no viene a que le saque una muela?
- Claro, doctor.
- ¿Y por qué me enseña la teta?
- Porque me han dado un mordisco y la tengo clavada en ella.

- A mi suegra la quise incinerar, pero no me lo autorizaron.
- Pero, Juan, no sabía que se había muerto tu suegra.
- No, no, si no se ha muerto...

    - Vengo a buscar empleo.
    - ¿Habla usted inglés?
    - Sí, señor.
    - ¿Nivel?
    - Alto.
    - Traduzca *"Ten cuidado"*.
    - Be careful.
    - Haga una frase con ello.
    - Hija, be al careful y compra dos cervezas.
    - ¡Contratado!

- Camarero, ponga una de calamares a la rumana.
- Perdón, señor, será a la romana.
- Irina, cariño, dile al gilipuertas este de dónde eres.

    - *(En la sucursal bancaria)* Hola, buenas. Soy la Jessy.
    - Dígame, ¿qué quería?
    - Quiero hacer una domiciliación.
    - ¿Me dice el número de cuenta?
    - Mire, aquí tiene.
    - ¿Y el IBAN?
    - Fuera, esperándome en la moto.

- Lo de Armstrong estaba cantado.
- ¿Por qué lo dices?
- Porque no se puede pisar la Luna, tocar bien la trompeta, ganar siete veces el Tour de Francia, sin que nadie sospeche...

    - Ayer contraí matrimonio con mi novia.
    - Será, contraje.
    - Claro, no iba a ir en bañador.

- ¿Podría repetir al jurado que su suegra resbaló con la piel del plátano y cayó 34 veces sobre el mismo cuchillo?
- No, señor juez, es que me da la risa.

  - Entonces, ¿cuál es su profesión?
  - Pues, visitador médico.
  - Anda, como mi madre cuando se aburre.

- Pues, mi vecina es feísima.
- Bueno, tampoco será para tanto...
- Fíjate si es fea, que sólo le guiñan los ojos los francotiradores.

  - Manolo, ¿tú fuiste el capullo que me dijo que se viajaba mejor en primera?
  - Sí. Y es verdad. ¿Qué te ha pasado?
  - Que acabo de quemar el motor del coche.

- Oye, Pepe, ¿a ti te gusta el sexo de a tres?
- Pues, claro que me gusta.
- Entonces, como no te des prisa en tu casa empezarán sin ti.

  - Entonces, ¿qué te dijo el médico?
  - Que tengo sonrisa simpática y que sea feliz.
  - Lee bien, dice: Cirrosis hepática y sífilis.

- Juan, ¿sabías que hoy es el día mundial del cornudo?
- Pues, no lo sabía.
- Tú, como siempre, el último en enterarte de todo.

  - ¿Tú en que trabajas?
  - Soy inventor: La rueda, la penicilina, la radio...
  - ¡Eso es mentira!
  - Ya ves, me lo he inventado todo.

- Me han tocado 48 millones de euros en la primitiva y quería abrir una cuenta.
- ¿Corriente?
- De corriente nada, la mejor que tenga.

  - Mi amor, llueve y me sigues poniendo los cuernos.
  - ¿Y qué pasa?
  - Que dijiste que cambiarías con el tiempo.

- ¿Qué tal Angelito? ¿Cómo te va la vida?
- Vaya, mi vida es como el póker.
- ¿Por qué lo dices?
- Porque sueño con un trío, pero como no tengo pareja me tengo que conformar con una buena mano.

  - Hombre, Manolo, ¿cómo tan ocupado?
  - Es que tengo que hacer hoy una redacción de diez folios sobre mi vida sexual.
  - ¿Y cómo lo llevas?
  - No sé. Voy a tener que meter mucha paja.

- Pili, cariño, últimamente te veo mejor.
- Pues, estoy mucho más gorda...
- Pues eso, que te veo mejor.

  - ¡Basta ya de hablar siempre de fútbol!
  - Vale, ¿de qué quieres que hablemos?
  - ¿Sabes que pierde el lavabo?
  - ¿Contra quién?

- Azafata, póngame un whisky.
- Señor, vamos a tomar tierra...
- El resto que tome lo que quiera, yo quiero un whisky.

- Me he liado con una chavala sevillana y me ha llevado a ese sitio de bailar zapateado.
- ¿Tablao flamenco?
- No, habla español. Raro, pero español.

    - Pues, ya llevo un mes en el gimnasio.
    - ¿Y tu familia no te echa de menos?

- *(En la librería)* Hola, ¿tiene libros sobre el cansancio?
- No, están todos agotados.

    - Raquel, cariño, tengo un problema.
    - No cielo, debes decir que tenemos un problema, tus cosas son mis cosas.
    - Vale, lo que tú digas. Pues, que vamos a tener un hijo con la secretaria.

- Pastelero, póngame una docena de rosquillas.
- ¿Se las empaqueto?
- No, si le parece me las llevo rodando.

    - Oye, cuando bebo vino, no puedo trabajar. Creo que voy a tener que dejarlo.
    - ¿El vino?
    - No, el trabajo.

- *(Diálogo entre prostitutas)* Oye Manoli, fíjate, me se cae la baba.
- Será *"se me"*.
- No tonta, que es sólo baba.

    - Oye, Manolo, creo que te estás volviendo muy adicto a las apuestas.
    - ¡Te apuesto 100 euros a que es mentira!

- Doctor, vengo a por un certificado porque creo que no puedo hacer la mili.
- ¿Y cuál es la razón?
- Que tengo un problema muy serio de visión.
- ¿Y qué es lo que le pasa en la vista?
- Pues, que no me veo haciendo la mili.

  - Manuel, eso de que después de discutir es maravilloso hacer el amor, es falso. Mi mujer sigue enfadada.
  - Oye, es que tienes que hacerlo con ella...
  - Ah, vale, así sí.

- Soldado Ramírez, ya van dos veces que no le veo a Vd. en las jornadas de camuflaje.
- Gracias, mi capitán.

  - ¡Silencio en la sala! El próximo que vuelva a gritar *"¡Abajo el juez!"*, va a la calle directamente.
  - ¡Abajo el juez!
  - ¡Usted se calla que es el acusado!

- Ayer llamé a la policía porque unos ladrones entraron a robar a mi casa y se llevaron hasta los vasos.
- ¿Y los detuvo?
- Sí, sí, los de tubo y los de chupito.

  - Manuel, nosotros jugamos contra Portugal el siguiente partido. ¿Y vosotros?
  - Creo que Colombia juega contra Trinidad y Tobago.
  - ¿Y por qué jugáis dos partidos?

- *(En la maternidad, el padre no para de sacar fotos a su hijo)* ¿Su primer hijo, verdad?
- No, es el séptimo, pero es mi primera cámara de fotos.

- Juan, cariño, quiero pasar contigo lo que me queda de vida.
- Oye, no empecemos con amenazas. ¿Vale?

   - Oye cariño, ¿cómo se llama la señora que te coge la mano y te lee el futuro en ella?
   - Adivina.
   - No lo sé, hombre, ¿por qué crees que te lo pregunto?

- Papi, ¿cómo llegué yo a este mundo?
- Pues, verás, todo comienza con una farmacia cerrada...

   - Perdone, ¿se puede llamar imbécil a un juez?
   - No.
   - ¿Y llamar *"señor juez"* a un imbécil?
   - Eso sí.
   - Gracias, señor juez.

- Andrés, ¿por qué te dejó tu novia?
- Creo que porque no le prestaba mucha atención.
- ¿Seguro que fue por eso?
- Bueno, creo que algo así me dijo...

   - Ring, ring, ring... ¿Dígame?
   - Hola, buenos días, ¿hablo con el jefe de la empresa?
   - El mismo. ¿Dígame?
   - Llamo de parte de Juan Pérez para decirle que está enfermo y no podrá ir a la oficina.
   - ¿Y usted quién es?
   - Yo soy mi mujer.

- Doctor, no sé qué es lo que me pasa que no hago más que pensar en el futuro.
- ¿Desde cuándo le sucede esto?
- Desde el viernes que viene.

- *(En la librería)* Disculpe, ¿tienen Vds. el libro *"Cómo ser feliz en el matrimonio"*?
- No señor, los libros de humor no los trabajamos.

    - Oye María, ¿acertó el médico con lo que tenías?
    - Lo acertó a la primera.
    - ¿Y qué tenías?
    - Justo lo que me cobró, 55 euros.

- Hijo, estas notas se merecen un buen castigo.
- Lo sé mamá, ven conmigo que yo sé dónde vive la profesora.

    - Oye Manuel, ¿dónde vas de vacaciones este año?
    - A Cuba.
    - ¿Con tu mujer?
    - Tú cuando vas a Huelva, ¿te llevas las gambas?
    - No.
    - Pues, eso...

- Sería tan amable de decirme su nombre, por favor.
- Ju... Ju... Juan García.
- ¿Es usted tartamudo?
- No, el tartamudo era mi padre y el secretario, un desgraciado.

    - Oye Antonio, ¿qué barbaridad me han dicho que has hecho últimamente?
    - Nada, que le he dado una paliza tremenda a mi suegra y por poco me la cargo.
    - ¿Sólo eso?
    - Sólo eso. Bueno, el juez me ha conseguido una orden de alejamiento. Es decir, que todo me ha salido redondo.

- Oye Paco, nunca me escuchas cuando te hablo...
- Y yo a ti, mi amor.

- Jorge, cariño, ¿con cuántas mujeres has dormido?
- Mi amor, sólo he dormido contigo, con las otras no me daban ganas de dormir.

- Camarero, póngame otra copa.
- Pero, ¿no ha bebido ya suficiente?
- Pues no, póngame entonces una copa de suficiente.

- Ese borracho que está tirado ahí en el suelo, fue mi novio y cuando lo dejé hace 10 años, empezó a beber.
- Vaya, nunca vi a nadie festejar tanto tiempo seguido.

- Ring, ring, ring... ¿Dígame?
- ¿Es el hotel de Bagdad?
- Sí señor.
- ¿Me reserva 20 habitaciones dobles y una simple?
- ¿A nombre de quién?
- De Alí Babá.

- Tu mujer, ¿qué tal guisa?
- Fenomenal. Fíjate si guisa bien que el otro día llegué a casa a cenar y estaba cenando un camionero.

- Maria, rápido, desnúdate, que vamos a hacerlo.
- Acabas de llegar a casa y, ¿a qué vienen estas prisas?
- Me ha dicho el médico que me ponga a dieta urgentemente.
- ¿Y tienes que empezar por eso?
- Sí, es que necesito algo rápido que me quite el apetito.

- Paco, ¿qué tal cocina tu novia?
- Pues, no lo sé. Pero hay un síntoma...
- ¿Un síntoma?
- Sí. El otro día quise comprarle un libro de cocina y me dijo que mejor un abrelatas.

- Hola, ¿a qué hora serán las clases especiales para superdotados?
- Serán de 4 a 5 y media.
- ¿De la mañana o de la tarde?
- Tú mejor no vengas...

> - Doctor, ¿le dijo Vd. a sor Teresa que estaba embarazada?
> - Claro. Después de dos días con hipo, fue la única manera de quitárselo.
> - Me parece bien, pero el padre Martín se ha tirado desde el campanario.

- ¿Cuáles son tus revistas preferidas?
- Pues, National Geografic y Playboy.
- ¿Por qué?
- Porque ambas enseñan fotos de lugares que es probable que no llegue a ver en la vida.

> - Jose, ¿tú qué te llevarías a una isla desierta?
> - A mi suegra.
> - ¿Te irías con tu suegra?
> - ¡Ah! ¿Qué también tengo que ir yo?

- Vamos a ver caballero, dígame el DNI sin la última letra.
- Do, cinc, cuatr, siet, och, cinc...

> - Pepe, me acabo de comprar una paloma por cinco mil euros.
> - ¿Mensajera?
> - No te exagero hombre, no te exagero.

- *(Entre baturros)* Está el cielo muy negro. Para mí que van a caer chumaños.
- Querrás decir chubascos.
- Bueno, eso lo dirán en el norte.

– 102 –

- ¿Qué te ha pasado para ir todo vendado?
- Ayer en un bar, por mirar a un japonés. Sabía kárate, me dio golpes en todos los sitios, me hizo un nudo y me metió el pene en la boca.
- ¿Y no se lo mordiste?
- Pero, si era el mío.

> - ¡Qué mala cara tienes!
> - Es que me han operado del estómago y me han dejado dentro una esponja.
> - ¿Y te duele?
> - No, pero tengo una sed...

- Mi marido es DJ y es imposible discutir con él.
- ¿Y eso?
- Es que siempre te cambia de tema.

> - ¿Qué nombre le vas a poner a tu hijo?
> - Uno que he sacado del Credo.
> - ¿Del Credo? En el Credo no hay ningún nombre propio.
> - Sí, está, Ignacio.
> - ¿En qué sitio?
> - En la parte que dice: ... y nació de Santa María Virgen...

- *(En el ginecólogo)* ¿Con cuántos hombres ha tenido Vd. relaciones sexuales?
- Con cuatro o cinco.
- Bueno, pues, no son tantos...
- Sí, esta semana he estado un poco floja.

> - Ayer en la televisión holandesa vi que Sabrina tiene pelos en el pecho.
> - No puede ser, Sabrina no tiene pelos en el pecho. Lo sé yo seguro.
> - Pues, si estás seguro de que no tiene pelos en el pecho, imagínate hasta donde le llegaba el escote.

- Manuel, ¿qué te pasa que estás tan preocupado?
- Que me han regalado un perro nuevo y no veas qué perro. El primer día le ha mordido el brazo a mi mujer, el segundo día de un coletazo se ha cargado el armario.
- ¿De qué raza es el perro?
- No sé, le dicen can-codrilo.

  - Pero, Manolo, ¿no me digas que tu mujer es cantante?
  - Claro, desde chica. Canta por Baleares.
  - ¿Será por bulerías?
  - ¡Coño! Sabré yo por donde está.

- Cuando más suerte he tenido en la vida, era cuando mi madre me decía: *"Se está rifando un guantazo y llevas muchas papeletas"*.
- ¿Y qué pasaba?
- Que siempre me tocaba.

  - Pertenecí a Médicos sin Fronteras, contraje paludismo en Indonesia, fiebre amarilla en China y cólera en India.
  - ¡Vaya barbaridad! ¿Y en qué sitio lo pasaste peor?
  - En Córdoba. Ahí contraje matrimonio.

- Papá, soy gay.
- Y yo arquitecto.
- Pero papá, si eres albañil.
- Y tú maricón, pero si nos venimos arriba, nos venimos arriba todos.

  - Desde ha poco tiempo soy experto en jeroglíficos.
  - Pues, échale un vistazo al mío, que no enfría bien.

- Pepe, cariño, ¿soy la primera mujer con la que has hecho el amor?
- ¿Por qué todas las mujeres tenéis que preguntar siempre lo mismo? Pues, claro que eres la primera...

- Oficina del INEM, ¿dígame?
- Llamaba para pedir cita para la tarde para renovar el paro.
- Sólo se puede pedir cita por las mañanas.
- Es que por las mañanas estoy trabajando...

  - Paco, ¿dónde has estado de vacaciones?
  - En el lago Titicaca, en Chicago, en el Orinoco, en Cacabelos, en Torino y en más países europeos.
  - ¿Fuiste solo?
  - No, fui con mis mejores amigos, Romeo, Tolomeo y Simeón.

- *(Entre ladrones en la cárcel)* Hoy estoy muy contento, mi hijo ha decidido seguir con la tradición.
- No me digas, ¿se va a hacer también ladrón?
- Si, de momento se va a presentar a la alcaldía del pueblo.

  - Pero Pepiño, ¿dónde está tu brazo?
  - Lo perdí en Alemania, trabajando.
  - ¿Y qué haces ahora?
  - Con el dinero del accidente y lo que yo tenía ahorrado, me dedico a conceder créditos a los españoles que trabajan en Alemania. ¿Sabes cómo me llaman allí?
  - No tengo ni idea.
  - El manco español de crédito.

- Puri, ¿qué hay para comer?
- Conejo de primero y mejillones al vapor de segundo.
- ¿Y de postre?
- Peras.
- ¿Y de cena?
- Almejas.
- ¿Y de postre?
- Melocotones.
- Puri, ¿intentas decirme algo?
- ¿Yoooooo?

- Nena, ¿por qué te llaman Lucifer? ¿Porque eres una diablillo?
- No, porque soy Lucí de noche y Fernando de día.

- Hola, le llamamos de Movistar. Es para ver si deseaba cambiar de compañía.
- Sí, claro, con mucho gusto.
- Muy bien, ¿con qué compañía está ahora?
- Con mi suegra.

- Tú, ¿por qué en casa no tienes ningún reloj?
- Porque vivo debajo de una relojería y veo la hora del escaparate.
- ¿Y por la noche?
- Cuando quiero saber qué hora es, chillo.
- ¿Y eso qué tiene que ver?
- Que siempre hay alguno que dice: ¡Calla, gilipollas que son las... de la mañana!

- Jefe, venía a pedirle un aumento de sueldo.
- ¿Y para qué lo quiere Vd.?
- Es que tenía pensado casarme, pero con el sueldo actual me es imposible.
- Mire, siga trabajando que algún día volverá a entrar por la puerta para darme las gracias por no subírselo.

- Mariano, no aguanto más, estoy harta de tus celos.
- Pero, cariño, ¿celoso yo?
- ¿Es que acaso te crees que no me he dado cuenta de que últimamente me sigue un detective alto, rubio, con ojos verdes, muy agradable y un poco tímido al principio?

- Maestro Shing Gong, deseo vivir más de 100 años, ¿qué debo hacer?
- Cásate.
- ¿Y así viviré más de 100 años?
- No, pero el deseo desaparecerá.

- Doctor, estoy preocupado. Cuando tengo sexo, escucho silbidos.
- ¿Y qué quiere escuchar a su edad, aplausos?

- ¿Qué va a tomar el caballero?
- Me pone un luchador pequeño.
- ¿Y eso qué es?
- Un sumito.

- Oye Luis, ¿cuándo ha sido la última vez que estuviste implicado en una relación sexual?
- Pues, cuando yo era el espermatozoide.

- ¿Está el patrón?
- No, salió de entierro.
- ¿Y tardará mucho?
- Pues, no lo sé porque iba dentro de la caja.
- Pero, ¿cómo puede ser? Ayer estuvo conmigo por ahí repartiendo vida.
- Pues ya ve, la repartió toda, ahí lo tiene en la caja.
- Vaya cara de sorpresa que tiene.
- Pues claro, ni el mismo se lo esperaba.
- ¿Por qué tiene los zapatos al revés?
- Es igual, para lo que va a andar.
- ¿En qué nicho lo meteréis en el de arriba, el del centro o el de abajo?
- Nos da igual, para lo que se va a asomar.

- Manolo, que te estás rascando la cabeza con el casco puesto.
- ¿Y qué pasa? ¿Acaso tú te bajas los pantalones cuando te pica el culo?

- Alfredo, ¿sabías que todos los condones llevan un número de serie?
- Pues no, no lo sabía.
- Vaya, otro que tampoco los desenrolla del todo.

- *(Marido y mujer viendo la tele)* Manolo, cariño, dime algo que me alegre y me entristezca al mismo tiempo.
- Pues, de todos tus amigos, tú eres el que más grande la tienes.

    - Cari, ¿te apetece cenar un crujiente de cereales con foie marinado al Oporto?
    - ¿Bocata de fuagrás?
    - Sí.
    - Venga.

- Doctor, mi marido tiene un gran complejo de inferioridad.
- ¿Y qué quiere que yo le haga?
- Que me diga lo que tengo que hacer para que no se cure.

    - Mi esposa y yo ya hemos conseguido una perfecta compatibilidad sexual.
    - ¿Es posible?
    - Sí, anoche nos dolía la cabeza a los dos.

- Buenos días. Venía a que me revisaran esta rueda, que dice mi mujer que se desgasta mucho.
- Es que está desequilibrada.
- Vaya, ya me lo suponía yo, igual que su madre.

    - Ring, ring, ring... ¿Dígame?
    - ¿Es el manicomio?
    - Sí, señor.
    - Por favor, ¿quién hay en la habitación número 24?
    - Nadie.
    - Vale, entonces me he escapado.

- Paco, ¿desde cuándo te pones tú un pendiente?
- Desde que mi mujer se lo encontró en el coche y le tuve que decir que era mío.

- Sé que usted es el abogado más caro de España, pero por 1.000 €, ¿puedo hacerle dos preguntas?
- Claro que sí, ¿cuál es la segunda?

> - ¿Sabes que ayer casi vi a tu padre?
> - ¿Cómo que *"casi"* viste a mi padre? O lo viste o no lo viste, pero no entiendo lo de que *"casi lo viste"*.
> - ¿No trabaja tu padre en la Renfe?
> - Sí.
> - ¿No lleva siempre un mono azul?
> - Sí.
> - ¿No lleva el número ocho a la espalda?
> - Sí.
> - Pues, vi al número siete.

- Doctor, venimos porque mi mujer está muy constipada y ha perdido la voz.
- ¿Y cuál es el problema?
- Que está muy constipada y ha perdido la voz.
- ¿Y cuál es el problema?
- Déjelo, déjelo, que no me entiende. Vamos a ver la garganta de su esposa.

> - ¿Qué tal el concierto, colega?
> - Cojonudo, tronco. Ha molado hasta la música.

- Pero, ¿cómo le has puesto a tu hijo por nombre Bárbaro?
- Porque nació el día de Santa Bárbara.
- Pues, si llega a nacer el día de Santa Ana.

> - ¿Qué te pasa Raquel, que estás tan seria?
> - Pues, que he mandado a mi marido a por patatas para la comida, le ha atropellado un coche y lo ha matado.
> - ¿Y ahora qué vas a hacer?
> - Pues, no lo sé, a lo mejor macarrones.

- Pues, yo también tuve una infancia difícil. Imagínate, mi padre tenía 200 vacas, y con mis dos hermanos teníamos que ordeñarlas todos los días.
- ¡Dios mío! ¡Qué salvajada!
- Sí, ya ves. Siempre estaba discutiendo con mis hermanos y con mi padre sobre el dichoso problema de las vacas.
- ¿Y al final que hicisteis?
- Mi padre fue muy listo y compro otras cien vacas.
- Pero, ¿y eso fue una solución?
- Claro, hasta el más tonto sabe dividir 300 vacas entre 3 hermanos.

- Pues, yo tuve mala suerte con mis dos esposas.
- ¿Con las dos?
- Sí, la primera me dejó, la segunda no. *(Patrick Murray)*

- Oye Juan, ¿sabes que al doctor López le han retirado su licencia por aprovecharse sexualmente de sus pacientes?
- Sí, y es una pena, porque era el mejor veterinario de toda la región.

- *(Dos mendigos rumanos en la Gran Vía de Madrid)* ¿Qué tal? ¿Cómo te ha ido? ¿Cuánto has sacado hoy?
- Fatal. Solamente 3 euros.
- ¿Y qué has puesto en el cartel?
- *"TENGO 4 NIÑOS, AYÚDENME POR FAVOR"*. ¿Y tú, cuánto has sacado?
- Yo 3.000 euros.
- Bueno... ¿Y qué has puesto en el cartel?
- *"ME FALTAN 5 EUROS PARA VOLVER A RUMANIA"*.

- Pepe, ¿tú sabías que la mitad de los tíos canta en la ducha y la otra mitad se masturba?
- Pues, no lo sabía.
- Pero lo mejor no es eso, ¿a qué no adivinas que es lo que cantan?
- Pues, no.
- Entonces, ¿tú también te masturbas en la ducha, cochino?

- Cuando seas viejo, ¿qué prefieres, tener párkinson o alzheimer?
- Pues, prefiero tener párkinson.
- ¿Por qué?
- Porque prefiero derramar un poco de vino, que olvidarme donde dejé la botella.

> - ¿Por qué vas dando palmas por la calle?
> - Para espantar a los elefantes.
> - Pero, si no hay ninguno.
> - ¿Te das cuenta cómo funciona?

- Cariño, me parece que a tu madre no le soy simpático.
- ¿Por qué lo dices?
- Porque me ha dicho que soy medio tonto.
- No te preocupes, eso es porque sólo te conoce a medias.

> - Pepe, ¿verdad que soy un cielo?
> - Sí.
> - Pepe, ¿verdad que no puedes vivir sin mí?
> - Sí.
> - Pepe, ¿verdad que soy lo más importante de tu vida?
> - Sí.
> - Pepe, ¿verdad que soy maravillosa?
> - Sí.
> - Pepe, ¿verdad que me quieres mucho?
> - Sí.
> - ¡Ay, Pepe, cómo no estar enamorada de ti con todas esas cosas tan bellas que me dices!

- Manolo, ¿tú sueles comprar cosas por Internet?
- Pues claro, como casi todo el mundo.
- Pues, ten mucho cuidado.
- ¿Por algún motivo concreto?
- Mira, ayer pagué 150 € por un aparato que te hace crecer el pene inmediatamente y los muy cabrones me han enviado una lupa.

- *(Entre amigas)* Te iba a contar un chiste tan bueno, tan bueno, que se te iban a caer las tetas de la risa...
- ¿Y por qué no me lo cuentas?
- Porque al verte, me dije: Naahhh, ya se lo han contado...

  - Marisa, ¿te comprarías zapatos si no tuvieras pies?
  - ¡Claro que no!
  - Y entonces, ¿por qué te compras sujetadores?

- ¡Auxilio! ¡Socorro! Cariño llama a los bomberooos... ¡Se quema nuestra casaaaaa!
- ¡Shhhhhh! Silencio, mi amor, ya llamé, pero no grites tanto. ¿Qué necesidad hay de despertar a tu madre?

  - *(Entre amigas)* Qué raro eso de los hijos, ¿verdad? Yo los crie a todos igual y me han salido todos diferentes.
  - Es al revés que con los hombres, que cuando los tienes de novios, son todos diferentes, pero cuando son maridos, son todos iguales.

- Mi padre hacía unos excelentes trucos de manos.
- ¿No me digas que era mago?
- No, pero te daba una hostia y te desaparecía la tontería como por arte de magia.

  - ¿Por qué lloras, hija?
  - Porque mi novio ya no quiere casarse conmigo.
  - ¿Por eso lloras, hija? Hombres que no quieran casarse contigo los encontrarás a patadas.

- *(En la farmacia)* Quería "tirobutazolincloridratizado con bromhexinadibromobenciclohehilin".
- ¿En pastillas o en supositorios?
- Vaya, con la mala memoria que tengo, no sabría decirle.

- *(En la panadería)* Deme una barra de pan y si tiene huevos me ponga dos docenas.

    (El panadero le dio 24 barras de pan)

    - *(En el autobús)* ¿Por qué no me cede su lugar para sentarme? Eso es falta de caballerismo.
    - No señora, eso es falta de asientos.

- Marisa, ¿conoces la canción de la nalga?
- No.
- ¿Te la toco?

    - Muy chula tu habitación, pero, ¿por qué la tienes forrada de fotos de Cuenca?
    - Nena, tú ponte cómoda.

- Pili, cariño, ¿ensayamos una posición diferente esta noche?
- Muy buena idea; tú te paras al lado de la mesa de planchar y yo me siento en el sofá a ver televisión.

    - Puri, ya estoy en África, acabo de llegar.
    - Pero, Paco, ¿qué haces allí?
    - A por el leopardo que me pediste para la niña.
    - Leotardo, Paco, leotardo.

- Mi amor, ¿qué me regalarás por mi cumpleaños?
- ¿Ves aquel precioso coche blanco de la esquina?
- Sí.
- Pues, una licuadora del mismo color.

    - Ring, ring, ring... ¿Dígame?
    - ¿Vive ahí la señora de Pérez?
    - No, aquí vive Pérez de la señora.

- *(Inglés en la aduana en Australia)* El pasaporte, por favor...
- Aquí tiene.
- ¿Cuánto tiempo va a estar aquí?
- Un mes.
- ¿Tiene Vd. antecedentes penales?
- ¡Anda! Pero, ¿sigue haciendo falta?

> - Le tengo que multar porque va sin luces en un tramo de niebla densa.
> - Tan densa no será si me ha visto Vd.
> - Es verdad, continúe.
> - ¿En serio?
> - Mis narices...

- ¡Ay, mamá! No sé si casarme con el del banco o con el militar.
- No lo pienses más hija, cásate con el militar, sabrá cocinar, tender la cama, y recibir órdenes.

> - Hola, buenas, quería unos zapatos.
> - ¿Qué pie usa Vd.?
> - Los dos, para no caerme, llámeme raro.

- Raquel, cariño, hoy hago yo los baños, barro y friego.
- ¿Y el polvo?
- Tienes razón, que le den dos duros a la limpieza.

> - Mi amor, estás muy gorda.
> - Pero, ¿no puedes decirme cosas más dulces?
> - No, porque te las comes.

- Perdone, la chica que pasó la noche en mi habitación, ¿ha dejado alguna nota ahí en recepción?
- Sí señor, un 4.

- Hoy le he pedido a la chica de la panadería dos liberados sindicales y me ha atendido enseguida.
- ¿Sí? ¿Qué te ha dado?
- Dos baguetes.

   - *(En el supermercado a las 11 de la noche)* ¿Les quedan todavía empanadas?
   - Sí señor.
   - Lo ven, eso les pasa por hacer tantas.

- Oiga, esta carta pesa mucho, habrá que poner otro sello.
- Pero, entonces pesará más, ¿no?

   - Oye, ¿tú, de qué trabajas?
   - Aprieto tuercas.
   - ¿Eres fontanero?
   - No, soy psiquiatra. ¿Y tú?
   - Yo trabajo con vacas.
   - ¿Eres ganadero?
   - No, soy monitor de zumba.

- *(En el pedíatra)* Doctor, ¿por qué tiene su pito tan chico el bebé?
- Mire, señor, de mayor no importa lo largo ni lo grueso sino el tiempo que dure tieso.

   - Manuel, ¿en qué se parece la hormiga al elefante?
   - No lo sé, dímelo tú.
   - En que ambos empiezan con 'h'.
   - Pero elefante no lleva 'h'.
   - Vaya, lo dirás tú. Se llama Héctor...

- Manué, mira lo que dice el periódico: Acaba de llegar al puerto de Algeciras un barco cargao de picos y de palas.
- Lee pa ti solo, joé.

- Loli, no sabía que estabas aprendiendo a bailar flamenco…
- Sí, desde la semana pasada, que se me metió una avispa en las bragas y me han convalidado hasta tercer curso.

> - Manolo, a mí me gustaría vivir en una isla desierta.
> - Pues, a mí también.
> - Vaya, ya empezamos a llenarla.

- Bueno, le tengo que decir que tiene Vd. las horas contadas.
- ¿Y no se puede hacer nada, doctor, para alargarme la vida?
- Pues, sí, contar muy despacio.

> - Y entonces cuando mi mujer me dio el ron me dijo: me estoy acostando con tu jefe.
> - ¿Y cómo te lo tomaste?
> - Con coca-cola.

- Manuel, ¿tú has tenido alguna vez contactos con el más allá?
- Sí, una vez, de pequeño.
- ¿Y qué paso?
- Contacté con Dios. Me dio a elegir entre tener una memoria increíble o un pene enorme y no me acuerdo ya lo que elegí.

> - Me gustan las ostras porque saben a mar.
> - Sí que son cariñosas, sí.

- ¿Me podría decir su DNI sin la última cifra, por favor?
- Claro, a ver si se piensa Vd., señor guardia, que por ser de Lepe soy tonta. Apunte: siet…, cinc…, nuev…, och…

> - Cariño, ¿tu madre no se mete en el mar?
> - Hombre, tiene 90 años, le podría pasar algo.
> - Ya, pero como se mete en todo…

- Pues, yo para adelgazar hice la dieta de la manzana.
- ¿Y qué tal te ha ido?
- Pues mira, me compré un Iphone 6S y ya no me quedó dinero para comer.

  - Camarero, ¿esto es cordero o pollo?
  - ¿No lo distingue por el sabor?
  - No.
  - Entonces, ¿por qué se queja?

- Doctor, estoy preocupado porque tengo 100 años y aun ando persiguiendo muchachas.
- Pues, es un caso insólito, pero dígame en qué quiere que le ayude, ¿Qué es lo que le preocupa de eso?
- Pues, que las ando persiguiendo pero ya no me acuerdo para qué.

  - Oye Manuel, ¿y qué sabes de los hermanos siameses?
  - Pues, se han ido a vivir a Inglaterra una temporada.
  - ¿Y eso? ¿Cómo ha sido?
  - Es que el de la derecha quiere sacarse el carnet de conducir.

- Doctor, tengo una pierna más larga que la otra, ¿qué es lo que tengo hacer?
- Cojear.

  - Ring, ring, ring... ¿Dígame?
  - ¿Es ahí dónde lavan la ropa?
  - No señor.
  - ¡Guarros!

- ¿Podría darme algo de comer?
- ¿Se comería Vd. una paella del día anterior?
- Claro que sí.
- Entonces vuelva por aquí mañana.

- Payo, ¿por qué será que me gusta to lo que termina en *"ar"*? Como fumar, cantar, robar, fornicar...
- ¿Y trabajar? ¿Te gusta trabajar?
- Ay, payo, trabajal termina en *"L"*...

> - Paco, ¿qué es lo que más te gusta de mí?
> - Tus croquetas.
> - Hombre, Paco, digo del interior.
> - ¡Ahhhhh! Las de jamón.

- ¿Y tu marido? ¿Qué tal?
- Pues, no piensa nada más que en trabajar.
- Eso es bueno...
- ¿Bueno? No creas. Lleva 6 años tumbado en el sillón y aún no se ha decidido.

> - Oye Manuel, ¿qué has cazado hoy?
> - Sólo un liebro.
> - Querrás decir una liebre.
> - No, un liebro.
> - ¿Por qué un liebro?
> - Porque le he tirado el primer tiro, lo he fallado y me ha dicho: *"El próximo me lo vas a pegar en las pelotas"*.

- Rafa, cariño, del 1 al 10, ¿cuánto te gustan mis lentejas?
- ¿Contando el cero?
- Bueno, cuenta el cero, pero cuenta también, que te puedes quedar sin mojar más de un mes...
- Bueno, pues, 150...

> - Paco, ¿adónde vas?
> - Voy al cine.
> - ¿Y qué vas a ver?
> - Pues, Rocky 2 y Robocop 3.
> - Y si ya sabes el resultado, ¿para qué vas?

- Paco, quería que me hicieras un favor.
- ¿De qué se trata?
- Mira, no estaré en casa durante bastante tiempo, ya conoces cómo es mi mujer, quería que me la vigilaras y si ves algo anormal me llamas.
- De acuerdo, cuenta con ello.
- *(A los 15 días)* Ven urgentemente, el Félix va todas las noches a tu casa y no sale de ella hasta la mañana siguiente.
- ¿Y me avisas ahora, después de 15 días?
- Me dijiste que te avisara cuando viera algo anormal.
- ¿Y qué es lo anormal?
- Que ayer no fue.

    - Señor, hace 20 minutos que le pedí al mozo una botella de vino de la casa.
    - Pues, va a tener que esperar otros 20 minutos, el mozo vive un poquito lejos.

- Tío, ¿y esa marca de un tortazo que tienes en la cara?
- Ya ves, mi mujer, que le dije que tenía una media arrugada.
- ¿Y por eso te dio un tortazo?
- Es que no llevaba puestas las medias.

    - Hola, buenas, venía a venderle un seguro.
    - Vd. no me conoce. He tirado ya a 14 vendedores de seguros por la escalera en lo que va de mañana.
    - Vd. tampoco me conoce, yo soy los 14.

- María, con cinco centímetros más sería un rey.
- Manolo, con cinco centímetros menos serías una reina.

    - Pues, Desde ayer mi tío descansa en paz.
    - Vaya, no sabía que tu tío se había muerto.
    - No, si la que se murió fue mi tía.

- Hombre, ¿te vas de viaje?
- Sí, a Londres, me han dicho que allí se consigue comida gratis, cerveza gratis toda la noche y al final tienes un kiki garantizado.
- ¿Quién te ha dicho eso?
- Mi hermana.

    - Doctor, ¿cómo ha ido la operación de mi mujer?
    - Pero, ¿no era una autopsia?

- ¿Qué le pasa Peláez para estar hoy tan triste?
- Que voy a ser padre dentro de poco.
- Pero bueno, felicidades, ¿y a qué viene esa cara de funeral?
- Verá, cuando se entere mi mujer.

    - En ese bar te sirven unos callos increíbles.
    - ¿Están buenos?
    - Me refería a las camareras.

- Manuel, hace dos días que tengo depresión post-parto.
- Tío, que eso sólo les ocurre a las mujeres.
- Sí, te lo crees tú. Ayer casi le parto la cara al Jordi y estoy deprimido por el casi.

    - Carlos, ¿por qué estás tan alterado?
    - No te lo vas a creer, he inventado un dispositivo que sirve para atravesar paredes.
    - ¿Pero qué dices? Te vas a forrar. ¿Ya has pensado en el nombre que le vas a poner?
    - Pues no. ¿Qué te parece: *"Puerta"*?

- ¡Por favor, ayúdeme! ¿Me da cinco céntimos para comprarme un bocadillo?
- Sí, pero enséñeme primero el bocadillo que quiere comprar.

- ¿Qué miras niño? ¿Nunca has visto a un cura clavar un clavo?
- Miro, por si Vd. se da en un dedo con el martillo, para ver qué palabrota dice.

    - Señorita, ¿a Vd. cómo le gustan los hombres?
    - Como el café.
    - ¿Fuertes y negros?
    - No, cuatro veces al día.

- Me han dicho que ha muerto tu cuñado el de Lisboa.
- Pues, sí. Hace ya una semana.
- ¿Qué le pasó?
- Que por la noche fue a ver si había gas en la cocina, encendió una cerilla y habíalo.

    - *Lepero:* Oiga, ¿el autobús para ir a la plaza de Castilla?
    - Allí, el número 50.
    - *(A las 3 horas)* Pero, ¿todavía no ha pasado el autobús?
    - Me dijo Vd. que el 50 y sólo van 37.

- Soldado, ¿qué siente Vd. cuando ve ondear la bandera de su país?
- Viento, mi sargento.

    - Señor alcalde, ¿es verdad que Vd. lo mismo ordeña una vaca que manda un bando?
    - Sí, yo en este pueblo ordeño y mando.

- *(A las 4 de la mañana)* Ring, ring, ring... ¿Dígame?
- ¿Está Pepe?
- No, se ha equivocado.
- Lo siento, ¿le he despertado?
- Sí, pero es igual, tenía que levantarme porque estaba sonando el teléfono.

- Puse *"MI PENE"* como contraseña en el ordenador.
- ¿Y qué pasó?
- Me dijo: *"Lo siento, muy corto"*.
- Sí, ¿y qué hiciste después?
- Puse *"MI HERMANA"* y me dijo: *"Lo siento, muy fácil"*.

> - ¿Cuántos años tiene Vd.?
> - Treinta y nueve.
> - ¿Solamente 39?
> - Bueno, 49, es que los diez años que estuve casado no los cuento porque eso no era vivir.

- ¿Sabe Vd. cuál es el mejor sistema para castrar a un toro?
- Sí, hacerlo a la antigua.
- ¿Cómo es ese método?
- Se toman dos ladrillos, se pone uno a cada lado y se baten con mucha fuerza.
- Pero, ¿será de un daño horroroso?
- No, si se tiene cuidado con no pillarse un dedo en medio.

> - Doctor, quería aumentarme el pecho.
> - Muy bien señora, ¿su marido la apoya?
> - No, no, de momento sólo yo el pecho.

- Jefe, el jueves tiene Vd. una reunión importante a las 9.
- Pospongla.
- Pos, ya la he puesto.

> - ¿Conoce Vd. el chiste de no y yo tampoco?
> - No.
> - Yo tampoco.
> - ¿Lo entendiste?
> - No.
> - Yo tampoco.

- Doctor, hace tantos días que no como, que tengo el estómago en los talones.
- Descálcese.

- Hola, buenas, ¿son aquí los exámenes de jardinería?
- No, se ha equivocado de planta.
- Pues, sí que empezamos bien...

- Paco, ¿no crees que cada día hay más maricones en el mundo?
- Pues, no, ¿por qué?
- Si yo te diera 100 euros, ¿tú me darías por ahí atrás?
- No, no, ¿cómo puedes pensar eso?
- ¿Y si te diera 10.000 euros?
- Hombre, siendo así, me lo pensaría.
- Lo ves, maricones sí los hay, lo que no hay es dinero.

- ¿Quién ha llamado, Remedios?
- Un señor preguntando por usted.
- ¿No ha dicho su nombre?
- No, señora, pero debe conocerla a usted mucho, porque ha dicho: ¿Está en casa la bruja?

- Doctor, mi amigo no levanta la cabeza, se ríe solo, no habla con la gente y cuando le hablan, no presta atención, ¿qué tiene?
- Un smartphone.

- Hola, ¿es aquí el curso de tiro al plato?
- Sí, ¿te apunto?
- No, no, apunta al plato...

- Ring, ring, ring... ¿Dígame?
- Por favor, ¿hablo con el manicomio?
- No señor, se ha equivocado, nosotros no tenemos teléfono.

- Doctor, ¿cómo sé si estoy perdiendo la memoria?
- Pero, si eso ya se lo dije ayer...

  - Inés, últimamente estás muy gorda.
  - Es que estoy embarazada.
  - Anda, yo también.
  - Pero, tú de tu marido.
  - Sí, claro.
  - Y yo también.

- Doctor, ¿qué tal escucha mi ritmo cardíaco?
- Pues, ¿alguna vez Vd. ha escuchado la marcha fúnebre?

  - Tu mujer ¿a qué se dedica?
  - Es jinete de aves de corral.
  - ¿Y eso qué es?
  - Que siempre está montando pollos.

- Me quieres sólo porque mi padre me dejó una fortuna.
- No, querida. Yo te amaría sin importarme quien te la dejó.

  - Doctor, ¿qué hago con los supositorios?
  - ¡Pues, métaselos por el culo!
  - Tranquilo, tranquilo, solamente era una pregunta.

- Mi capitán, ¿es cierto que usted anda diciendo que nos besamos detrás del almacén de los materiales de guerra?
- No, yo no he dicho nada.
- Entonces, nos han visto, mi capitán.

  - ¿Por qué le pegó a mi hijo?
  - Por maleducado, me llamó gorda.
  - ¿Y cree que pegándole va a adelgazar?

- Manoli, cariño, ¿qué harías tú si el mundo se acabara dentro de diez minutos?
- Te haría el amor como un loco.
- ¿Y los otros nueve minutos?

> - *(Entre vecinas)* Mi vecina Puri le ha explicado todas sus aventuras amorosas a su marido.
> - ¡Qué valor!
> - ¿Qué valor? No. ¡Qué memoria!

- Paco, en la vida, si no eres duro te comen.
- ¿Por qué lo dices?
- Mira, mi mujer me dijo ayer: Friega el suelo de la casa esta mañana.
- ¿Y lo fregaste?
- No lo fregué... Lo hice por la noche.

> - Pedro, a mí lo que me sucede es que me gustan todas las mujeres.
> - Eso tiene fácil arreglo, si te casas, por lo menos habrá una que no te gustará.

- Doctor, llevo 5 días soñando con hormigas que juegan al fútbol.
- Tómese estas pastillas y ya hoy dormirá sin problemas.
- ¿Está Vd. loco? ¡Si hoy es la final!

> - Cariño, te veo agobiado, ¿quieres que salgamos del Ikea?
> - ¿Qué cajones has dicho?
> - ¡Ay, Pepe! ¡Tú no estás bien...!
> - ¡No digas estanterías...!

- Oiga, joven, ¿sería tan amable de ayudarme a cruzar la calle?
- Claro, señora, pero espere que el semáforo está todavía en rojo.
- Vaya, en verde ya sé hacerlo yo sola.

- Mamá, ¿otra vez marisco?
- ¡Más fuerte!
- MAMÁ, ¿OTRA VEZ MARISCO?
- Muy bien, ya nos han oído los vecinos, ahora cómete las lentejas.

- ¿Aceptas a Sole como esposa en la salud, en la enfermedad, en la riqueza y en la pobreza hasta que la muerte os separe?
- Sí, no, si, no, no.

- ¿Qué nombre le vas a poner a tu hijo?
- Uno que he sacado del credo.
- ¿Del credo? En el credo no hay ningún nombre propio.
- Sí, está, Ignacio.
- ¿En qué sitio?
- En esa parte que dice: ... y nació de Santa María Virgen ...

- Papá, mira ese señor, no tiene nariz.
- Calla, que te va a oír.
- ¿Es que no lo sabe?

DIÁLOGOS CON HUMOR (II)

- Manolo, ¿qué te pasa que te veo tan serio y preocupado?
- Pues, que le he dejado a un amigo tres mil euros para que se hiciera la cirugía estética, y ahora no le reconozco.

  - ¿Sabes lo que me dijo un día mi padre?
  - No, ¿qué te dijo?
  - Hijo, estudia mucho y llegarás muy lejos.
  - ¿Y qué pasó?
  - Que tenía toda la razón. Ahora estoy en Alemania.

- Manoli, ¿a ti qué prototipo de hombre te gusta?
- Pues, que sea detallista, sensible, atento, sentimental, delicado...
- Muy bien, pero, piensa que ese tipo de hombres también busca hombres.

  - María, me he cruzado con un vecino en la escalera y no me ha dado los buenos días...
  - Iría despistado.
  - No, creo que es por los recortes en educación.

- Me case con una enfermera y con eso de que hay que esterilizar, limpiar, etc., al final ni me entero.
- Yo me casé con una abogado y con eso de los derechos de la mujer que si yo abajo, que si yo arriba, tampoco me entero.
- *El más delgado:* Pues, yo me casé con una maestra y cada vez que me equivoco me lo hace repetir diez veces.

  - Me ha dicho Laura que le has dicho aquel secreto que te había dicho que no le dijeras.
  - Pero yo le había dicho que no te lo dijera.
  - ¡Qué le vamos a hacer! Pero ahora no le digas que te he dicho que ella me lo ha dicho.

- Juan, ¿sabes qué diferencia hay entre discutir con tu mujer y jugar a la lotería?
- Pues, ahora no caigo.
- Si juegas a la lotería tienes alguna posibilidad de ganar.

  - ¿Me ha oído tocar el piano alguna vez?
  - Sí, varias veces.
  - ¿Y qué me aconseja?
  - Que lo vendas, guapo.

- ¿Qué te pasa Cosme que estás tan triste?
- Que se me acaban de caer las gafas al río Guadalquivir.
- Pero, si este río es el Ebro.
- ¿Cómo quieres que lo vea sin gafas?

  - Ayer iba yo por la calle, se desmayó una muchacha estupenda, le puse la oreja en el corazón...
  - ¿Y latía?
  - La tía me arreó dos tortazos de cuidado.

- Oye, ¿por qué has dejado embarazada a mi hermana?
- Porque me pidió un recuerdo y no tenía otra cosa a mano.

  - Ring, ring, ring... ¿Dígame?
  - ¿Es la carnicería?
  - Sí, señor.
  - ¿Tiene Vd. orejas de cerdo?
  - Sí, señor.
  - ¿Y patas de cordero?
  - Sí, señor.
  - Pues, debe parecer Vd. un monstruo.

- Perdone, ¿cuál es la manera más rápida para llegar a la Cruz Roja?
- Póngase en mitad de la vía, cuando pase el tren.

- Doctor, vengo a verle porque mi mujer está muy mala, muy mala.
- ¿Qué le pasa?
- Que se pone a hablar y se para.

    - Doctor, duermo fatal, ¿qué puedo hacer?
    - Pues, tómese estas dos pastillas y si mañana se despierta, estas otras dos.

- Perdón, señor, ¿me compraría una calculadora de bolsillo?
- No, gracias. Ya sé cuántos bolsillos tengo.

    - Pepe, he leído tanto sobre lo malo que es el vino, que...
    - ¿Que, qué?
    - Que ya no leo más.

- ¿Cómo le ponemos de nombre a la niña?
- Acordeón.
- Pero, ese es el nombre de un instrumento.
- ¿Y qué? A la niña de la vecina de arriba le han puesto Pilar Mónica.

    - Sentirse joven es algo que tiene que ver con la fe...
    - ¿Con la fe?
    - Sí, con la fecha de nacimiento.

- Pero señora, ¿cómo tiene Vd. esas ampollas en la cara?
- Me saltó aceite.
- ¿Qué fue lo que hizo?
- Mi yerno me dijo que friera las pescadillas con la cola en la boca.

    - Antonio, vaya camión que te has traído de Alemania.
    - Pues, ya tiene 8 meses.
    - Pues, cuando tenga un año no cabe en la plaza.

- Manuel, ¿te has enterado de la desgracia de Juan?
- No, ¿qué desgracia?
- Se ha escapado con mi mujer.

> - Mi vecino ya me tiene cansado; todos los días toca el timbre de mi casa a las 4 de la mañana y me insulta.
> - ¿Y tú qué haces?
> - ¿Yo? Sigo tocando la batería.

- Doctor, no sé lo que me pasa que cuando fumo, me entran unas ganas locas de hacer el amor. ¿Qué me aconseja?
- De momento señorita, tome, fúmese un cigarro.

> - Manoli, ¿cómo sería para ti el marido perfecto?
> - Lo tengo muy claro. Sería el que me despertara los domingos por la mañana, desnudo, con una taza de café en una mano, una rosa en la otra y seis donuts.

- ¿Sabías que Beethoven dedicó su quinta sinfonía a su padre?
- ¿Cómo lo sabes?
- Fíjate en el comienzo: *"Para papá..."*.

> - Pepe, nunca me escuchas cuando te hablo.
> - Cualquier cosa, Concha, una tortilla o algo ligerito...

- Y dígame, ¿qué hacía Vd. antes de casarse?
- Lo que me daba la gana, doctor. Lo que me daba la gana.

> - En mi casa yo tomo las decisiones importantes y mi mujer decide los detalles.
> - ¿Qué decisiones son las importantes?
> - Pues, no lo sé. En veinte años de casado, aún no he tenido que tomar ninguna.

- Pues, yo me he dado cuenta de que para mi marido, el aniversario de boda, el punto G y el retrete son lo mismo.
- Tampoco será para tanto.
- Lo que yo te diga, no acierta con ninguno.

> - Teresa, cariño, ¿qué harías tú si me tocara la lotería?
> - Pues, me quedaría con la mitad, me separaría de ti y me iría de casa.
> - Muy bien. Pues, me han tocado 12 euros; toma tus seis y venga, ¡a freír espárragos!

- Juan, te noto un poco triste, ¿quieres reírte un rato?
- ¿Qué tengo que hacer?
- Piensa que cada minuto hay una pareja jurándose amor eterno.

> - *(En la farmacia)* Hola, buenos días, quería algunas vitaminas para los niños.
> - ¿A, B o C?
> - Da igual, aún no saben leer.

- Pues, mi mujer no conduce mal, conduce distinto, es decir, fatal.
- Hombre, no será para tanto...
- Mira, el GPS siempre acaba diciendo: En 200 metros haga el puñetero favor de girar a la izquierda o me bajo del coche.

> - Manolo, creo que tu mujer te pone los cuernos.
> - Sí, pero no pasa nada y no me importa, es mejor tener una mujer buena para 40 que una mala para uno solo.

- Mariano, ¿qué tal comiste en el nuevo restaurante?
- Muy mal.
- ¿Por qué?
- Porque tenía la silla muy retirada de la mesa.

- Oye Mariano, que el burro que me vendiste ayer se me ha muerto.
- Qué raro, hace veinte años que lo tenía yo y eso no le había pasado nunca.

  - Paco, déjame mil pesetas.
  - No puedo.
  - Anda, has un esfuerzo.
  - Noooooo pueeeeedo.

- Por fin, acabo de encontrar el punto G de mi mujer.
- ¿Sí? ¿A estas alturas?
- Sí, lo tenía su hermana.

  - Oye Manolo, el Pedro se ha suicidado.
  - Pobre chaval, ¿qué le habrá pasado por la cabeza?
  - Una bala, una bala.

- Pepe, voy a ir a un médico que reduce la boca por 500 euros.
- Llévate 1.000.

  - ¿Dónde has estado últimamente?
  - Me he tomado un año selvático.
  - ¿Será sabático?
  - No, es que lo he pasado en la selva.

- En Zamora hay un ladrón muy maniático. Sólo roba cosas que empiezan por *"u"*.
- ¿Y qué roba?
- Pues, un coche, un reloj, ...

  - *(Dos amigos vacilones)* Pepe, ¿ves allá arriba en la Giralda una hormiga dando de mamar a sus hormiguitas?
  - No la veo, pero siento los chupetones.

- *(Disimulando)* Mira la vieja esa, qué bigotes tiene.
- Oye, que es mi madre.
- Jo, qué bien la quedan.

- Oye, Manolo, ¿cuándo me vas a devolver los mil euros que te presté?
- Chico, yo te los pedí en voz baja.
- Vale, ¿pero cuándo me los vas a devolver?
- ¿Qué te crees, que soy adivino?
- Es que ya hace un año que te los presté.
- Pues, invítate a algo para celebrar el aniversario.

- ¿Adónde vas Manolo?
- A echar esta carta.
- ¿Para quién es?
- Para mí.
- ¿Y quién la ha escrito?
- Yo mismo.
- ¿Pero, qué pone?
- Ya te lo diré cuando la reciba.

- Pepe, ¡qué hijo más feo tienes!
- Es igual, lo quiero para el campo.

- Dios les prometió a las mujeres que los maridos buenos y obedientes se encontrarían en todos los rincones de la Tierra.
- Sí, ¿y cuál es el problema?
- Que luego hizo la Tierra redonda.

- Manolo, eso de que con los condones se tiene sexo seguro te digo que es mentira.
- ¿Por qué lo dices?
- Porque compré tres cajas hace más de un mes y aún no me he comido una rosca.

Jesús Escudero Martín - Diálogos con humor (I, II, III y IV)

- María, he comprado condones de sabores, apaga la luz y adivina el sabor.
- Mmm, sardina con queso.
- No, espera a que me lo ponga.

  - El otro día cogí a mi mujer en la cama con un holandés.
  - ¿Y, no les dijiste nada?
  - No, ya sabes que yo no hablo holandés.

- ¿Cuánta gente hubo en la manifestación?
- Según los sindicatos, hubo 50.000 manifestantes.
- ¿Tantos?
- Tantes.

  - Pepe, ¿qué preferirías tener, cuernos o colesterol?
  - Cuernos.
  - ¿Cuernos?
  - Sí, con el colesterol no se puede comer de nada.

- ¿Última voluntad?
- Cantar una canción infantil hasta el final.
- Muy bien, comience.
- Un elefante, se balanceaba, sobre la tela de una araña ...

  - ¿Podría Vd. explicar por qué no se escapó de la cárcel con sus compañeros?
  - Si conociera usted a mi mujer y a mi suegra lo comprendería al instante.

- Jefe, me va a tener que subir el sueldo, ya hay cuatro grandes empresas que andan detrás de mí.
- ¿Ah, sí? ¿Y qué empresas son esas?
- La de la luz, la del teléfono, la del agua y la del gas.

- Con aquel perro que compraste no te habrán vuelto a robar la casa, ¿verdad?
- No, me robaron el perro.

  - Llega Vd. tarde a la oficina.
  - Es que me he dormido.
  - ¡Ah! ¿Pero también duerme Vd. en casa?

- Pepe, ¿en qué ha terminado hoy el cupón?
- En *"n"*, como todos los días.

  - Hace cinco años, Pedro empezó con dos alpargatas y ahora tiene más de 50 millones.
  - ¿Y para qué querrá tantas alpargatas?

- ¿Cómo es que tienes tan mala cara?
- Es que me han operado de fimosis.
- ¿Y eso qué es?
- Nada, te quitan un pellejito…
- ¿Y qué hacen con él?
- Hay gente que lo tira. Yo me he hecho con él un par de botas.

  - Maruja, ¿sabes que ha bajado el kilo de patatas?
  - ¿Qué me dices? ¿Y cuántos gramos pesa ahora?

- Pepe, creí que te habías muerto.
- ¿Por qué?
- Porque últimamente habla todo el mundo muy bien de ti.

  - Pepe, ¿cómo se llama tu novia?
  - Pili.
  - Anda, como mi televisor.

- Antonio, ha fallecido José Luis Pérez y en la esquela han puesto José con la letra G.
- No me extraña, en esos momentos no estarían para jotas.

> - Susana, hija, ¿sabes cuáles son las dos frases que no debes creer nunca?
> - No papá, ¿cuáles?
> - *"Mañana te pago"* y *"la puntita nada más"*.

- *(Al ver a su médico en la mecedora)* Buenos días, doctor. ¿Y eso?
- Aquí, matando el tiempo.
- ¿Se le acabaron los pacientes?

> - Pepe. ¡Qué mal hueles! ¿No te lavas?
> - Sí, me lavo todos los días varias veces.
> - Pues entonces, ya debes ir cambiando el agua.

- ¿Sabes que ha muerto Martínez?
- ¿El fotógrafo?
- Sí.
- Pues, habrá tenido una muerte instantánea.

> - Pero, ¿por qué te quitas el zapato?
> - Es que se me ha dormido el pie.
> - ¿Dormido? Según huele, yo creo que se te ha muerto.

- Oye Juan, ¿tu loro tiene mala leche?
- No.
- Pues, ponme dos litros.

> - He traído de Alemania medio millón de marcos para hacerme una casa.
> - ¡Jo! ¿Y para qué le vas a poner tantas ventanas?

- Manolo, ¿sabes qué diferencia hay entre capital y trabajo?
- Cómo voy a saberlo, si no tengo ni de lo uno ni de lo otro.

  - Un trabajo, por favor, tengo 15 hijos.
  - Vale, díganos su oficio, no su pasatiempo.

- He visto a tu mujer con un vestido muy chillón.
- Sí, es que es un poco sorda.

  - Mariano, ¿te casaste?
  - No, lo pude arreglar.

- Pepe, ayer, mientras estabas durmiendo, insultabas a mi madre.
- ¿Y quién te ha dicho que yo estaba durmiendo?

  - Federico, que tienes la boca abierta.
  - Ya lo sé, si la he abierto yo.

- Pepe, ¿por qué escribes tan despacio?
- La carta es para mi hermano que lee muy tranquilo.

  - Pero Juan, ¿cómo es que te has sacado cuatro muelas si sólo te dolía una?
  - Porque el dentista no tenía cambio de 200 euros.

- En Hollywood hacen maravillas, fíjate; a Bo Derek le han quitado los ojos, el pelo, los labios y los senos, ¿y a quién dirás que se parece?
- A mí mujer.

  - Mariano, ¿por qué cuelas el café con un calcetín?
  - Tranquila que el calcetín ya estaba sucio.

- Ahora mismo tengo dos pretendientes, uno campeón de esgrima y otro albañil.
- Es decir, estás entre la espada y la pared, ¿eh?

    - Cariño, he perdido 1.000 euros en el casino.
    - No te preocupes Loli, mañana a primera hora vamos y los buscamos.

- ¡Mi capitán! ¡Tierra a la vista!
- Calla, capullo, que aún no hemos zarpado.

    - ¿Te vienes a mi apartamento a escuchar música?
    - Vale, y si nos aburrimos nos vestimos y nos vamos.

- María, he decidido irme a vivir a Holanda, me han dicho que allí dan 100 euros cada vez que haces el amor.
- Pues, me voy a ir contigo a ver qué haces con 100 euros al mes.

    - Cariño, ¿por qué no me llevas a ver al Doctor Zhivago?
    - Nada de eso, tú al médico de la Seguridad Social como todo el mundo.

- Oye Manolo, tu mujer es muy fea.
- Perdona, pero mi mujer la belleza la tiene por dentro.
- Entonces, ¿por qué no la pelas?

    - Mi mujer hace más de dos meses que no me habla.
    - ¿Y cómo lo has conseguido?

- Pepe, qué poco cariñoso eres, el vecino todos los días cuando sale de casa le da un beso a su mujer y tú no.
- Pero, si yo no tengo confianza con ella.

- ¿No me dijiste que no ibas a beber más?
- Sí, y lo he cumplido, he bebido lo mismo.

  - Pepe, ¿dónde vas con ese cerdo?
  - ¿Qué dices? Pero, si es una cabra...
  - Oye, que yo hablaba con la cabra.

- Querido, dame treinta euros para comprarme un wonderbrá.
- Pero, si no tienes nada que meter en él.
- Y tú, ¿por qué llevas calzoncillos?

  - Manuel, ¿a ti te gustan las mujeres con muchas tetas?
  - Hombre, con más de dos me dan asco.

- Manolo, ¿sabes que un Vitorino le ha pegado una cornada a Curro Romero?
- Pues, como no haya ido el toro al hotel...

  - Manolo, dime algo dulce.
  - Me cago en la madre que te parió en almíbar.

- Doctor, todas las mañanas a las seis evacuo.
- Eso no tiene ninguna importancia.
- Pero, es que me levanto a las ocho.

  - Está visto que no vives más que para el fútbol. Has olvidado que hoy es nuestro aniversario.
  - ¿Cómo voy a olvidarlo si aquel día ganamos al Barça por cinco a cero?

- Pues, mi hija es mecanógrafa.
- La mía, también es puta pero sin máquina.

- Querido, mañana es nuestro aniversario de boda. Mataré un pollo para celebrarlo.
- ¿Y qué culpa tiene el pollo? Mata a tu madre que fue la que se puso pesada para que nos casáramos.

  - Yo antes de acostarme doy una vuelta a la manzana.
  - Pues, yo no, tengo la cama al lado.

- *El médico:* ¿A quién quieren engañar Vds. los curas? ¿Quién se va a creer que toda aquella gente vivía cientos de años como se afirma en la Biblia?
- *El cura:* Tenga en cuenta que en aquella época no había médicos.

  - Pues, nosotros somos 14 hermanos.
  - Vaya, tu madre la pobre...
  - Sí, la tenemos en un altar.
  - Claro, es una santa.
  - No, para que no la pille mi padre.

- ¿Sabes que mañana me voy de veraneo?
- Sí.
- ¿Quién te lo ha dicho?
- Tú, ahora mismo.

  - Doctor, vengo a que me baje la potencia sexual.
  - A sus 85 años, eso es todo cosa de cabeza.
  - Pues, eso quiero, que me la baje para abajo.

- Yo tengo un loro que dice: *"Buenos días"*.
- Pues, yo tengo un bote que dice: *"Melocotón en almíbar"*.

  - ¿Por qué escribes a tu novia tan despacio?
  - Porque ella no sabe leer muy deprisa.

- El otro día estaba en el desierto, me salió un león, di un bote y me subí a un árbol.
- Pero, si en el desierto no hay árboles.
- Anda, para pensar estaba uno.

   - Camarero, ¿por qué recomienda Vd. a todos los clientes con tanta insistencia que tomen asado de vaca?
   - Porque si no se lo comen ellos nos lo tendremos que comer nosotros y...

- Oye, me he comprado un abrigo que me sirve para invierno y para verano.
- Será, para invierno.
- No, en invierno me lo pongo y no tengo frío, llega el verano me lo quito y estoy de fresco...

   - ¡Qué mal huele! ¿Te has peído? ¿Verdad?
   - Hombre, yo no huelo siempre así.

- ¿Nivel de estudios?
- Alto.
- ¿Ciudad holandesa que es una de las sedes de la ONU?
- La Haiga.
- Bueno, ya le llamaremos.

   - Mamá, adivina lo que te tengo que decir...
   - Hija, ¿no me irás a decir que has perdido la virginidad?
   - Jolines, mamá, pero si es que la ponen en un sitio...

- ¿Me podrías prestar veinte euros?
- No tengo dinero encima.
- ¿Y en tu casa?
- Todos bien, gracias a Dios.

- Oye Pedro ¿te gustaría ver a una mujer siéndole infiel a su marido?
- Claro que me gustaría.
- Pues, llega hoy dos horas más temprano a tu casa.

> - Bienvenido a Decathlon, ¿qué desea?
> - Un pantalón corto con bolsillos.
> - Muy bien, ¿para pádel, tenis...?
> - Para el tabaco y el móvil.

- ¿Te acuerdas de que Jesucristo convirtió el agua en vino?
- Claro, nos lo enseñaron de pequeños en religión.
- Pues, el cabrito de Don Simón, lo volvió a convertir en agua.

> - Mariano, defínete en tres palabras.
> - Vago.

- *(Vasco en una librería)* Buenas, ¿me da un mapamundi de Bilbao?
- ¿De la margen derecha o de la izquierda?

> - Compadre, ¿por qué llevas un clavel en la solapa?
> - Esto no es un clavel, es un octopus vulgaris.
> - ¿Y eso cómo se pone con h o sin h?
> - ¡Qué es un clavel!

- En mi casa hay una vajilla para 120 personas.
- Pues, en mi casa hay un sacacorchos para 400 personas.

> - ¡Joven, mientras se trabaja no se fuma!
> - Pero, jefe, ¿quién le ha dicho que estoy trabajando?

- María, cariño, ¿tú con cuántos hombres has dormido?
- Solamente contigo. Con los demás no me daba sueño.

- Hombre, ¡cuánto tiempo! Esta es mi hija, la menor.
- Pues, este es mi hijo, fa sostenido.

  - Paco, ¿me prestas 300 euros?
  - ¿Y qué me das como garantía?
  - La palabra de un hombre honrado.
  - Vale, pues, trae a ese hombre y cuando lo vea te daré los 300 euros.

- Pepe, ¿conoces el secreto de la fabada asturiana?
- No, no he hablado nunca con ninguna.

  - ¿Qué es de tu vida?
  - Pues, estoy trabajando en unos sondeos.
  - ¿Qué sondeos?
  - Unas cosas largas con uñas que salen de las manos.

- *(Entre amigos muy vagos)* Pepe, he inventado un robot que hace él solo todas las faenas de la casa.
- ¿Y quién aprieta el botón para ponerlo en marcha?

  - Doctor, ¿entonces no hay más remedio que operarme?
  - Desde luego.
  - Pero, si no tengo nada.
  - Mejor, así la operación será más fácil.

- Hombre Manuel, vas muy pensativo, ¿qué te pasa?
- Pues, que no entiendo por qué actualmente todo el mundo va a lo suyo.
- No es cierto, yo voy a lo mío.

  - Juan, ¿tienes veinte euros?
  - ¿Dónde?

- Hoy una monja me ha pedido dinero para las hermanas de Cristo.
- Pobrecilla ignorante, si Cristo era hijo único. Seguro que era para drogas...

- Iñaki, soy Patxi. Oye, que ya he cogido el autobús. Llego a tu casa en 30 minutos.
- Pero, si se llega en 15 minutos andando.
- Ya, coño, pero pesa.

- Doctora, mi marido quiere tener relaciones sexuales a todas horas, ¿qué le doy?
- Pues..., dele mi número de teléfono.

- Señor, sin el manos libres no se puede hablar por teléfono mientras se conduce.
- Agente, no estaba hablando, sólo estaba escuchando.
- Ya... ¿Y eso cómo lo puedo saber yo?
- Tome, póngase, es mi mujer. A ver si Vd. es capaz de hablar.

- Hola Juan, ¿qué te pasa que te veo tan pensativo?
- Es que me han llamado viejo cornudo.
- Tranquilo hombre, que no eres tan viejo.

- Dígame, señora, ¿cuál es el motivo por el que quiere divorciarse de su esposo?
- Que mi marido me trata como si fuera un perro.
- ¿La maltrata, le pega?
- No. Quiere que le sea fiel...

- Manuel, me han dicho que te has comprado una tele más grande.
- Sí, ayer en Carrefour.
- Pues, a mí me han regalado una que también es más grande.
- Vaya suerte.
- Bueno, en realidad he acercado más el sofá a la que tenía.

- *(En la peluquería)* Pepi, ¿sabes que Luis y Sofía se han separado?
- ¿No me digas? ¿Y quién ha sido el culpable de ello?
- Él, por llegar a casa sin avisar.

  - Señor, ¿le ha gustado la sopa?
  - Sí, mucho, me ha encantado.
  - ¿Quiere repetir?
  - Sí, mucho, me ha encantado.

- ¿Sabes que anoche salí de casa de mi novia como Superman?
- ¡No me digas! ¿Saliste volando?
- No hombre, salí con los calzoncillos por encima del pantalón.

  - Oye, Manoli, ¿sabías que tu novio antes fue mi novio?
  - Bueno, me dijo que había cometido algunas estupideces, pero no me dijo cuáles.

- ¿Qué alega Vd. para no hacer la mili?
- Que soy sordo.
- ¡Soldado, pegue un tiro al aire para ver si lo oye!
- Aunque pegue un cañonazo no lo voy a oír.

  - Oye Andrea, qué raros los hijos, ¿verdad? Yo los crie a todos igual y me han salido todos diferentes...
  - Al revés que los hombres. De novios, son todos diferentes, pero de maridos, todos iguales.

- María, ¿a ti cómo te gustan los hombres?
- Pues, me gustan, altos, guapos, inteligentes, cariñosos, detallistas... Y a ti, Julia, ¿cómo te gustan?
- A mí, me gustan feos, jorobados y analfabetos.
- Pero, tía, vaya hombres que te gustan...
- Vaya, con lo que me has dejado...

- Cariño, me acabo de depilar enterita, ¿sabes lo que eso significa?
- Sí, que está atascado el desagüe, ahora llamo al fontanero.

   - Ha cometido Vd. un crimen matemático.
   - Pues, lo asumo.
   - Pues, lo arresto.

- Oye, Manolo, esto no me cuadra.
- Pues, redondea.

   - Puri, cariño, ahora que estamos aquí los dos desnudos con un ambiente tenue, ¿puedes poner un poco de música?
   - ¿Pongo Malú?
   - No, con esta se ve bien.

- ¿Qué sabes de Pepe?
- Que estará en el bar, como siempre. Fíjate en esta foto que tengo de él sentado a la puerta del bar.
- Pero, si sólo está la silla.
- Ya está otra vez dentro, ¿lo ves?

   - Cariño, hoy llegaré tarde, tengo la cena de empresa.
   - Oye, a mí no me engañes. Tú te vas de fulanas...
   - Siempre igual de desconfiada...
   - Pero, Paco, si estás en el paro...

- ¿Sabías que se ha muerto el cardiólogo del quinto?
- Pues, no.
- Fíjate, han rodeado el féretro de corazones.
- Vaya, cuando se muera el ginecólogo del segundo no me lo pierdo.

   - ¡Acusado! ¡Hable ahora o calle para siempre!
   - Elijo calle.

- Hola, ¿es esta la fiesta de los imbéciles?
- Sí, pase. ¿Pero, para qué trae esa escoba?
- Es que pone *"BARRA LIBRE"*.
- Pasa crack, hoy es tu noche.

  - Oye, ¿cómo murieron los soldados?
  - Abatidos.
  - Pues, ya tuvieron que beber; ya.

- Raquel, cariño, ¿cuántas veces te he dicho que te quiero?
- Ninguna.
- ¡Puñetera! ¿Las llevas contadas?

  - Doctor, ¿qué es lo que tengo?
  - ¿Sabe Vd. cómo se dice *"dos más"*, en inglés?
  - ¿Two more?
  - Exacto. Tiene Vd. un two more maligno.

- Tengo unos informes que dicen que puede volver un grupo terrorista de hace años.
- ¿Los GRAPO?
- No, déjalos así, ya lo hará la secretaria.

  - Hola mi amor, ¿dónde estás?
  - Pues, en el sofá, tapadita y viendo la tele. ¿Y tú?
  - Pues, detrás de ti en la discoteca.

- Juan, ¿cómo te pongo el café hoy?
- No lo sé. ¿Podría ser en bikini, sujetando la taza entre los pechos y con un puro en la boca cantando *"fumando espero al hombre que más quiero"*?
- Pues, no.
- Vaya, entonces como siempre.

- ¿Cuántas horas dura tu jornada laboral?
- Ocho.
- ¿Computadas?
- Bueno, con putadas, once.

    - Veo que ha puesto en su currículum, que es distraído.
    - ¿Quién?

- Manuel, ¿has entrado alguna vez en un laberinto?
- Yo, no.
- Pues, no sabes lo que te pierdes.

    - Pero, Lucía, ¿por qué lloras?
    - Porque le dije a mi marido que me regalara algo que me durara todo el año...
    - ¿Y qué te regaló?
    - Un calendario.

- Perdone, ¿me puede decir en qué sección están los libros sobre el sentido del gusto?
- Lo siento, sobre gustos no hay nada escrito.

    - Hola, ¿tienes novio?
    - No.
    - ¿Y eso?
    - Sí y también bachillerato.

- ¿Nivel de francés?
- Nativo.
- ¿Pero, no nació usted de Jaén?
- Nací en París, hasta Jaén me trajo una puñetera cigüeña.
- ¿Eh?
- Como lo oye.

- Pues, mi suegra consiguió que me hiciera católico.
- ¿Y eso?
- Yo no creía en el infierno hasta que me casé con su hija.

- Mi mujer quiso salir a la cubierta del yate y se golpeó con la ventana.
- Escotilla.
- Muchísimo y además torpe que te cagas.

- ¿Nivel de francés?
- ¡Altísimo!
- ¿Podría decir algo con *"au revoir"*?
- *"Au revoir-iquito, aurre burro aurre, au revoir-iquito que llegamos tarde"*.
- Vale, vale. Ya le llamaremos cuando pase la Navidad...
- ¡Arre! ¡Arre!...

- Cariño, tengo que decirte que anoche se metió un hombre en mi cama y me hizo el amor.
- ¿Y me lo dices ahora?
- Es que pensaba que eras tú, pero cuando íbamos por la tercera vez me di cuenta de que no podía ser.

- Oye, ¿te has enterado de que Paco ha muerto en el ring?
- ¡Vaya sorpresa! No sabía que se dedicaba al boxeo...
- No hombre, se ha electrocutado con el timbre.

- Bueno, entonces, ¿tú y yo qué somos?
- Pronombres cariño.

- Juan, ¿no piensas tomarte la tarde libre para ir al velatorio de tu suegra?
- No, primero es el trabajo y después la diversión.

- ¿Es usted el titular del teléfono?
- Sí.
- ¿Lo tiene pegado a la oreja?
- Claro.
- Pues, pare el vehículo a la derecha que somos la Policía de Tráfico.

    - ¿Su nivel de italiano?
    - Altini.
    - ¿No sabe nada, verdad?
    - Exactini.
    - ¡Largo de aquí!
    - Adiosini.

- ¿Qué te recetó el médico para la úlcera?
- Que mi mujer me pusiera en los cataplines mantequilla.
- ¿Y qué tal la tienes ahora?
- Igual, pero los cataplines los tengo suavecitos, suavecitos...

    - Me siento solo.
    - Yo también, sentarse es fácil.

- Padre, veníamos a que nos casara.
- ¿Han hecho ustedes los cursillos prematrimoniales?
- No.
- Entonces no puedo casarles.
- Mire, cásenos ahora de la cintura para abajo que lo otro ya lo arreglaremos más adelante.

    - Mamá, he terminado el curso y para celebrarlo me he operado las tetas.
    - ¿Y las notas?
    - Claro que las noto, están perfectas, duras y en su sitio.
    - ¿Y las del instituto?
    - Cuando se lo he dicho, muertas de envidia.

- Oiga, ¿es ahí el club de los calzonazos?
- Sí, aquí es. ¿Llama para darse de alta en el club?
- Sí, pero ahora no puedo porque dice mi mujer que cuelgue y vaya a cambiar los pañales al niño.
- Bien, mejor, que la mía está llamando por la otra línea y le tengo que colgar.

- ¿Vendes el piso?
- Alquilo.
- ¿Y cuánto pesa?

- ¿Es la casa del señor Fernández?
- Sí, aquí el señor Fernández.
- Le habla la policía, tenemos aquí en comisaría a su suegra.
- ¿Qué ha dicho?
- Nada.
- Entonces, no es mi suegra.

- ¡Capitán!
- Dime, soldado.
- Objetivo a las 6.
- Merendar.

- *(En el convento)* Madre, de camino al convento, en medio del bosque, un desconocido me ha violado.
- Tranquila, hija, ve a la cocina, coge un limón, échale un poco de sal y métetelo en la boca.
- Cree que así mi alma volverá a estar limpia.
- No, pero al menos se te borrará esa cara de felicidad.

- Cariño, el día de nuestro aniversario te voy a regalar una lámpara de Aladino.
- ¿Y para qué quiero yo esa porquería?
- Para que guardes ese mal genio que tienes.

- Este año mis yernos quieren que vaya de vacaciones con ellos.
- ¡Qué yernos tan buenos tienes!
- Sí, pero el de Barcelona quiere que vaya a Teruel y el de Teruel quiere que vaya a Barcelona.

- ¿Cómo no te hablas con el Chema?
- Porque discutimos y le llamé hijo de puta.
- ¡Ah! ¿Y tú lo sabías?

- Mi mujer me ha pedido 4.000 euros para arreglarse la dentadura.
- ¿Y se los vas a dar?
- No, le daré 2.000 para que se agrande las tetas y así nadie te mirará los dientes.

- Mira Mohamed, este es mi salón.
- Hala, es grande.
- Deja de rezar y escúchame.

- Oye, Manolo, ¿qué tal en el campeonato de dardo para disléxicos?
- Muy bien, fui certero.
- ¡Qué bien! Entonces, ¿ganaste?
- No, no, te digo que fui certero.

- Paco, ¿sabes que ya llevamos 50 años de matrimonio?
- Sí, María.
- ¿Tú crees que todavía tenemos feeling?
- Pues, no lo sé. Mira en el botiquín.

- Doctor, ¿qué es lo que tiene mi marido?
- Su marido lo que necesita es mucho descanso, le voy a recetar estas pastillas.
- ¿Cuándo se las tengo que dar, antes o después de comer?
- No, las pastillas son para usted.

- Manolo, lo que tu hijo le ha hecho a mi hija no tiene nombre.
- Ni apellido, porque mañana se va a Alemania.

  - Mariano, ¿qué te pasa que estás tan preocupado?
  - Que el jueves enterramos a mi suegra por lo barato y ayer se presentó en casa.
  - ¿No me digas que ha resucitado?
  - Pues sí, como lo oyes.
  - ¡Cuántas veces nos habrán dicho que lo barato es caro!

- Oye, Manuel, qué lástima, la gente cada vez lee menos.
- ¿Y tú cómo lo sabes?
- Lo acabo de oír en la radio.

  - *(Dos caníbales comiendo)* Yo a mi suegra no la trago.
  - ¿Y si te la comes con patatas?

- Oye Pepe, ¿tú te casaste por dinero?
- No. Quien se casó por dinero fue mi mujer, que si no llega a tener no se casa.

  - Paco, mira, una piedra preciosa.
  - ¿Preciosa? Pero, si es un ladrillo...
  - Pues, a mí me gusta.

- *(Jesús con los Apóstoles)* Hoy me veis, mañana no me veréis, pero me volveréis a ver.
- *Pedro:* Maestro, cada día te quiero más por lo bien que te explicas.

  - Cariño, ¿estoy seguro de que el bebé no es mío?
  - Paco, ya discutimos esto cuando creíste escuchar que decía *"papi butano"*.
  - Puri, por Dios, si se echa el biberón al hombro...

- ¿Sabes que Luis ha salvado a su suegra de morir en un incendio?
- ¡No me digas! ¿Cómo ha sido?
- Estaba envuelta en llamas, entró y la sacó en brazos.
- Ahora comprendo cuando mi profesor decía que: *"El hombre en situaciones críticas pierde el conocimiento"*.

  - Doctor, tengo un dolor de estómago terrible.
  - ¿Qué comió Vd. ayer?
  - Ostras.
  - ¿Las abrió bien?
  - ¡Ah! ¿Pero había que abrirlas?

- *(El jefe contando chistes)* Gutiérrez, ¿tú por qué no te ríes?
- ¿Para qué? Si yo soy fijo, jefe.

  - Paco, estoy preocupado.
  - ¿Qué te pasa?
  - Mi hijo, que sólo hace caso a los tontos.
  - ¿Quieres que le hable yo?

- Alfredo, cariño, mañana es nuestro 25º aniversario, me gustaría hacer algo que hace tiempo no hago.
- Genial. ¡Cállate!

  - Raquel, cariño, ¿qué hiciste con el libro titulado *"Cómo pasar de los 100 años"*?
  - Lo metí en la caja fuerte del banco.
  - ¿Y eso por qué?
  - Porque tenía miedo que lo viera tu madre y lo leyera.

- Estoy leyendo un libro que te voy a recomendar, se titula: *"La honestidad y otros valores"*.
- No me digas, ¿y dónde lo has comprado?
- Qué comprar ni comprar... Me lo he quedado de la biblioteca.

- Ring, ring, ring... ¿Dígame?
- Oye Pili, soy el señor, ¿ha llamado algún imbécil?
- No señor, usted ha sido el primero.

  - Manolo, ¿tienes Facebook?
  - No.
  - ¿Y por casualidad tendrás Twitter?
  - Tampoco.
  - ¿E Instagram?
  - Tampoco.
  - Pero, ¿qué es lo que tienes?
  - Una vida.
  - ¡Qué bien! Pásamela para el Candy Crush.

- Oiga, ¿el otorrino va por número?
- Van nombrando.
- Qué gran actor, pero no me cambie de tema.

  - Ring, ring, ring... ¿Dígame?
  - Manuel, soy Paco, me han dicho que has tenido un accidente, ¿qué te ha pasado?
  - Me he caído con la moto.
  - ¿Y te has hecho mucho?
  - En el codo nada porque llevaba el casco, en la cabeza me han dado 40 puntos.

- ¿Hora de defunción?
- Las 21:05.
- ¿Causa de la muerte?
- Enamoramiento.
- Pero, si tiene un agujero en el pecho...
- Ya, porque ha sido un flechazo.

  - Nena, me atraes mucho, ¿cómo te llamas?
  - Gravedad.

- ¿Te has enterado que han echado del trabajo a Fermín?
- Sí, lo sabe todo el barrio. Por tonto.
- ¿Por tonto? ¿Qué hizo?
- Fíjate, solicitó permiso para el entierro de su suegra, permiso por enfermedad de su esposa, permiso por la escarlatina de su hijo, permiso para el bautizo de su segundo hijo y permiso para casarse, y por ese orden.

  - Luis, ¿tú sabe lo que es la empatía?
  - Sí, es ponerse en el lugar del otro.
  - Pues, esta mañana he tenido empatía con una señora en la cola de la frutería.

- Cariño, dime algo que me ponga mucho.
- Pues, esas bragas, por ejemplo, que también llevabas ayer, guarra.

  - Hola guapa, ¿cómo te llamas?
  - Jara.
  - ¡Qué nombre más bonito!
  - ¿A qué jí?

- Rosi, después de doce años de noviazgo, Paco por fin me ha hablado de matrimonio.
- ¿Sí? ¡Qué emoción! ¿Y qué te ha dicho?
- Que está casado y tiene cuatro hijos.

  - Mejor hubiera sido casarme con el diablo.
  - No hubieras podido, las bodas entre parientes cercanos están prohibidas.

- Papá, salí con mi novio y me dijo algo que no entiendo. Dijo, que tengo un lindo chasis y dos bellos amortiguadores.
- Dile a tu novio, que como abra el capó para mirar el aceite del motor le rompo el tubo de escape.

- Pues, lo tendría en consideración, podría ser un buen partido...
- Ni se te ocurra casarte con un hombre así. Nunca ibas a tener nada nuevo...

> - Hija, debes fijarte muy bien a la hora de escoger marido.
> - Eso haré, mamá.
> - Escucha, si conoces a un hombre que sabe arreglar todo tipo de vehículos y todo tipo de electrodomésticos, ¿qué harías?

- Hija, es hora de que sepas que los Reyes somos los padres.
- ¡Lo sabía! ¡Sabía que era una princesa!

> - Pero, ¿cómo fue Vd. capaz de romperle a su amigo, los brazos, las piernas y los dientes?
> - Fue en un momento de debilidad.

- Esta mañana, dos tías disfrazadas de monjas me han pedido una limosna para las hermanas de Cristo.
- ¿Y qué les has dado?
- Nada, a mí no me la dan. Cristo era soltero. Sería para drogas...

> - Pásame el lápiz negro.
> - Pídemelo con educación.
> - Por favor negro, pásame el lápiz.

- Cada diez años que pasan, mi yerno me encuentra más interesante.
- ¿Es muy cariñoso tu yerno?
- No, es arqueólogo.

> - ¿Podría Vd. explicar por qué no se escapó de la cárcel con sus compañeros?
> - Si conociera Vd. a mi mujer y a mi suegra lo comprendería al instante.

- Buenos días, venía a hacer una encuesta. ¿Podría responderme a unas preguntas?
- Sí, claro.
- Dígame su nombre.
- Adán.
- ¿El nombre de su esposa?
- Eva.
- Qué casualidad, ¿no vivirá aquí la serpiente?
- Sí, claro. Espere: ¡Suegraaaaaa!

  - Oye, Paco, ¿cómo es que no sois novios tú y la chica esa tan buena con la que anda?
  - Pues, porque ella come amigos.
  - ¿Qué come amigos?
  - Sí, me dijo, te quiero pero como amigos.

- Ring, ring, ring... ¿Dígame?
- Hola, ¿el señor Martínez?
- Sí, soy yo.
- Verá, soy el comisario Gómez, hemos detenido a un carterista que estaba usando varias tarjetas de crédito a nombre de su esposa.
- No pasa nada, dígale que se las puede quedar.
- Pero, ¿por qué?
- Es que he puesto la cuenta al día y gasta mucho menos que ella.

  - Manolo, ¿sabías que el pene puede ser macho o hembra?
  - Pero, ¿cómo es eso?
  - Mira, si mide más de 15 cm. es un pene y si mide menos de 15 cm. es una pena...

- Hola mi amor, te llamo para decirte que me acaban de atracar.
- ¿Qué ha pasado?
- Me pidieron el iPhone o tener sexo.
- ¿Y qué sucedió?
- Cariño, te estoy llamando por el iPhone y estoy bien.

- En París me encontré a Fernández con gripe; en Bruselas a González resfriado y en Londres a Pérez acatarrado.
- Ya ves, el mundo es un pañuelo.

   - Oye, ¿sabes que entre nosotros hay química?
   - ¿Y en qué lo has notado?
   - En que ni trato de tocarte.

- Mi mujer creo que es tonta.
- ¿Por qué lo dices?
- Porque tiene en casa 20 relojes y cada vez que llego por las noches me dice: ¿Sabes qué hora es? ¿Sabes qué hora es?

   - Señor comisario, hemos incautado 30 kg de cocaína.
   - ¿Veinte kg de cocaína?
   - Sí, 15 kg, señor comisario.

- María, cariño, ¿jugamos a los médicos?
- Vale. Pero, ¿de la Seguridad Social o de la privada?
- ¿Y cuál es la diferencia?
- Si es de la Seguridad Social te doy cita para dentro de un año y si es para la privada, son 100 euros…

   - ¡Qué cosas ocurren en la vida!
   - ¿Qué ha pasado?
   - Que mi suegra se ha ido a vivir con mi mejor amigo.
   - ¿Cuál de ellos?
   - No lo sé, pero a partir de ahora es mi mejor amigo.

- Mamá, ¿sabes lo que te digo? Que no pienso casarme con Carlos.
- ¿Por qué, hija?
- Porque me ha dicho que no cree en el infierno.
- No te preocupes, hija, ya haremos que crea entre las dos.

- Paco, ¿dónde has estado de vacaciones?
- En el lago Ti**ticaca**, en Chi**cago**, en el **Orin**oco, en **Caca**belos, en **T**orin**o** y en más países euro**peos**.
- ¿Fuiste solo?
- No, fui con mis mejores amigos, Ro**meo**, Tolo**meo** y Si**meón**.

  - Señora, ¿en qué la puedo ayudar?
  - Tengo una reunión esta noche y quisiera verme más joven y guapa. ¿Qué puedo hacer?
  - Pues, no ir...

- Manolo, quiero casarme contigo y que seamos felices.
- María, decídete, o una cosa o la otra.

  - Veo que tienes muchos lunares.
  - Sí, tengo muchos.
  - ¿Y pecas?
  - Sólo cuando te veo.

- Pepe, ¿cómo tienes el valor de aventurarte por el mar, donde han muerto tu padre, tu abuelo y otros antepasados?
- Los tuyos, ¿dónde murieron?
- ¡Pues, en la cama!
- ¿Y tienes el valor de acostarte todas las noches?

  - Doctor, mi mujer quiere tener sexo intenso todo el día, ¿qué le doy?
  - Dale mi número.

- Por favor, ¿tiene libros para gente distraída?
- Señor, esto es un banco.
- Y esto es un atraco. ¡Deme todo el dinero!
- Es un banco de semen...

- Un amigo mío ayer buceando contenió la respiración 15 minutos.
- Será contuvo.
- No tío, sin tubo ni nada.

> - Thenemoz q hablar.
> - Sí, mejor. Porque escribir no se te da muy bien.

- Paco, ¿tú tienes wifi en casa?
- Sí.
- ¿Y cuál es la clave?
- Tener dinero y pagarlo...

> - ¿Usted practica algún deporte extremo?
> - Doctor, de vez en cuando le llevo la contraria a mi mujer...

- ¿Tú sabías que las mujeres nunca se equivocan?
- Bueno, nunca, nunca...
- Cuando se equivocan llega un momento en la discusión que sorprendentemente vuelven a tener la razón.

> - Odio cuando un tweet me queda con -1 caracteres.
> - Pues, no es tan grave.
> - Es que me paso un minuto decidiendo que crimen gramatical voy a cometer.

- Camarero, este vino que me ha puesto está malísimo.
- Señor, es un Ribera.
- Pues, entonces, me ha tocado Paquirrín...

> - ¿De qué le gustaría trabajar?
> - De lo que haiga.
> - ¿Y seguir estudiando, no quieres?

- Me encanta esa forma tan sensual que tiene mi novia de morderse los labios.
- Como todas.
- Ya, pero la mía es contorsionista.

> - Estoy hasta el gorro del Sócrates ese.
> - Pues, dicen que fue un gran filósofo.
> - No te lo discuto, pero yo tampoco sé nada y no voy presumiendo de ello como él.

- Oye, ¿no te das cuenta de que sólo piensas en comer?
- ¿A qué te refieres croquetamente?

> - Fíjate, Manolo, en inglés *"blue"*, en francés *"bleu"*, en alemán *"blau"*, en italiano *"blu"* y en español *"azul"*.
> - Con dos cojones.

- ¿Has visto alguna vez esos sistemas automáticos que hacen que se apague la luz cuando sales de un sitio?
- Sí, ya los hay en muchos lugares.
- Pues, yo los tengo por toda la casa, se llama *"mi mamá"*.

> - Qué gran invento lo de las grapas.
> - ¿Por qué lo dices?
> - Porque te permite perder todas las hojas de una vez en lugar de perderlas de una en una.

- Manolo, cepíllate bien los dientes hoy antes de salir de fiesta.
- ¿Por qué lo dices?
- Porque creo que es lo único que te vas a cepillar esta noche.

> - Pepe, dime algo que me llegue al corazón.
> - La sangre.

- ¿Qué quieres hacer antes de morir?
- Biajar en globo, escribir un libro, tener un ijo i prantar un árbol.
- Tampoco te agobies con lo del libro.

- Doctor, creo que soy alérgico al vino.
- ¿A qué vino?
- A la consulta de usted.

- Si a mí me sale un hijo maricón, me lo cargo. ¿Tú qué harías?
- No lo sé, me preocupa más que me saliera como tú.

- Mi hijo se metió a clases de natación.
- ¿Y qué tal lo hace?
- Nada mal.

- Rafa, ¿qué tal el examen de orina?
- Me ha salido perfecto, y eso que no estudié nada.
- Entiendo...

- ¡No entres ahí, imbécil! ¡No entres a esa iglesia! ¡Nooooo!
- Pero, ¿qué película estás viendo, cariño?
- El vídeo de nuestra boda.

- He visto a un mimo en el parque fabuloso.
- ¿Qué hacía?
- Hacía como que tiraba de una cuerda. Me ha gustado tanto que he hecho como que le tiraba una moneda.

- ¿A qué te dedicas?
- Trabajo como ingeniero en el sector de la industria alimentaria pesquera.
- ¿Y qué haces?
- Meto cuchillo y saco tripa.

- Salir de fiesta por la noche es como desayunar una galleta.
- ¿Por qué?
- Porque es mejor si mojas.

  - Te amo.
  - ¿Cómo sabes que es amor?
  - Porque pienso en ti y no puedo respirar.
  - Eso es asma.
  - Bueno, entonces te asmo.

- Vicente, cariño, ¿qué me dirías si te digo que mañana me muero?
- Pues, no dejes para mañana lo que puedas hacer hoy.

  - Soy un hombre que se hizo a si mismo.
  - Pues, deberías haberte puesto más pene.
  - No empieces cariño.

- Me he comprado un sonotone buenísimo. Oigo caer una aguja a 50 metros.
- ¿Y cuánto te ha costado?
- Ayer las diez y media.

  - ¿De qué le gustaría trabajar?
  - De lo que haiga.
  - ¿Y seguir estudiando, no quieres?

- Oye, Paco, si te digo que me he acostado con tu mujer, ¿quedamos como amigos?
- No.
- Entonces, ¿cómo enemigos?
- No.
- Entonces, ¿cómo quedamos?
- Empatados.

- Paco, que me acaban de regalar un loro y resulta que es hembra.
- ¿Y qué pasa por eso?
- Coño, que en vez de repetir lo que digo me lo discute...

- Ramírez. me he enterado que ha estado Vd. haciendo apuestas en la oficina...
- Le apuesto 100 euros a que no es cierto.

- Mami, ¿a que no adivinas dónde estoy?
- Hijo, ahora no puedo hablar, llámame luego.
- No puedo, sólo tengo derecho a una llamada...

- ¿Qué tatuaje quiere?
- Pues, no lo sé.
- Tiene que ser algo que le vaya a gustar.
- Pues, tatúeme unas croquetas.

- Ring, ring, ring... ¿Dígame?
- Mire, tenemos secuestrada a su mujer, o paga 20 euros o no la vuelve a ver.
- ¿Me está vacilando? Mi mujer está acostada aquí a mi lado, pero llámeme mañana que el negocio me interesa...

- ¿Qué van a tomar los señores?
- Yo tomaré pescado y mi mujer una chuleta de ternera.
- ¿Se la pasamos por la piedra?
- Te va a decir que le duele la cabeza...

- Mi mujer se cabrea porque dice que no sé decir Ignacio.
- Pero, si lo dices bien.
- Lo sé, en fin, me voy a hacer ejercicio.
- ¿Adónde vas?
- Al Ignacio.

- Sócrates, ¿cómo ha hecho Platón para estar tan delgado?
- Pues, yo sólo sé que no cenaba...

  - Paco, cada día estoy más decepcionado con mi mujer. Por no saber no sabe ni hacer el amor.
  - Estoy de acuerdo contigo.

- Oiga, cuando voy a donar sangre no me la saco yo, me la saca una enfermera.
- Ya, pero esto es un banco de semen y las normas son diferentes.
- Pues, muy mal.

  - El problema es que la gente no sabe escuchar.
  - No, no, el problema es que la gente no sabe escuchar.

- Hombre Paco, ¿cómo estás? Te llamo porque no se te ve el pelo. ¿Qué tal te va la vida de casado?
- Pues, nunca he sido tan feliz, tío.
- Te está escuchando ella, ¿verdad?
- Súper feliz.
- Ánimo tío...

  - Cariño, ya no estamos en edad de quedarnos con las ganas.
  - ¿Tú crees?
  - Claro, además los dos queremos, ¿no?
  - Sí, tienes razón.
  - Camarero, tráiganos diez empanadas más, por favor.

- Tengo una noticia buena y una mala que darle.
- ¿Cuál es la mala?
- Que le hemos amputado el pie izquierdo.
- ¿Y la buena?
- Que arrancará el año con el pie derecho.

- Mamá, ayer tuve un sueño terrible, soñaba que toda la casa estaba llena de sal y que aparecías tú dándome de mamar. Me resulta un sueño muy extraño.
- Hijo, a tus 33 años, no debes preocuparte, sólo has de saber interpretar los sueños y quedarte con el mensaje.
- Y en este caso, ¿cuál sería el mensaje que me trasmite ese sueño?
- Muy fácil: ¡Sal de casa, mamón!

  - Cari, el indicador de temperatura del coche me dice que se está calentando. ¿Qué hago?
  - Dile que te duele la cabeza...

- Arturo, mi amor, ¿no crees que a nuestro hijo, que va a cumplir los 20 años, deberías explicarle lo que suelen hacer la vaca y el toro, la perra y el perro, la gallina y el gallo?
- Sí, ahora mismo se lo explico. Pepito, ven aquí.
- ¿Te acuerdas cuando nos encontramos a aquellas dos alemanas en el río en pelotas y nos las tiramos?
- Sí, papá, me acuerdo.
- Pues, tu madre quiere que sepas que lo mismo hacen la vaca y el toro, la perra y el perro, la gallina y el gallo, etc.

  - Hazte para allá que no cabo.
  - Se dice *"quepo"*.
  - Da igual, al fin y al quepo me entendiste.

- Yo uso e-darling para buscar pareja porque soy un soltero muy exigente.
- Y porque eres más feo que una nevera por detrás.
- Sí, pero exigente...

  - Ring, ring, ring... ¿Dígame?
  - Doctor, doctor, mi mujer está a punto de dar a luz.
  - ¿Es su primer hijo?
  - No, soy su marido.

- Te voy a dar una patada que te voy a partir el hueso de la pierna.
- Se dice tibia.
- Bueno, pues, tibia dar una patada que te voy a partir el hueso de la pierna.

    - Juan, estoy loca por ti.
    - No guapa, tú estás loca y punto. A mí no me líes.

- Te veo muy triste y preocupada, ¿qué te pasa?
- Que le dije a mi marido que me regalara algo para toda la vida y el muy desgraciado ha puesto la hipoteca a mi nombre.

    - Hola Manuel, me he enterado de que ha fallecido tu padre...
    - Sí, lo enterramos la semana pasada.
    - ¿Cuál ha sido la causa de su muerte?
    - Un problema de salud.

- Manoli, ¿qué te pasa que traes cara de satisfacción?
- Nada, que ayer al pasar por una obra uno de los albañiles me gritó: ¡Tía buena! ¡Quiero un hijo tuyo!
- ¿Y qué hiciste?
- Pues, que le he mandado al mayor, que es el que más come. ¡Para que se joda!

    - ¡Qué mala cara traes, Manolo!
    - Como que me he pasado toda la noche sin dormir.
    - ¿A qué ha sido debido?
    - Pues, que me dijeron que a las 3 teníamos que poner las 2, y lo hice, pero coño, al cabo de una hora volvían a ser las 3, y así toda la noche. ¡Vaya putada!

- Pues, han trasladado a mi marido a trabajar a un país musulmán.
- ¿A Libia?
- Vaya que si alivia. Me tenía ya hasta el moño.

- Manolo, imagínate una velada romántica tu y yo a la luz de la Luna junto al mar con dos copas de vino. ¿Qué te parece?
- Me parece poco vino.

    - A mí se me va todo el sueldo en alimentos.
    - ¿Sí?
    - Sí, es que mi marido no come otra cosa.

- Amor, ¿cambiaste la contraseña?
- Sí cariño.
- ¿Me puedes decir cuál es?
- Sí, la fecha en que nos conocimos.
- (Tras varias horas pensando) ¡Hija de mala madre!

    - *(En el manicomio)* ¿Se puede saber por qué lloras ahora?
    - Porque me acaban de mandar a freír espárragos.
    - ¿Y qué pasas? ¿Qué no tienes la receta?

- Me acaban de llamar por teléfono para decirme que me ha tocado un crucero.
- ¿No será un timo?
- No creo.
- ¿Y dónde embarcas?
- En Logroño.

    - Pues, mi suegra nos salvó en África de los caníbales.
    - ¿Se enfrentó a ellos?
    - No, se la comieron primero y se envenenaron.

- Pepe, ¿tú que coche tienes?
- Yo un 600, ¿y tú?
- Yo un Mercedes.
- Pues, tampoco es un mal coche, ¿verdad?

- Camarero, yo voy a tomar macarrones y mi mujer una pizza con setas, berenjena y aceitunas.
- ¿Una *"caprichosa"*?
- Hasta las pelotas me tiene.

  - Merche, antes de casarnos me prometiste tener un mínimo de dos relaciones sexuales a la semana...
  - Sí, ¿y qué?
  - Que no lo estás cumpliendo.
  - ¡Qué sabrás tú!

- Padre, me acuso de que pierdo mucho tiempo jugando a las cartas.
- Es verdad, hijo, no se tenía ni que barajar.

  - *(En la oficina de empleo)* Quería un trabajo para mí.
  - ¿Cómo lo quiere?
  - Sólo por las tardes, una hora y medio kilo al mes.
  - Tengo para Vd. algo mejor.
  - ¿Qué es?
  - Trabajar solamente un día al mes y ganar un millón.
  - ¿Me está tomando el pelo?
  - Sí, pero ha empezado usted.

- Te digo que lo de este país no lo entiendo.
- ¿Qué es lo que no entiendes?
- Mira, si le silbas a una mujer cuando te la cruzas por la calle te tildan de 'machista', si le silbas a un jugador de fútbol negro, te llaman 'racista', pero si le silbas al himno y con él a todos los españoles, eso es 'libertad de expresión'. ¡Qué me lo expliquen!

  - Le condeno a tres meses de cárcel, por injurias.
  - ¿Y cuándo se cometen injurias?
  - Cuando insultas o vejas.
  - ¿Por insultas ovejas vas a la cárcel?
  - Y por tonto...

- Doctor, quería hacerle una consulta.
- Me parece muy bien porque esta se me había quedado pequeña.

  - Puri, ¿tú hablas con tu Paco después de hacer el amor?
  - Si tengo saldo sí, si no que se joda.

- ¿Está en casa el señor?
- Lo siento, pero cuando está en casa, no recibe a nadie.
- ¡Qué le vamos a hacer! Volveré cuando no esté en casa.

  - Paco, mi novia ya no quiere hablar conmigo por teléfono.
  - ¿Te cuelga?
  - Sí, hasta las rodillas. Pero, ahora no es momento de presumir, estoy sentimental.

- ¿Para qué quieres que te preste 600 euros?
- Para pagar a mis acreedores. Quiero acabar de una vez con las deudas.

  - Ring, ring, ring... ¿Dígame?
  - Hola, ¿hablo con María José?
  - No, habla con José María.
  - Disculpe, he debido de marcar al revés.

- *(En una tienda de discos)* Por favor, ¿tiene *"Morir de amor"* con Camilo Sesto en 45 revoluciones?
- No, pero tengo *"Morir de hambre"* con Nicolás Maduro en una sola revolución.

  - ¡Arriba! ¡Abajo! ¡Al centro! ¡Y pa dentro!
  - Manolo, ¿es necesario hacer este numerito ante de meter a mi madre en el nicho?
  - ¡Alegría, coño, alegría!

- Cariño, ¿qué quieres hoy para comer, pollo o macarrones?
- Me da igual.
- Vamos, dime.
- Que me da igual.
- Dime…
- Pues, macarrones.
- Bueno, haré pollo que si no se pone malo.

    - Mi mujer siempre anda en casa como vino al mundo.
    - ¿Desnuda?
    - No, gritando.

- Si un león atacara a tu esposa y a tu suegra, ¿a quién salvarías?
- Pues, al león. Entre esas dos fieras se cargarían al pobre animalito.

    - Perdone, ¿a Vd. le resulta difícil tomar decisiones?
    - Bueno, sí y no.

- ¡Doctor, venga inmediatamente! La señora padece dolor de estómago, el señor un cólico, el señorito dolor de oído, ...
- Bien, ¿dónde tengo que ir?
- A la Villa de la Sonrisa, plaza de la Salud, número 5.

    - Doctor, no consigo adelgazar.
    - ¿Está cenando ligero como le dije?
    - Más ligero ya no puedo. Anoche me zampé un bocata de panceta en 30 segundos.

- ¿Conoce Vd. la única regla general que existe para tratar con éxito a las mujeres?
- Sí que la conozco.
- ¿Me podría decir cuál es?
- Pues, que no hay ninguna regla general.

- El señor director está muy ocupado, tiene trabajo hasta esta noche.
- No importa, esperaré aunque sea un año, se trata de un asunto muy urgente.

    - ¿Cómo se declara el acusado?
    - Inocente, señoría.
    - Su suegra se ahogó, ¿y Vd. no hizo nada?
    - Yo sólo oía: ¡Sálvame! ¡Sálvame! Por favor: ¡Sálvame!
    - ¿Y qué hizo Vd.?
    - Coño, pues poner Tele 5.

- López, ¿adónde va Vd. tan raudo, circunspecto, asaz y atribulado?
- Pues iba a cagar, jefe, pero ahora voy a por un diccionario.

    - *Él:* Salgamos a divertirnos esta noche.
    - *Ella:* Buena idea. El que llegue primero deja la luz de la entrada encendida.

- Señor, fuera el cigarrillo; en el autobús no se puede fumar.
- Pero es que el cigarrillo está apagado.
- Perdone, siendo así puede seguir fumando.

    - Perdone, ¿sabe Vd. de qué se ríen los españoles?
    - Los españoles nos reímos de nosotros mismos, siempre que no estemos delante.

- Me gustaría ver la expresión que tengo mientras duermo.
- Pues, duerme con un espejo delante.

    - Patricia, ten cuidado, si te asomas demasiado, te entrará polvo en los ojos.
    - No te preocupes, tía; cuando me asomo para mirar siempre cierro los ojos.

- Camarero, ¿qué hace Vd. cuando alguien no paga?
- Le pego una patada en el culo que va por la ventana.
- Pues, cóbrese. *(Agachándose)*

  - ¿Es bueno este jamón?
  - Estupendo, no se gasta nunca.

- ¿Has visitado la nueva casa de salud?
- ¿Casa de salud? Pero si está llena de enfermos.

  - Y ahora que hemos hecho las paces, para celebrar la reconciliación ¿qué podemos hacer?
  - Juguemos a la guerra.

- Manolo, ¿tú sabes cuál es el secreto de la felicidad?
- Pues, no discutir con idiotas.
- Yo no creo que sea eso.
- Pues, tienes razón.

  - Pues, mi mujer conduce como un rayo.
  - ¿De rápido?
  - No, que siempre va a parar contra los árboles.

- *Mujer:* ¿Has recibido una carta certificada esta mañana?
- *Marido:* Sí.
- *Mujer:* ¿De quién?
- *Marido:* ¿Y por qué quieres saberlo?
- *Mujer:* ¡Qué curioso eres!

  - Yo cuando tomo café no duermo.
  - ¡Qué curioso! A mí me pasa justo al contrario, cuando duermo, no tomo café.

- *(En una tienda, un señor paga con la tarjeta de crédito)* ¡Anda, qué casualidad! Conozco a alguien con el mismo nombre que usted.
- ¿Ah, sí? ¿Y cómo se llama?

- ¿Para qué llevas ese nudo en el pañuelo?
- Me lo ha hecho mi mujer para recordarme que eche una carta en el buzón.
- ¿La has echado?
- No, se le ha olvidado dármela.

- ¿Qué haría Vd. si se encontrara un millón de dólares?
- Depende; si el propietario fuese pobre, se los devolvería.

- Vaya perro más delgado tiene Vd., ¿no le da comer?
- Para lo que hace.
- ¡Pues, mátelo!
- Para lo que come.

- Raquel, me he enterado de que tu novio te engaña.
- ¿No me digas?
- Sí. Pero no te preocupes, que a su mujer también.

- Papá, ¿eso son rosas?
- No hijo, son moras.
- ¿Y, por qué son rojas?
- Porque aún están verdes.

- Oiga, perdone, su cara me suena, ¿es usted famoso?
- Sí, es que trabajo en la radio.

- Tío, ¿sabías que yo adivino el futuro?
- No lo sabía. ¿Desde cuándo?
- Desde el jueves que viene.

- Perdone, ¿usted cree en la igualdad de las mujeres?
- Sí. Todas las mujeres son igualmente inferiores a los hombres.

> - Perdone, ¿Vd. cree en el amor eterno?
> - Pues claro, ya he tenido 12 o 13 de esos.

- Desearía un ejemplar del libro: *"Cómo defenderse de los ladrones"*.
- Lo siento, señora, pero esta noche me han robado el último que me quedaba.

> - Pepe, ¿tú por qué bebes tanto?
> - Para olvidar.
> - Para olvidar, ¿qué?
> - No sé, no me acuerdo.

- Perdone, ¿es ese su hijo?
- Sí señor.
- Parece muy soso, ¿no?
- Es verdad, y eso que le pegamos para que se ría.

> - ¿Tiene Vd. problemas para pagar sus deudas?
> - Yo no, las encuentro por todas partes.

- ¿Qué tal el veredicto?
- Puede usted estar contento.
- ¿Por qué?
- Figúrese que he conseguido que le perdonen dos de las tres penas de muerte que pedía el fiscal.

> - Chaval, ¿tu padre a qué se dedica?
> - A nada.
> - ¿Y tú?
> - Yo le ayudo.

- Periodista a un diputado: Perdone, ¿cree Vd. en la pena de muerte?
- Sólo si no es muy severa.

  - ¿Cómo está Vd. tan tranquilo el día de su ejecución?
  - No crea, por ser la primera vez que me ahorcan estoy algo nerviosillo.

- *(Dos en un coche)* Antonio, ¿por qué aceleras tanto?
- Para llegar a la gasolinera antes de que se me acabe la gasolina.

  - ¿Qué tal la travesía?
  - ¡No me hables! Estaba el mar tan mal que, para estar de pie, tenía que echarme al suelo.

- ¿Hay caníbales en este lugar?
- Pueden estar tranquilos, el último nos lo comimos ayer.

  - ¿Qué tienes que estás tan triste?
  - Tengo un callo debajo del pie.
  - ¡Vaya suerte!, Así nadie te lo pisará.

- Ayer reté al fanfarrón de Carlos a una carrera en bicicleta.
- ¿Y qué tal te fue?
- Fenomenal; yo llegué segundo y él en penúltimo lugar.

  - ¡Qué curioso! ¡Cómo te pareces a tu hermano!
  - Pero, si yo no tengo ningún hermano.
  - Más curioso todavía.

- Atención torre de control, al avión le fallan todos los motores.
- Aquí torre de control. Dígame altura y posición.
- Uno setenta y de rodillas, rezando.

- Le cambio su caballo por mi rifle.
- No sería justo. Yo tengo este caballo desde que era un potrillo.
- Y yo este rifle desde que era un revólver.

    - ¿Y por qué ha escrito Vd. este libro?
    - Para hacer pública mi vida privada.

- ¡Una limosna para uno que ha perdido seis hijos ahogados!
- Oiga, la semana pasada decía que los había perdido en un incendio.
- Sí, señor, ahogados en un incendio. Usted no sabe lo brutos que son los bomberos apagando fuegos.

    - Y tú, ¿dónde naciste?
    - Yo no nací, tengo madrastra.

- Alfonso, ¿has visto al hombre invisible?
- No.
- Pues, si lo ves dile que he encontrado a su perro.

    - Do you speak english?
    - ¿Cómo dice usted?
    - Do you speak english?
    - ¡No le entiendo!
    - ¿Qué si habla usted inglés?
    - ¡Ah sí, perfectamente!

- ¡Señor, tenga valor!, este telegrama le anuncia el fallecimiento de su queridísimo sobrino.
- ¡Apuesto a que me pide dinero para los funerales!

    - ¿Cómo llega Vd. tan tarde?
    - Perdone, jefe, es que me he quedado dormido.
    - Si es por eso, por lo menos podía haber telefoneado.

- *(Ciego en un super tocando todas las cosas)* ¿Qué quería Vd.?
- Nada, sólo miraba.

  - ¿Qué hora es?
  - ¿Estás sordo? Hace dos horas que te estoy diciendo que son las tres.

- Perdone, ¿es Vd. vanidoso?
- Hace tiempo, sí.
- ¿Y ahora?
- Ahora, después de ir al psicólogo y curarme, soy perfecto.

  - Fíjate, me acusan de robar 500 euros.
  - Pues, búscate un abogado que te defienda.
  - Con 500 euros, ¿qué abogado voy a encontrar?

- *(En el depósito de cadáveres)* ¿Busca a alguien, señor?
- Sí, a un amigo mío que se ahogó ayer.
- Para poder encontrarlo, ¿puede darme algún rasgo particular de su amigo?
- Sí, el pobre era sordo del oído izquierdo.

  - *(En la recepción del hotel)* ¡De aquí no se va nadie sin pagar la cuenta!
  - Entonces, si no la pago, ¿puedo quedarme para siempre?

- Don Vicente, está Vd. muy cambiado.
- Oiga que yo no soy don Vicente, soy don Pedro.
- Pues, más a mi favor.

  - Juan, vaya guirigay que hay en esta discoteca.
  - Creo que hay más de lo segundo que de lo primero.

- ¿Qué pasó en la epidemia del año pasado en el pueblo?
- Tuvimos suerte porque empezó por los niños porque si empieza por el ganado nos arruina a todo el pueblo.

   - ¿Se oye bien desde el fondo?
   - No.
   - Entonces, ¿cómo habéis oído lo que preguntaba?

- ¿Qué tal le ha ido a Vd. de vacaciones?
- Aparte el agotador viaje, el calor infernal, las tormentas constantes, los terribles mosquitos, la cama dura y la cuenta del hotel, muy cara, lo demás, todo bien.

   - Señor, que se le ha caído el periódico.
   - Muchas gracias. Estaba tan absorto en su lectura que no me había dado ni cuenta.

- El jurado le ha declarado inocente.
- ¿Qué significa exactamente esto?
- Que usted queda libre.
- Y ahora, ¿qué hago yo con todas las joyas que robé?

   - Perdone, ¿sepa que el día Nochevieja de este año se acaba el mundo?
   - ¿Está Vd. seguro?
   - Segurísimo, este año cae en martes y 13.

- ¡Qué calor hace aquí dentro del helicóptero!
- Ya lo creo.
- ¿Quién fabrica estos aparatos?
- Los americanos.
- Pues, mira que son brutos, con el calor que hace y ponen el ventilador por fuera.

- Por favor, ¿hablo con el manicomio?
- No señor, se ha equivocado, nosotros no tenemos teléfono.

  - María, cuando una mujer dice no, en realidad quiere decir sí, ¿verdad?
  - No.

- Perdone, ¿cómo anda Vd. de apetito?
- Pues, muy irregular. Con decirle que nada más comer un poco ya se me quita.

  - Oiga, ¿Vd. qué opina de la felicidad?
  - Pues, no sabría decírselo; mi suegra siempre ha vivido con nosotros.

- ¿Y tú qué harías si te encontraras un millón de euros?
- Depende. Si el propietario fuese pobre, se los devolvería.

  - Carlos, ¿me prestas el sacapuntas?
  - ¿Para qué?
  - ¿Para qué va a ser? ¡Para borrar estúpido!

- Padre Damián, con todos estos últimos cambios en la Iglesia, ¿usted cree que llegaremos a ver a los curas casados?
- Nosotros no, pero nuestros hijos sí.

  - Pues, mi hijo está yendo a clases de natación.
  - ¿Y qué tal lo hace?
  - Nada mal.

- Señora Josefa, ¿le corto la pizza en 4 o en 8 pedazos?
- En 4 solamente, no creo que pueda comerme 8 pedazos.

- *(Entre atracadores)* Ayer atraqué a un catalán.
- ¿Sí? ¿Cuánto te costó?

  - Le atiende el 112, ¿en qué puedo ayudarle?
  - Mire, soy Josefa Díaz y necesito que me ayude a abrir las puertas de mi coche.
  - De acuerdo, ¿dónde está usted?
  - Estoy dentro del coche, me dejé las llaves afuera.

- Papa, ¿a ti tu mama te pegaba?
- No, sólo la tuya.

  - Siempre que quiero hacer el amor con mi mujer me dice que le duele la cabeza.
  - A mí nunca me lo dice.
  - Pero, tú no estás casado.
  - No me has entendido.

- Pepe, ¿soy la primera mujer a la que besas?
- ¿Por qué todas las mujeres tenéis que preguntar lo mismo? Pues, claro que eres la primera, cariño.

  - Vd. es negro.
  - ¿Qué?
  - Que Vd. es negro.
  - No, no soy negro.
  - Que Vd. es negro.
  - Que le he dicho que no.
  - Que Vd. es negro.
  - Vale, soy negro.
  - Coño, no lo parece.

- Vaya, qué calcetines negros más bonitos tiene usted.
- Pero, si no llevo calcetines...

- Tu mujer me pidió que le ayudara con una estantería y acabe montándola.
- Es que no se le da nada bien el bricolaje.
- No me has entendido.

  - Estás más delgada, ¿no?
  - Es que el negro me adelgaza...
  - ¡Pero si vas de rojo!
  - No me has entendido.

- Mi mujer se metió ayer una piña y hemos pasado la noche en urgencias.
- ¿Con el coche? ¿Pero está bien?
- No me has entendido.

  - Manuel, sabes, ayer me llamó el Rey.
  - Anda, sí que eres importante. ¿Y qué te dijo?
  - Nada, me dijo que se había equivocado de número.

- Papá, ¿por qué soy idiota?
- No sé hijo, pregúntale a mi hermana.
- ¿A mamá?

  - Mi enhorabuena, señor jefe de estación. Hace veinte años que vengo aquí y es la primera vez que el tren es puntual.
  - Oh, sí; pero es que... es el de ayer.

- ¡Qué contento te veo hoy Manolo!
- Pues sí, mira, primero he ido al médico a ver el resultado de los análisis y todo perfecto. Después fui a comprobar el boleto del euromillones y me han caído 10 millones de euros. Llamo por teléfono para decirlo en casa, viene mi suegra jubilosa a mi encuentro y al atravesar la calle le atropella un camión. Y es que cuando uno está en racha...

- En el 97 estuve en los Carnavales de Cádiz, eché un kiki en la playa de La Caleta y desde entonces no he vuelto.
- ¿A Cádiz?
- Ni a follar.

- Pepe, ¿por qué vas tanto al médico?
- Toma, porque quiero morirme sano.

- Hija, deja de ligar con el panadero, podría ser tu padre.
- Me da igual que sea mayor que yo.
- Creo que no me has entendido.

- Camarero, ¿me permite que le felicite?
- Como no, señor.
- El pan y el agua estaban estupendos. ¡Felicite de mi parte al cocinero!

- Abuelita, ¿me puedes hacer un favor?
- Claro, hijo.
- ¿Me enseñas el pie que papá dice que tienes en el cementerio?

- *(Lepero compra unos zapatos)* Señor, este tipo de zapato suele apretar un poco los primeros cinco días.
- No importa, no los voy a usar hasta el domingo.

- Pepe, anoche me dieron por detrás en el coche.
- ¿Hiciste el parte amistoso con el otro conductor?
- No me has entendido.

- Oye, en la esquina hay una señora loca y muda que está hablando sola.
- ¿Cómo va a hablar si es muda?
- Ya te dije que estaba loca.

- Hay cinco cosas que no soporto ver en twitter.
- ¿Sí? ¿Cuáles son?
- 1) El racismo. 2) La mala ortografía. 5) La gente que no sabe contar. 7) Los hafricanos y los aciáticos.

   - Mi mujer es muy tímida.
   - ¿Ah sí? ¿Cómo de tímida?
   - Imagínate, no empezó a salir con chicos hasta después de casarse conmigo.

- *(En el psiquiatra)* Doctor, sospecho que mi hermano se ha vuelto loco. Cree que es una gallina.
- Entonces, ¿por qué no hace que lo encierren?
- Lo haríamos, pero es que necesitamos los huevos.

   - Oiga, por favor, ¿la acera de enfrente?
   - Mire, la tiene ahí.
   - Pero, ¿cómo es posible? Si vengo de allí y me han dicho que era esta.

- *Él:* Hola, quiero conocerte mejor, tengo 38 años, soy diputado desde hace 10 años y soy honesto.
- *Ella:* Hola, encantada, tengo 30 años, soy prostituta desde hace 15 años y soy virgen.

   - ¿Y dice Vd. que sabe Historia del Arte?
   - Sí, soy un experto.
   - ¿Y qué opina del Renacimiento?
   - Que es imposible. Si te mueres, te mueres.

- Ahora mismo no tenemos viagra de 50 mg. le doy la de 100 mg. y esta noche la parte Vd. en dos.
- ¿A mi mujer?
- Hombre no, a la pastilla.

- María que ya estoy en casa.
- Pero, si hace 15 días que te fuiste diciendo que ibas a por tabaco.
- ¡Coño, el tabaco!

  - *(En el ginecólogo)* Señora, le tengo buenas noticias.
  - Soy señorita, por favor.
  - Entonces señorita, le tengo malas noticias.

- Doctor, no levanto la cabeza, me río solo, no hablo con la gente, me hablan y no pongo atención, parezco idiota... ¿Qué tengo?
- WhatsApp.

  - *(En un programa de televisión)* Estamos con Manuel de 112 años, cuéntenos su secreto mejor guardado.
  - Pues, que una vez me dieron por el culo.
  - No, Manuel, su secreto para vivir tantos años...

- Papá, ¿qué significa energúmeno?
- Energúmeno, energúmeno, energúmeno significa la posición que ocupa. Por ejemplo, el domingo en la carrera Fernando Alonso quedó energúmeno diecisiete.

  - Ayer me comí un coñazo de película...
  - Dime el título para no ir a verla.
  - Creo que no me has entendido...

- Señora, ¿Vd. en sus relaciones sexuales utiliza vaselina?
- Sí.
- Interna o externamente.
- Externamente.
- ¿Dónde se la coloca?
- En el pomo de la puerta del dormitorio para que no puedan entrar los niños.

- Cuando no tienes razón, pides perdón y eres honesto.
- Eso es. Así hago yo siempre.
- Cuando no estás seguro de tener razón y pides perdón eres sabio.
- Pues, estoy de acuerdo contigo.
- Pero, cuando tienes razón y pides perdón, ¿Sabes qué eres?
- Pues, dímelo tú.
- CA-SA-DO.

   - A su edad ir vestidos así. ¿No les da vergüenza a los dos ir vestidos iguales?
   - Por favor, bájese del coche y sople por aquí.

- Quería una mesa de comedor grande.
- En esta caben ocho personas sin problema.
- ¿Y cómo encuentro yo ocho personas que no tengan problemas?

   - *(El abogado y el testigo médico)* Doctor, antes de realizar la autopsia, ¿comprobó el pulso de la víctima?
   - No.
   - ¿Comprobó su presión arterial?
   - No.
   - ¿Comprobó su respiración?
   - No.
   - Entonces, ¿es posible que la víctima estuviera viva cuando comenzó la autopsia?
   - No.
   - ¿Cómo puede estar tan seguro?
   - Porque el cerebro de la víctima se hallaba en un recipiente, sobre la mesa.
   - Pero, ¿podría estar viva?
   - Sí, es posible que estuviera viva, y estudiando Derecho en la misma facultad en la que usted se graduó.

- Jefe, lleva cinco años sin subirme el sueldo.
- Antonio, yo sé que el sueldo no le alcanza para casarse, pero algún día me lo agradecerá.

- Manolo, ¿sabes cuáles son los cuatro milagros de la mujer?
- Para eso te tengo a ti, para que me los digas...
- Estos: Sangra sin herirse, da leche sin comer hierba, se pone húmeda sin tocar el agua y es capaz de tocar los cojones sin acercarse.

> - Paco, te detienes mucho en los detalles y así pierdes la visión del conjunto.
> - Pero, es que el niño es negro.
> - Y dale...

- Oye, Manoli, ¿cómo ha conseguido tu marido dejar de fumar?
- Me encargué yo de ello.
- ¿Tú? ¿Qué hiciste?
- Me puse de acuerdo con el médico de cabecera y por un problema insignificante de salud le recetó fumar sólo un cigarro después hacer el amor.

> - Señor López, ¿qué opina Vd. de la impotencia?
> - La impotencia, doctor, a mí me la trae floja.

- Pepe, ¿sabías que me han regalado un mono?
- No. ¿Qué tal te va con él?
- Normal, sólo que cada vez que me agacho, me da por detrás.
- ¿No lo has llevado al veterinario para que lo cape?
- Sí, pero sólo para que le corte las uñas, que mira, mira como me deja la espalda.

> - Don Manuel, ¿qué hacemos con su suegra, la enterramos o la incineramos?
> - Las dos cosas, las dos cosas.

- Manuel, ha dicho la tele que han bajado los tipos de interés.
- Jóder, cada vez quedamos menos.

- Cariño, me ha recetado el médico tener sexo tres veces al día.
- ¡Qué bien! ¿Empezamos ya?
- No, no, el doctor me ha dicho que nada de remedios caseros.

> - *(Recién casados)* Por fin. Que dura fue la espera. No podía esperar ya ni un minuto más.
> - ¿Quieres dejarme?
> - No. ¿Estás loca? Ni siquiera lo pienses.
> - ¿Me amas?
> - Por supuesto. Una y otra vez.
> - ¿Alguna vez me has sido infiel?
> - No. Solo pensarlo me da asco.
> - ¿Me besarías?
> - En cada oportunidad que tenga.
> - ¿Te atreverías a insultarme?
> - Sabes que no soy ese tipo de hombre.
> - ¿Puedo confiar en ti?
> - Sí.
> - ¡Mi amor! *(25 años después) Lee de abaja hacia arriba.*

- Ayer mi marido fue a una cata de vinos.
- ¿Vino bueno?
- ¿Bueno? A gatas llegó a casa.

> - Yo no quiero dármela de playboy pero la tía del GPS de mi coche creo que quiere algo conmigo.
> - Pero, ¿qué dices?
> - Sí, ya van unas cuantas veces que le pongo una dirección y me lleva a un descampado.

- Manuel, ¿a qué se debe esa cara de felicidad que tienes?
- Al jamón y al vino.
- ¿No me digas?
- Sí, créetelo, desde que me he jubilado hago lo que me da la gana. Si quiero jamón como jamón, si quiero vino bebo vino y si quiero sexo como jamón y bebo vino.

- O sea, que llegas tarde, borracho y con esta furcia en el coche.
- Me dijo el GPS que tomara la primera salida en la rotonda y me he liado un poco.

  - *(Por teléfono Rajoy y Trump)* Donald, los catalanes nos amenazan con independizarse de España, ¿qué me aconsejas?
  - Joder, Mariano, diles que vas a colocar un muro de cinco metros de alto alrededor y que lo van a pagar ellos.
  - Eres un crack.
  - Lo sé.

- Manuel, ¿qué tal te llevas con tu suegra?
- Rompimos la relación en carnavales.
- ¿Por qué?
- Llegó a casa disfrazada y le dije *"qué guapa va disfrazada de vaca"*.
- ¿Y por eso rompisteis la relación?
- Es que iba disfrazada de dálmata.

  - ¿Nombre?
  - José Expósito Expósito.
  - ¿Hijo de...?
  - Sí, señor.

- Juan, me he comprado un coche de esos que se conducen solos.
- ¿Dónde lo tienes?
- Yo que sé.

  - María, ¿adónde vas a estas horas?
  - A casa de la vecina. Estaré sólo un momento... Oye, Juan, cada media hora échale una ojeada al cocido.

- Doctor, no sé lo que tengo.
- Pues, tómese estas pastillas que no sé muy bien para qué son.

- *(El director de orquesta)* Que no empiecen juntos, pase; que desentonen también. Pero, por lo menos, ¡toquen la misma pieza!

  - ¿Son los bomberos? ¿Son los bomberos?
  - Sí, aquí los bomberos, díganos qué es lo que pasa.
  - Que ha salido mi casa ardiendo. ¿Voy yo para allá o vienen ustedes para acá?
  - Pero, ¿cómo va a venir Vd. para acá?
  - Es que vivo en una autocaravana.

- Estoy muy orgulloso de mi hijo el mayor.
- ¿Por qué lo dices?
- Porque es muy listo. Se ha sacado el D.N.I a la primera.
- ¿Y el pequeño?
- Ese es harina de otro costal. Ha hecho la primera comunión a la segunda.

  - Doctor, ¿es grave? ¿De qué se trata?
  - Usted tiene salpingitis.
  - ¿Y eso de dónde viene?
  - Del griego. Lo sospechaba.

- *(Un lepero intentando ligar)* Nena, ¿tienes fuego?
- Mira, tío, conmigo estás perdiendo el tiempo, soy lesbiana.
- ¡Ah! ¿Y qué significa, lesbiana?
- Pues, ¿ves a esa tía?
- Sí.
- Pues, me gustaría comérmela.
- Sabes, creo que yo también soy lesbiano.

  - ¿Será cierto que cuando uno envejece cambia de color?
  - No creo, ¿por qué lo dices?
  - Porque antes mi vecina le decía a su marido *"príncipe azul"* y ahora le dice *"viejo verde"*.

- *(Entre reclusos)* ¡Pero hombre! ¿Cómo has venido a parar aquí?
- Por la inexperiencia de la juventud.
- ¿Cómo? Si tú has cumplido ya 60 años.
- Yo sí, pero el abogado sólo tenía 25.

- Doctor, me duele la pierna izquierda.
- No se preocupe, eso es por la edad.
- Pues, la derecha es igual de vieja y no me duele.

- Oye Luis, ¿sabes qué es lo más jodido de hacerte mayor?
- Dímelo tú...
- Que cuando crees que ya lo sabes casi todo se te empieza a olvidar.

- Paco, me sacas de quicio.
- Para que luego digas que no te saco a ningún lado.

- Manolo, llevamos 40 años casados ¿y todavía me quieres?
- Todavía no.

- Manuel, ¿sabes que voy a ser padre?
- ¡Qué bien! ¿Tu esposa estará muy feliz?
- No lo creas, se cabreará cuando se entere.

- ¡Qué contento vienes!
- Sí, vengo de ver la nota del teórico del carnet de conducir.
- ¿Y qué tal?
- Para aprobar, en 40 preguntas pedían un máximo de 5 errores. Salí el primero, contesté sólo a cuatro para no arriesgarme y he aprobado con 4 fallos.

- Leo en su currículum que es Vd. gilipollas...
- ¿No me diga que al final lo puse?

- *(En el ginecólogo)* Señora, está Vd. embarazada.
- ¿Otra vez?
- ¿Es que su marido no toma precauciones?
- El sí, pero los otros no.

> - Le he sacado dos muelas, una de cada lado, procure comer por el centro.
> - Pero, si vivo en Getafe...

- Antes de casarme contigo tuve cuatro novios, y todos eran más inteligentes que tú.
- Por supuesto que eran más inteligentes, pues yo fui el tonto que se casó contigo.

> - Juan, estoy bastante triste porque mi mujer y yo no podemos tener hijos.
> - Vaya hombre. ¿Por qué no vais a ver al doctor Miralles? Es buenísimo.
> - ¿No me engañarás?
> - Es muy bueno, te lo aseguro. Fíjate, desde que mi esposa trata con él, en cuatro años hemos tenido tres niños preciosos, y eso que yo me hice la vasectomía hace cinco años.

- Papá, ¿cómo se compra una vaca?
- Pues, mira hijo, primero le toca uno la cabeza, después las patas, después la cola, y por último el pecho, y si todo está bien pues la compra. Por cierto ¿dónde está tu hermana?
- En su habitación con su novio y parece que este quiere comprarla.

> - ¿Por qué te escapaste de la sala de operaciones antes de que te operaran?
> - Porque la enfermera no dejaba de repetir: *"Tranquilo, no tenga miedo, es una operación muy sencilla"*.
> - ¿Y eso no te tranquilizó?
> - No, porque se lo decía al cirujano...

- Manuel, ¿qué te parece que encarcelen a la gente por sus ideas?
- Pues, ¿qué quieres que te diga? Unos casos bien y otros no.
- ¿Algunos casos te parecen bien?
- Claro. Encarcelar al Dioni me pareció bien y eso que su idea era cojonuda.

> - Camarero, quería una ración de calamares en su tinta.
> - Puedes tutearme si quieres...

- Fui hace tiempo al médico y me dio tres meses de vida.
- ¿Y cuánto te queda ya?
- No lo sé. Como no le podía pagar me ha dado tres meses más.

> - ¿Nos puede enseñar el carnet de conducir?
> - Aquí tiene.
> - Oiga, este carnet está caducado.
> - ¿Qué pasa, que se lo piensan comer?

- Me va a traer una merluza en salsa y una botella de vino tinto
- Para la merluza mejor vino blanco.
- Vale, traiga blanco para la merluza y para mí tinto.

> - *(El recluso a su abogado)* ¿Cómo va lo mío?
> - De momento va bien, pero si te puedes escapar mejor.

- Oye Venancio, ¿a ti te gustaría hacer un trío en la cama?
- Vaya, hombre, pues claro que sí.
- Pues, vete para casa que sólo faltas tú.

> - Camarero, ¿cómo es tan cara la comida?
> - Es que el vino era un reserva.
> - Vaya, si me traes el titular me hundes.

- Mire, la consulta del doctor son 100 euros a pagar por adelantado.
- Oiga, que yo venía a solucionar mi problema, no el suyo.

   - Nada por aquí, nada por acá.
   - ¿Mago?
   - No, pobre.

- Estoy desesperado últimamente...
- ¿Qué es lo que te ocurre?
- Que no acierto ni una. Me salen tan mal las cosas que ayer le clavé alfileres a una foto de mi suegra y le he curado la artritis con acupuntura...

   - Manoli, ¿te gustan mis gafas de sol nuevas?
   - Pues, si te digo la verdad, no.
   - Es que son progresivas...
   - Bueno, pues ya me irán gustando.

- Juan, ayer fui a un local de esos de intercambio de parejas.
- ¿Y qué tal? Cuéntame...
- Es un timo.
- ¿Un timo? ¿Por qué?
- Porque al final cuando te vas, te tienes que llevar a la tuya.

   - Paco, llevamos 32 años casados y nunca nos hemos puesto de acuerdo.
   - Puri, 33 años.

- Sí, dígame...
- ¿Es la asociación española de calzonazos?
- Sí, ¿quiere que le apunte?
- Espere que le pregunte a mi mujer.
- Vale, le cuelgo que llega la mía...

- Luis, ¿tú crees que los supositorios que me ha mandado el médico los habrá de otros sabores?
- ¿No me digas que te los estás comiendo?
- Hombre, si te parece me los meto por el culo.

- Mamá, ¿por qué somos tan feos?
- Calla hijo, que soy tu padre...

- Jefe, me temo que tengo que darle una mala noticia.
- Pero, Luisa, ¿por qué siempre tiene usted malas noticias que darme? ¿No puede por una vez en su vida, darme una buena?
- Está bien. Le tengo una buena: usted no es estéril.

- Carmen, no te quiero presionar pero necesito una respuesta ahora, ¿él o yo?
- Él.
- Bueno, te doy dos días más.

- Doctor, ¿cuál es la diferencia entre ginecólogo y urólogo?
- El olor del dedo. ¿Alguna otra pregunta?

- Es un placer venir a su mutua.
- Es mutuo.
- Es un placer venir a su mutuo.

- Mi amor, estoy embarazada, ¿qué te gustaría que fuera?
- Una broma. ¿Y a ti?
- Que fuera tuyo.

- Me ha dicho el doctor que lo mejor para curarme el dolor de garganta es un striptease.
- Un strepsils.
- Joder, Paqui, le quitas la ilusión a cualquiera...

- Manuel, ¿sabes cuál es la contraseña de Facebook de MADURO?
- No tengo ni idea.
- Pues, es: *"alegre, furioso, deprimido, triste, enojado".*
- ¿Y por qué puso esa?
- Porque le dijeron que tenía que tener al menos cinco caracteres.

- ¿Es este el club de la gente inoportuna?
- Sí, aquí es.
- Venía a inscribirme.
- Vale, pero espere que termine de mear, coño.

- ¿Se quedará a dormir?
- Sí.
- Quizá debería saber que la casa está encantada.
- Ah, pues, dígale que yo también estoy encantado de quedarme.

- Manuel, estoy pensando en dar la vuelta al mundo...
- Anda..., déjalo como está.

- Paco, ¿sabes cuáles son los dos secretos para mantener vivo el matrimonio?
- Pues... dímelos tú.
- Mira, el primero, cuando estés equivocado, admítelo.
- ¿Y el segundo?
- Cuando tengas razón, cállate.

- ¿Cuántas horas dura tu jornada laboral?
- Ocho.
- ¿Computadas?
- Con putadas, once.

- Cariño, que me han quitado la nocilla de los niños...
- La tutela, Paco, la tutela.

- Este vestido me favorece, me quita por lo menos doce años.
- Pues, es verdad. ¿Pero cuántos años tienes?
- Treinta y uno.
- ¿Con vestido o sin vestido?

> - Doctor, tengo alergia al vino.
> - ¿A qué vino?
> - A una consulta médica.

- Pepe, ¿dónde vas?
- A ver si me reconoce el médico.
- Bueno, espero que tengas más suerte que con tu padre...

> - Mi Paco aprendió a conducir autobuses por sí solo.
> - ¿Es autodidacta?
> - No, no, es autobusero.

- Caballero, le vamos a hacer un test de alcoholemia.
- Pues, no voy a acertar ni una con el pedo que llevo. Pero, venga...

> - Paco, ¿tú nunca has entrado en un laberinto?
> - Yo, nunca.
> - Pues, no sabes lo que te pierdes...

- Agente, ¿qué tenemos?
- Una caseta de madera con tres yeguas, un caballo y un potro.
- Todo cuadra.

> - ¿Nivel de francés?
> - Perfecto.
> - ¿Qué significa OUI?
> - Por poco.
> - Muy bien, ya le llamaremos...

- Puri, ¿qué anticonceptivo usas actualmente?
- Ahora, nos viene muy bien el precio de la vivienda.

    - En una escala del 1 al 10, ¿cuánta ansiedad le provoca a Vd. estar a dieta?
    - ¿Me puedo comer la escala?
    - No.
    - Entonces, 13.

- Paco, ¿has barrido?
- Sí.
- ¿Has fregao?
- Sí.
- ¿Has planchao?
- Sí.
- Logaritmo neperiano de 714.
- No lo sé.
- Eah, pues, esta noche no picas.

    - Por favor, ¿es el 112?
    - Sí, aquí es, ¿qué le ocurre?
    - Que mi mujer estaba cocinando y acaba de fallecer.
    - ¿En qué podemos ayudarle?
    - ¿A qué hora saco los fideos para que no se peguen?

- Manolo, te estás gastando todo el dinero en alcohol.
- Y tú en maquillaje.
- Sí, pero yo me lo gasto para verme guapa.
- Y yo para verte guapa a ti.

    - Mi hija debe de estar viendo una película de miedo con su novio en su cuarto.
    - ¿Por qué lo dices?
    - No para de gritar: *"por ahí no, por ahí no"*.

- Cariño, está lloviendo muchísimo y la ropa está tendida en el patio. ¿Me la metes?
- Claro mi amor. Como sois las mujeres, la ropa mojándose y tú pensando en lo de siempre.

> - Manolo, ¿sabías que cada uno de nosotros tenemos una media de 70 relaciones sexuales al año?
> - No me jodas que es verdad...
> - Eso dice el periódico.
> - Pues, menudo mes de diciembre me espera.

- Jo, tío, vaya rollo que es esto del Google.
- ¿Rollo? ¿Por qué lo dices?
- Porque es como las mujeres, le haces una pregunta y antes de que termines ya te está dando la respuesta.

> - ¡Viene mi marido! ¡Rápido! ¡Escóndete!
> - Peroooo...
> - ¡Correee!
> - Señora, sólo le estoy instalando el Internet.
> - Ay perdón, es la costumbre...

- Hola, me gustaría que me graduaran la vista.
- Pues, haría usted bien porque esto es una ferretería.

> - Doctor, yo hago el amor ocho veces todas las noches, ¿eso es bueno, o eso es malo?
> - Eso es mentira.

- ¿Profesión?
- Técnico superior en sistemas de refrigeración de materiales de construcción.
- ¿El que moja los ladrillos en las obras?
- El mismo.

- He leído que tener sexo equivale a correr tres kilómetros.
- Paco, ¿y quién coño corre 3 kilómetros en 15 segundos?

    - Oye, Juan, ¿cómo te va en el gimnasio?
    - Genial tío, te salen músculos que ni siquiera conocía antes... ¿Cómo se llama este?
    - Trapecio.
    - ¡Y yo a ti tío y mucho!

- Leo en el currículum que es Vd. un gran cheff.
- Así es.
- ¿Cómo prepara Vd. el brócoli?
- Lo tiro a la basura y hago unos huevos fritos.
- ¡Contratado!

    - María, cariño, ¿quieres que hoy hagamos el amor a la australiana?
    - ¿Y eso cómo es?
    - Pues, yo me acuesto con la canguro y tú te vas dando saltos a casa de tu madre.

- Ayer llegué a casa borracho a las 12 de la noche y mi mujer me dio un sartenazo por cada campanada del reloj.
- ¿Y has aprendido la lección?
- Sí, a partir de ahora llegaré a la una.

    - Entonces, ¿tú y yo qué venimos siendo?
    - Pronombres.

- Camarero, ¿esto es cordero o pollo?
- ¿No lo puede distinguir por el sabor?
- Pues, no.
- Entonces, ¿por qué se queja?

- Mi amor, lamento decirte que tengo un retraso.
- No te preocupes cariño, siempre lo he sabido y te quiero igual.

- ¿Por qué dices que si acabo de llegar borracho?
- Las mujeres, que somos muy intuitivas. ¿Vas a echar más garbanzos al colacao o los guardo ya?

- El caso es que mi novia me ha dejado por un motivo o por otro.
- Sí, es muy probable que te haya dejado por otro.

- Lo que es la psicología de las mujeres. Fíjate, mi mujer estaba leyendo el libro de los tres cerditos cuando se quedó embarazada y tuvo trillizos.
- La mía se quedó embarazada viendo Blancanieves y los siete enanitos y tuvo siete hijos.
- *(El tercero salió corriendo)* ¿Adónde vas compadre?
- A casa. Me parece que mi mujer le ha pedido al Círculo de Lectores el libro de Alí Babá y los cuarenta ladrones.

- Paco, ¿tú te sabes la receta para la preparación de un buen pollo?
- Sí, tienes que hacer sólo dos cosas.
- ¿Cuáles?
- Primero, dejar caer en la almohada de la cama un cabello largo de otro color al de tu pareja. Segundo, esperar.

- ¿Cómo dices que le llamas a tu suegra?
- Morse.
- ¿Por qué?
- Porque me raya y punto.

- *(En una farmacia que atiende una viejecita)* Señora, tengo una erección permanente, ¿qué me puede ofrecer?
- Pues, tengo esta farmacia y un terrenito para los dos en una urbanización de lujo.

- Juan, cariño, ¿cómo se llama la mujer esa que echa las cartas y lee las manos?
- Adivina.
- Pues, no lo sé, idiota, por eso te lo pregunto.

    - Manolo, ¿qué haces masticando el cable del ADSL?
    - Nada, comiendo un poco de fibra.
    - Pero, que eso es fibra óptica.
    - Bueno, mejor pa' la vista.

- Pepe, ¿a ti te molestan los anónimos?
- Hombre, depende de quien me los envíe.

    - Cariño, ¿te gusta el moreno que he cogido en la playa?
    - ¿Y va a dormir con nosotros?

- A mi mujer la postura sexual que más le gusta en la cama es la postura del pez.
- ¿Y cuál es esa?
- Se acuesta y nada...

    - Nena, que me han dicho que tu hijo es maricón...
    - Perdona, mi hijo no, su novio.

- Manuel, te noto preocupado.
- Es que han raptado a mi mujer.
- ¿Y no sabes nada aún?
- Sí, la policía dice que me prepare para lo peor, así que debe de estar al llegar.

    - Oye Paco, ¿cuántas ovejas tienes en tu rebaño?
    - Pues, no tengo ni idea. Cada vez que empiezo a contarlas me quedo dormido.

- Mi mujer insiste en que use siempre la escobilla del wáter.
- ¿Y qué vas a hacer?
- Voy a volver al papel, tengo el culo en carne viva.

   - ¿Te has enterado de que Paco está en el hospital?
   - Pero, si esta mañana lo he visto con una tía impresionante en la discoteca...
   - Su mujer también.

- Cariño, hoy estoy generoso, para esta noche en la cama, pídeme lo que quieras.
- ¡Qué no ronques!

   - Manuel, ¿qué haces aquí en este taller mecánico?
   - Pues, que ayer le hice caso a mi novia y...
   - ¿A tu novia?
   - Sí, en el coche me cogió de la mano y me dijo 'Manuel, no cambies nunca'.
   - ¿Y qué pasó?
   - Que he quemado el motor.

- Pilar, cariño, llama al 112, creo que me ha dado un infarto.
- ¿Cuál es la contraseña para desbloquear tu móvil?
- Déjalo, parece que se me pasa...

   - Me casé hace cuatro años y creo que el amor es como el papel higiénico.
   - Pues, vaya comparación...
   - Sí, se va acabando con cada cagada.

- *(En la autoescuela)* Profe, ¿para cambiar de marcha qué hago?
- ¡Embragas!
- No, que estoy sin depilar.
- Bufff... Esto va a ir para largo...

- Últimamente estoy muy confundido.
- ¿Por qué lo dices?
- Cientos de personas me dijeron *"ya verás cuando seas mayor"*.
- ¿Y qué pasa por eso?
- Que ya soy mayor y cada vez veo menos.

   - Tío, te he dicho mil veces que no te bebas el cubata dentro del coche.
   - Pues, quita esa pegatina de 'BEBE A BORDO'.

- Buenos días, vengo a matricularme en Ciencias Políticas.
- Bien. Perfecto. Tome este sobre.
- ¡Ostias! ¿Ya?
- Es la matrícula. ¡Inútil!
- Ah, bueno.

   - Oye, Manuel, has bajado mucho de peso.
   - Es que voy al gimnasio.
   - ¿Y haces mucho ejercicio?
   - No, pero con lo que me cobran casi no como...

- Manuel, cariño, ¿qué podemos hacer esta Semana Santa?
- Yo lo mismo que Jesucristo. Desaparecer el viernes y reaparecer el domingo. ¿Y tú?
- Lo mismo que Judas. Traicionarte.

   - Pues, mi mujer se pasa todas las noches de bar en bar.
   - Cuánto lo siento, ¿bebe mucho?
   - No, buscándome.

- Pues, mi esposa está haciendo una dieta de tres semanas.
- ¿De verdad? ¿Cuánto ha perdido hasta ahora?
- Dos semanas.

- Manuel, ¿por qué hay un pentagrama dibujado con sangre en el suelo del baño y las paredes están llenas de crucifijos al revés?
- Me has dicho que usara algo demoniaco para limpiarlo.
- Algo de amoniaco, gilipuertas.

    - Se ha terminado
    - ¿La cerveza?
    - No, lo nuestro.
    - Vaya, qué susto me habías dado.

- *El juez:* Pero, ¿cómo pudo Vd. matar a su marido después de 45 años de matrimonio?
- *La acusada:* Pues, ya ve, lo vas dejando, lo vas dejando...

    - Abuela, ¿qué haces parada tanto tiempo en la cocina?
    - El médico me ha dicho que vigile el azúcar. Hasta ahora no se ha movido de ahí.

- Pues, tengo que extraerle la muela dolorida, pero no se preocupe que sólo tardaré cinco minutos.
- ¿Y cuánto me costará?
- Noventa euros.
- ¿Noventa euros por solo cinco minutos de trabajo?
- Bueno, puedo extraérsela muy lentamente si quiere.

    - Pero, ¿qué te ha pasado?
    - Que ayer me dieron una paliza.
    - Pero, ¿no eres cinturón negro de kárate?
    - Sí, pero el otro no lo sabía.

- Cariño, ¿me compras un móvil?
- ¿Y el otro?
- El otro me va a comprar una tablet...

- ¿Y tú qué haces?
- Soy deportista de alto rendimiento.
- ¿En serio?
- Sí, me rindo fácilmente.

> - Manuel, actualmente estoy en una edad un poco rara.
> - Rara, ¿por qué?
> - Porque si me dicen 'te quiero', automáticamente pregunto: ¿para qué?

- Pero, Paco, ¿qué haces ahí en esa cornisa? ¡No hagas ninguna locura!
- Es que mi mujer me ha dejado.
- Ah bueno, si ella te da permiso…

> - Paco, te detienes mucho en los detalles y así pierdes la visión del conjunto.
> - Pero, es que el niño es negro.
> - Y dale…

- Papá, si me haces un regalo te digo una palabra mágica.
- ¿Qué regalo querrías?
- Un iPhone X.
- ¿Cuál es la palabra mágica?
- Paula.
- ¿Quién es Paula?
- Tu amante, papá.
- ¿Lo quieres con funda?

> - Por favor, camarero, ¿me trae la cuenta?
> - … Aquí tiene. ¿Cien euros? Espero que le hagan descuento a un colega.
> - ¿Usted también es camarero?
> - No, soy ladrón.

- Oiga, que no me funciona el modem.
- ¿Qué luces tiene encendidas?
- La del salón y la del pasillo.
- Vale, le mandamos un técnico.

- Papá, ¿te gusta la fruta asada?
- Mucho, hijo.
- Pues, vas a estar muy contento porque se te está quemando el huerto.

- No hace un mes que he empezado a ir al colegio y ya he recibido tres premios.
- ¿Por qué motivos?
- El primero porque tengo muy buena memoria.
- ¿Y los dos restantes?
- Los dos restantes... los dos restantes... ¡Ahora no recuerdo!

- Doctor, el año yo pasado tenía reuma en el brazo derecho y este año lo tengo en el izquierdo.
- ¡Enhorabuena!
- ¿Por qué?
- Porque ya no le quedan brazos para el año que viene.

- Manuel, ¿tú crees que después de la muerte hay una vida mejor?
- Depende. ¿Después de la muerte de quién?

- Doctor, sea sincero... ¿Cómo está mi marido?
- Le perdemos. No responde a los estímulos.
- ¿Ha probado a quitarle el móvil?

- Buenas tardes, venía a solicitar un préstamo.
- Muy bien, ¿cuánto necesita?
- ¿Cuánto tienen?

- La vida sólo tiene dos libros importantes.
- ¿Cuáles son?
- El primero *"La Biblia"* que dice que nos amemos y el segundo *"El Kamasutra"* que explica cómo.

  - Chari, avisa al niño que venga con el móvil, que hay un pokemon en el sofá.
  - Manolo, no empieces y deja tranquila a mi madre.

- María, tú sabes que te hablo siempre con el corazón.
- Pues, qué buen ventrílocuo eres.

  - Pues, he tenido un hijo igual que yo, mi misma boca, mi misma nariz, mis mismos ojos...
  - No te tortures, hombre. Mientras esté sano...

- Manuel, el médico dice que eres hipocondríaco.
- Lo ves, y tú decías que no tenía nada...

  - ¿Edad?
  - 45 años.
  - ¿Estado civil?
  - Divorciado.
  - ¿Sexo?
  - Los días de paga.

- Doctor, ¿puedo tomar ibuprofeno con diarrea?
- Mire, le irá mejor con agua, pero Vd. haga lo que quiera.

  - Mi mujer tiene 25 años.
  - ¿Y tú te lo crees?
  - Lleva tanto tiempo repitiéndome lo mismo que al final me ha convencido.

- Manuel, me han dicho que trabajas en el Ayuntamiento.
- Sí, ya llevo allí más tres meses.
- Por la tarde no trabajáis, ¿verdad?
- No, por la tarde no vamos, cuando no trabajamos es por la mañana.

  - ¿Te das cuenta que me conservo genial? Aquella rubia me acaba de decir que estoy hecho un cachorro.
  - Un cacharro, Paco, que está hecho un cacharro.

- Señora María, ayer no estaba Vd. en la consulta del médico.
- Es que estaba enferma.

  - Manolo, ¿sabes que se ha muerto Franco?
  - ¿Se ha muerto Franco? ¿Y ahora, qué va a pasar?
  - Que vendrá la democracia.
  - ¿Y eso qué es?
  - Que todos haremos la que queramos.
  - Bueno, ¿y si no queremos?
  - Pues, nos obligarán.

- Amigos, necesito de su ayuda.
- ¿Qué podemos hacer por usted?
- Hace un momento discutía con mi esposa y de pronto me dijo: *"tienes razón"*. ¿Qué se debe hacer en este caso?

  - ¿Dónde ha estado Vd. de vacaciones?
  - En Nueva York.
  - ¿Cómo es Nueva York?
  - ¿Vd. conoce Móstoles?
  - Sí.
  - Pues, distinto.

- Doctor, creo que tengo una hernia de disco.
- No, señor Bustamante, lo que tiene usted es una mierda de disco.

- Estoy preocupado porque hoy es el cumple de mi mujer y no sé qué comprarle.
- Pero, ¿no tienes confianza con ella? Pregúntale qué quiere.
- Sí, pero no quería gastarme tanto...

> - Manolo, hoy hace un año que mi tío descansa en paz.
> - Pues, lo siento mucho por tu tío.
> - No, si la que se murió fue mi tía.

- He denunciado al dentista por ponerme el aparato en la boca.
- Si te lo ha puesto es porque lo necesitas.
- No me has entendido.

> - Mi amor, ¿quieres que vayamos juntos a correr?
> - ¿Me está llamando gorda?
> - Bueno, si no quieres, no.
> - ¿Me está llamando vaga?
> - ¡Cálmate, mi amor!
> - ¿Me está llamando histérica?
> - Eso no fue lo que dije.
> - ¿Entonces soy una mentirosa?
> - Nada, nada, no vengas entonces...
> - Vamos a ver, ¿por qué quieres ir solo?

- *Periodista:* La Guardia Civil, ¿perdonaría algún día a los terroristas de E.T.A.?
- *Un guardia civil:* Yo creo que la tarea de perdonarlos corresponde a DIOS, nosotros hemos de promover y agilizar dicho encuentro.

> - ¿Ha encontrado Vd. trabajo?
> - Sí, señor.
> - ¿De qué?
> - Con un tractor.
> - ¿De conductor?
> - Hombre, no va a ser de cobrador.

Jesús Escudero Martín - Diálogos con humor (I, II, III y IV)

- *(El doctor por teléfono al paciente)* Verá, tengo que darle dos noticias una buena y otra mala.
- Bueno, dígame primero la buena.
- Los resultados del análisis indican que le quedan 24 horas de vida.
- Pero bueno, ¿eso es la buena noticia? Entonces, ¿cuál es la mala?
- Que llevo intentando localizarle desde ayer.

    - Manuel, ¿tú qué piensas de las mujeres cuando practican el sexo con nosotros, lo hacen por amor o por interés?
    - Pues, la mía seguro que lo hace por amor.
    - ¿Y eso? ¿Cómo estás tan seguro?
    - Porque lo que es interés, interés, no pone ninguno.

- *(Entre niños discutiendo)* No se dice yo no sabo, se dice yo no sepo.
- No se dice yo no sepo, se dice yo no sabo.
- *(Una señora que pasaba por allí)* No se dice de ninguna de las dos maneras.
- ¿Entonces cómo se dice?
- Yo no sé.
- Pues, si no sabe, para qué se mete.

    - Pepe, ¿dónde vas con esa borrachera?
    - A una conferencia sobre el alcoholismo.
    - ¿Y quién la da?
    - Mi mujer cuando yo llegue a casa.

- Doctor, tengo un dolor que me va de acá para allá y de allá para acá. ¿Qué puede ser?
- Creo que es un dolor pasajero.

    - Mamá, volví a discutir con mi marido, no lo soporto más. Para castigarlo me voy para tu casa.
    - Eso no servirá de nada, hija. Si de verdad quieres castigarlo voy yo para la tuya.

- Buenas, quería comprar dos botes de Chanel nº 5, para mi suegra.
- Vaya, un perfume tan caro ¿y quiere dos botes? ¿Debe querer mucho a su suegra?
- Bueno... Es que dijo una vez que daría media vida por tener un bote de Chanel nº 5.

> - Pepe, ¿qué son esas bolitas negras que hay por el campo?
> - Cagadas de oveja.
> - ¿Y esas grandes aplastadas?
> - Cagadas de vaca.
> - ¿Cuál es el pico más alto de Hungría?
> - No lo sé.
> - Vaya, contigo sólo se puede hablar de mierda.

- Manuel, cuando tu mujer se quedó embarazada, ¿cómo la felicitaron sus amigas?
- Todas le tocaban la barriga.
- ¿Por qué ninguna te acarició a ti ahí abajo y te dijo *"buen trabajo"*?

> - ¿Qué tal conduce tu mujer?
> - Fatal.
> - ¿El GPS no le sirve de ayuda?
> - Es igual. El GPS siempre acaba diciendo: *"Como en 200 metros no gire a la izquierda, haga el puto favor de parar a la derecha, que me bajo yo"*.

- Ring, ring, ring... ¿Dígame?
- Señora, le notificamos que a su marido le ha atropellado una apisonadora.
- ¡Dios mío! ¿Y en qué habitación está?
- En la 13, 14 y 15.

> - Desnúdese señorita.
> - Pero, doctor, si la enferma es mi abuelita.
> - ¡Ah! Entonces que saque la lengua.

- (El fiscal) ¿Es cierto que usted el día de los hechos se cagó en los muertos del denunciante, en toda su puta familia, en la perra de su madre y en el hijo de puta de su padre, al igual que en toda la corte celestial?
- (El acusado) No, es falso. Yo estaba tranquilamente trabajando en la fundición y entonces le dije: *"Antonio, por Dios, ¿no te das cuenta de que me has echado todo el acero fundido por la espalda y que es una sensación muy desagradable?"*.

  - (En el restaurante) Tenemos un menú de nueve euros y otro de seis euros.
  - ¿Y qué diferencia hay?
  - Tres euros.

- ¿Qué tal tu novia la rica?
- Mal, ayer reñimos.
- ¿Por qué?
- Porque se me ocurrió decirle que llevaba muchas arrugas en las medias.
- ¿Y eso es motivo?
- Es que no llevaba medias.

  - Y cuando ya estábamos en pelotas, va la tía y me saca un libro de la revolución católica.
  - ¿De Lutero?
  - No seas bruto, de un cajón.

- Espero que no sea verdad el dicho ese de que *"la vida se encarga de devolverte todo"*.
- ¿Por qué?
- Porque no quiero volver a ver a mi ex.

  - No soporto ver la casa sucia.
  - ¿Y qué haces?
  - Apago la luz.

- (Él) María, ¿por qué no salimos a divertirnos esta noche?
- (Ella) Buena idea. Pero, el que primero llegue deja la luz de la entrada encendida.

  - Hola cariño, ¿todavía despierta a las 5 de la mañana?
  - ¡Qué pasa, Superman! ¿Qué horas son estas de llegar?
  - Es que he estado con un cliente en el trabajo y se me ha hecho tarde.
  - Ya. Con un cliente... ¡Superman! ¿No pretenderás que me crea eso?
  - Sí, estuve trabajando con él y luego nos tomamos unas copas y se nos hizo tarde. ¿Y por qué me llamas Superman?
  - ¡Cabrón! ¡Porque te has puesto los calzoncillos encima del pantalón!

- Manolo, ¿tú que tal andas del estómago?
- Ahora fenomenal. El médico le prohibió a mi mujer que guisara.

  - (En una funeraria) ¿Tienen ataúdes para recién nacidos?
  - No señor, sólo para recién muertos.

- (De visita en casa) Pero, hoy sábado, y a estas horas, ¿qué estás haciendo?
- Nada, que le ha pegado tal grito mi vecina a su marido que yo, por si acaso, me he puesto a planchar.

  - Para cuando me faltan cosas por hacer tengo un sistema que nunca falla.
  - ¿Ah sí? ¿Cuál es?
  - Pues, me tumbo en el sofá con el móvil y mi mujer enseguida me las recuerda.

- Charo, ¿tú como llevas eso de que tu novio la tenga tan gorda?
- Pues, por un lado bien, pero por el otro...

- Soldado Juan, ¿hacer el amor qué es, un trabajo o un placer?
- Mi capitán, hacer el amor debe ser un placer, porque si fuera un trabajo me lo encargaría Vd. a mí.
- Soldado Pedro, ¿hacer el amor qué es, un trabajo o un placer?
- Mi capitán, hacer el amor, con su mujer un trabajo; pero con su hija un verdadero placer.

  - ¿Sabes que tengo un amigo que es alérgico al sol?
  - Será albino...
  - No, al vino no, al sol.

- Manuel, ¿sabes que se ha muerto mi amigo el mecánico?
- No, ¿qué tenía?
- Un taller...

  - Cuando Pepe murió, dejó todo lo que tenía a un orfanato.
  - Vaya lujos. ¿Y qué tenía?
  - Pues, doce hijos.

- Padre, me acuso de que estoy enamorada de usted. Sé que está muy mal porque usted es cura. ¿Cree Vd. que me puedo salvar?
- Claro que te vas a salvar. Porque tengo una boda dentro de cinco minutos, porque si no, no te salva ni Dios.

  - Juan, ¿tú eres ludópata, no?
  - Yo apostaría a que sí.

- Jefe, ¿podría ausentarme durante dos horas?
- ¿Para qué?
- Es que voy a ser padre.
- Pero hombre de Dios, ¿qué hace aquí? Vaya corriendo.
- *(A las dos horas)* Hombre, ¿ya por aquí? ¿Qué ha sido, niño o niña?
- Eso ya lo veremos dentro de nueve meses.

- Cuénteme su versión de los hechos.
- Verá, señor juez. Yo estaba en la cocina con el cuchillo de cortar jamón. En esto que entra mi mujer, tropieza, cae sobre el cuchillo y se lo clava en el pecho.
- Eso ya lo sé, pero, Siga, siga...
- Pues, así, hasta siete veces.

    - ¿De qué trabajas?
    - Antes tenía una tintorería y ahora apago fuegos.
    - ¿Eres bombero?
    - No, extintor.

- Manolo, ¿tú normalmente llevas gafas?
- No.
- Te lo pregunto por la marca que tienes en la nariz.
- Es de las jarras de cerveza...

    - Manolo, cariño, mira una estrella fugaz. ¡Qué bonita! Pide un deseo.
    - ¡Ya! Ah, se me olvido decirte que mañana viene mi madre a comer con nosotros.
    - Si todo sale bien, no.

- Hermanos, alabar al Señor.
- Vaya Vd. enjabonándolo que ahora vamos.

    - Pepe, ¿dónde has estado de vacaciones?
    - En Etiopía.
    - ¿Y qué tal?
    - Mucha hambre.
    - Eso es bueno, que haya buen apetito.

- Juan, cariño, ¿por qué no me dedicas una poesía?
- Loli, me gustas cuando callas porque está como ausente.

Jesús Escudero Martín - Diálogos con humor (I, II, III y IV)

- Mi mujer no hace más que decirme que soy un perfecto imbécil.
- Pues, tienes suerte, la mía no me encuentra perfecto ni en eso.

* Doctor, cuando subo la pendiente para llegar a mi casa me fatigo muchísimo, ¿qué me aconseja tomar?
* Un taxi, señora.

- Mi mujer no me comprende, ¿a ti te pasa lo mismo?
- No lo sé, nunca he hablado con tu mujer.

* Manolo, me recuerdas mucho a Pascual.
* ¿Por qué?
* Porque eres la leche.

- ¿Qué te pasa Manolo? Te veo preocupado.
- Nada, fíjate que llevo toda la vida aprendiendo idiomas, y ahora que me he casado mi mujer no me deja hablar.

* Oye, Manuel, ¿de qué te vas a disfrazar estos carnavales?
* Yo, de demagogo.
* ¿De demagogo?
* Sí, homhombre, sí. De de Jujuan Tatamariz?

- Hola, buenas, ¿estoy llamando a Cofidís?
- Sí, ¿en qué podemos ayudarle?
- Es que necesito un préstamo de 50.000 euros.
- Pero, para esa cantidad se necesitan dos avales.
- ¡Ah vale! ¡Ah vale!

* Hija, ¿qué tal por Londres?
* De puta, madre.
* Me alegro mucho, hija.
* Madre, creo que no me has entendido...

- Hombre, Antonio, ¿qué tal te va la vida?
- Pues, desde que monto en bicicleta todo me va sobre ruedas.

- Hombre, Pepe, ¿adónde vas?
- Al oculista.
- ¿Qué te pasa?
- Que estoy estreñido.
- ¿Y vas al oculista?
- Es que cuando voy al wáter me lloran los ojos.

- Quería regalarle a una amiga una cámara fotográfica de esas modernas, de 10.000 píxeles, pequeñita, de las buenas, no me importa el precio.
- ¿Y con qué objetivo?
- Con el objetivo de tirármela.

- Oye, Manolo, ¿a ti tu mujer te excita?
- No, más que excitarme me cabrea.

- Hola, Maribel, ¿ya te has casado?
- Sí. Hace un mes.
- ¿Y tú?
- Yo no, todavía estoy esperando a mi príncipe azul.
- ¿Y cómo sabrás cuando llega?
- Por el color.

- Antonio, ¿tú qué prefieres, amor o dinero?
- Dinero, el amor se puede comprar.

- Mira Pepe, a aquel gordo de allá, le dan clases de canto.
- ¿Con la mala voz que tiene?
- No, es en la autoescuela. Como no entra por la puerta, se las dan de canto.

- El otro día pillé a mi marido en la cama con otra.
- ¡Vaya corte! ¿No?
- Sí, para que le perdonara me regaló un vestido precioso.
- Supongo que habrás roto con él.
- No, estoy esperando pillarle con otra para que me regale un abrigo de visón.

  - *(En un incendio)* Pero, ¿qué haces Manolo? Que le estás dando por detrás.
  - Estoy reanimando a este señor.
  - Pero eso se hace con el boca a boca.
  - Así empezamos, así empezamos...

- Hay que ver como pasa el tiempo. Mira, debajo de aquel árbol hice yo el amor por primera vez, y con la madre delante.
- ¿Y qué dijo la madre?
- Beeeeee...

  - ¿Dónde vas a ir este año de vacaciones?
  - A Cuba.
  - ¿Con tu marido?
  - Tú cuando vas a Huelva, ¿te llevas las gambas?

- *(Ante el tribunal)* ¿Dónde vive Vd.?
- Con mi hermano.
- ¿Y dónde vive su hermano?
- Pues, conmigo.
- Estúpido, ¿dónde viven Vd. y su hermano?
- Señor juez, es muy sencillo; mi hermano y yo vivimos juntos.

  - Mi mujer y yo somos como uno.
  - Pues, la mía y yo como 10.
  - ¿Cómo es eso?
  - Pues, que mi mujer es el 1 y yo el 0.

- Pepe, yo cuando tomo café no duermo.
- Yo todo lo contrario, cuando duermo no tomo café, ni nada.

> - ¿Qué tal hace el amor tu mujer?
> - Pues, unos me dicen que bien, otros que regular...

- Manolo, qué mal anda la cosa.
- A mí me lo vas a decir, que he llamado al teléfono erótico y se ha puesto mi mujer.

> - Cuando estuve matando leones en los Alpes...
> - ¡Eh!, un momento, si en los Alpes no hay leones.
> - Ahora no. Ya te dicho que estuve yo matándolos.

- Una mujer es incapaz de guardar un secreto.
- No es cierto. La mía, sí. Mira, hace más de diez años que estamos casados y nunca me ha dicho por qué necesita tanto dinero.

> - Remigio nunca tiene un duro.
> - ¿Por qué lo sabes? ¿Te ha pedido dinero?
> - No, se lo he pedido yo a él.

- Ayer pesqué un rodaballo de 38 kilos.
- Pues, yo pesqué una farola fenicia de hace 2000 años que todavía estaba encendida.
- ¡Imposible! No exageres.
- Pues, si tú le quitas kilos al rodaballo yo apago la farola.

> - Manolo, llevo un día, que pa qué te cuento. Mira, me han echado del trabajo, mi mujer se ha ido de casa, me han robado la cartera y el Barsa ha perdido.
> - ¡Es increíble!
> - Claro, si iba ganando 4-0 en el descanso.

- Oye Pepe, ¿por qué te rascas la cabeza sin quitarte la boina?
- Vamos a ver, cuando a ti te pica ahí abajo, ¿tú te quitas los pantalones?

- Paco, ¿tu padre cómo era?
- No lo sé, no llegué a conocerlo.
- ¿No?
- No, murió tres años antes de que yo naciera.

- *Policía*: Oiga, por mear en la calle le tengo que multar con 50 euros.
- *Bilbaíno*: Toma 100 euros y mea tú, que te invito.

- ¿Por qué me gritas Mari, cariño?
- Porque esto se ha enfriado. Se apagó la llama.
- Pero, si yo te quiero mucho...
- Que cambies la bombona, coño.

- Espartanos, hoy comeremos en el infierno.
- Paco, no le hables así a los niños, si no quieres venir a comer a casa de mi madre, no vengas.

- Paco, el hambre de un hombre enamorado, se sacia con besos y caricias de la mujer amada... ¿O no?
- Ay Manuel, tú no has probado un buen torrezno en tu puñetera vida.

- Faustino, hay que disfrutar de la vida.
- ¿Por qué lo dices?
- Porque luego uno se muere y ya no vale la pena seguir viviendo.

- Paco, ¿tu barrio es peligroso?
- Pues, no sé qué decirte. Una vez hubo un tiroteo me agaché y me violaron.

- Manuel, ¿tú sabías que yo voy al Ikea todos los días?
- No me lo puedo creer...
- Sí, entro en la habitación de mi hijo para echar un vistazo y salgo con 6 vasos, 3 platos, 4 toallas y una pila de calcetines.

- Buenos días, le llamo de Vodafone. ¿Está satisfecho con la compañía que tiene?
- Pues, no. Ronca y se tira pedos.

- *(En la aduana)* ¿Qué lleva usted en la maleta?
- Comida para conejos.
- *(Abre la maleta)* ¿Transistores y relojes se van a comer los conejos?
- Yo se la voy a dar, y si no se la comen, la tendré que vender.

- Señor comisario, vengo a denunciar que me han violado hoy y mañana.
- ¿Mañana?
- Sí, ya tengo apalabrada la cita.

- He ido a mirarme la tensión y la doctora me ha dicho que la tengo descompensada.
- ¿La alta o la baja?
- La gorda del ambulatorio.

- Manuel, anoche le dije a mi mujer que nuestro matrimonio no funciona porque ella nunca me escucha.
- ¿Y ella que te dijo?
- Nada, ni me escuchó.

- Oye, Manolo, ¿cómo se les llama a esas mujeres que quieren sexo todo el tiempo?
- Ninfómanas.
- No, ¿A qué número?

- Manuel, ¿tú sabías que el primer protector para testículos fue utilizado en hockey por primera vez en 1874 y el primer casco de moto en 1974?
- No lo sabía. Eso significa que los hombres han tardado 100 años en darse cuenta de que el cerebro también es importante.

  - Mariano, ¿quieres que te dé una buena noticia que me acaba de llegar?
  - Claro, hombre...
  - Por lo visto, si te apuntas al gimnasio de la Universidad Rey Juan Carlos se adelgaza sin ir.

- Camarero, en la sopa hay un cabello.
- No importa, es un cabello de ángel.
- ¿Esto es un cabello de ángel?
- Sí, de Ángel el cocinero.

  - Manolo, acabo de comprarme un Mercedes.
  - ¿Y eso qué es?
  - Un coche.
  - ¿Y corre mucho?
  - Sí, tarda de Zaragoza a Madrid dos horas.
  - ¿Y de Madrid a Zaragoza?
  - Tres días.
  - ¿Y cómo es eso?
  - A ver si te crees que marcha atrás corre lo mismo.

- Perdone, ¿Vd. es de aquí, de Santiago de Compostela?
- ¿Yo? Pues, sí.
- ¿Es cierto que los gallegos responden siempre con otra pregunta?
- ¿De verdad? ¿Quién se lo dijo?

  - María, ¿para qué ves ese canal de cocina de la tele si no sabes cocinar?
  - Tú ves el canal porno y yo no te digo nada.

- A mí hace tiempo me perseguían las mujeres como locas.
- ¿Y ahora por qué ya no?
- Es que ya no robo bolsos.

- Pues, yo la lie cuando le dije a mi hijo que las personas mayores deberían servirle de ejemplo.
- ¿Por qué? Yo también se lo hubiera dicho.
- Pues, mira, ahora cruza los semáforos en rojo y se cuelas en el súper.

- Pepe, ¿ya has encontrado trabajo?
- Sí, hace un mes, de mecánico dental.
- ¡Enhorabuena!
- Enhorabuena, ya me gustaría a mí verte a ti desmontar un carburador con los dientes.

- ¿Por qué embadurnas al coche con vaselina?
- Es que lo voy a vender.
- ¿Y eso que tiene que ver?
- Es que por lo que voy a pedir por él, a lo mejor me dicen que me lo meta por el culo.

- Oye, Manolo, he puesto a la venta el coche, pero cuando ven que tiene 200.000 km. no me lo compra nadie.
- Mira, un amigo mío te puede bajar el cuentakilómetros todo lo que quieras.
- *(A los pocos días)* Tu amigo es fenomenal, me dejó el cuentakilómetros en 3.000 km.
- Entonces, ¿ya lo has vendido?
- No, ahora con esos kilómetros me quedo yo con él.

- *(En la pajarería)* Oiga, que al loro que le compré ayer le falta una pata.
- Pero, ¿Vd. para qué lo quiere, para que hable o para que chute un córner?

- Paco, mi hijo tiene el futuro asegurado.
- ¿Por qué lo dices?
- Porque cuando le llamo no viene.
- Entonces, ¿qué será?
- Será camarero.

　
- Doctor, me ha pisado un camello.
- ¿Dónde?
- En África, ¿va a ser en la cocina?

　
- Juan, ¿quién te ha hecho este retrato?
- Un amigo mío.
- ¿Y lo sigue siendo?

　
- Juan, cariño, tengo que despedir al chofer.
- ¿Por qué, Luisa?
- Porque esta semana ha estado a punto de matar a mi madre tres veces cuando la llevaba en el coche a la peluquería.
- Anda, mi amor, dale otra oportunidad.

　
- Padre, me acuso de que he robado una cuerda.
- Hijo, eso no es pecado.
- No, si es que detrás venía el burro.

　
- ¿De cuántas partes se compone un fusil?
- De dos partes, mi capitán.
- ¿Cuáles son?
- Fu y sil.
- Muy bien. Es usted un genio.
- Sí, mi capitán; Ugenio González, para servirle.

　
- Tu hermano, ¿murió del corazón?
- No, de todo el cuerpo.

- Oiga, ahí no se puede aparcar, dentro de cinco minutos van a llegar los Ministros.
- No se preocupe Vd., señor guardia, ya he conectado el antirrobo.

- Padre, me acuso de que peco mucho.
- ¿En qué sentido, hija?
- En sentido horizontal.

- Padre, me acuso que soy un jugador de mus empedernido y cada vez que voy perdiendo me acuerdo de los siete apóstoles.
- Cinco más.
- ¡Órdago!

- Raquel, te invito a mi fiesta de 25 años.
- Vale tía, pero yo a los tres meses me vuelvo, ¿eh?

- Padre, me acuso de que soy medio tonto y robo gallinas de otros corrales y las llevo al mío.
- Majo, ¿y por qué no robas las del tuyo y las llevas a los corrales de los demás?
- Porque entonces sería tonto del todo.

- Usted, ¿qué alega para no hacer la mili?
- Que cuando como jamón, me pongo verde.
- Por favor, traigan una fuente de jamón para el joven.
- *(Ñam, ñam, ñam...)*
- ¿No será que se pone Vd. morado?
- Eso es, mi sargento, es que no me acordaba del color.

- Soldado, ¿qué es lo primero que hay que hacer antes de limpiar el CETME?
- Mirar el número, mi sargento
- No, idiota, mirar si está cargado para evitar una desgracia.
- No, mi sargento, mirar el número no vayas a limpiar el de otro.

- Lo que necesita su esposo es descanso, paz absoluta y total relajación. Estas pastillas son para dormir 12 horas seguidas.
- Muy bien, doctor, ¿y cómo se las doy?
- No señora, las pastillas son para usted.

* Mari, ¿cómo se llama el perro?
* Wifi.
* ¿Y por qué ese nombre?
* Porque se lo robé a mi vecino.

- Pero Juan, ¿estás escalabrao?
- Sí, por seguir el consejo de Antonio.
- ¿Qué consejo te dio?
- Que besara a las mujeres cuando menos se lo esperen.
- ¿Y qué pasó?
- Que era *"cuando"*, y no *"donde"*.

* Padre, me acuso de que acabo de quedarme embarazada.
* Por Dios, María, ¿otra vez? Pero, si ya tienes 15 hijos.
* Vd. siempre me ha dicho que los hijos son como una lluvia caída del cielo.
* Sí, pero cuando llueve demasiado hay que ponerse un impermeable.

- Por favor señorita, ¿viven sus padres?
- Sí.
- ¿Cuántas hermanas sois?
- Doce.
- ¿Y tu madre os da de comer a las doce?
- Hombre, a las doce, a la una, depende de los días.

* Oye, Manolo, ¿tu mujer grita mucho mientras está haciendo el amor?
* Muchísimo, a veces la oigo desde el bar.

- Mi marido está en su nueva empresa como pez en el agua.
- ¿Y qué hace?
- Nada.

- Pepe, me he enterado que ha muerto tu suegra.
- Sí, hace ocho días.
- ¿Por culpa de qué?
- De la bebida.
- ¿La emborrachaste?
- No, le di lejía que hace efecto más rápido.

- Señor alcalde, hemos disparado los cohetes de las fiestas y no ha funcionado ninguno.
- Qué raro, esta mañana cuando los he estado yo probando han funcionado todos.

- Ring, ring, ring... ¿Dígame?
- Hola, buenos días. ¿Es el nueve, dos, tres, ocho seis, siete, nueve, uno, cuatro?
- Sí, sí, no, sí, sí, no, sí, no, sí.

- *(Un payaso pide aumento de sueldo)* Jefe, creo yo que ya va siendo hora de que me suba un poquito el sueldo.
- ¡Qué grande! Veinte años trabajando juntos, y es la primera vez que me haces reír.

- Pepe, ¿tú cuantas veces haces el amor al cabo de un año?
- ¡Una!
- ¿Y cómo estás tan contento?
- ¡Porque me toca hoy!

- Mi mujer me acaba de dar un ultimátum.
- ¿Un ultimátum? ¿Por qué?
- Dice que o le presto atención cuando habla, o no sé qué más.

- Doctor, me ha salvado Vd., le debo la vida.
- Y las visitas, hija, y las visitas...

  - Hombre, Paco, con lo cazurro que tú eres, ¿dónde vas con ese libro?
  - Lo he encontrado en el parque y se lo llevo a su propietario.
  - ¿Le conoces?
  - No, pero su nombre está escrito en la portada: Miguel de Cervantes.

- Doctor, me he comido un cordero entero y estoy fatal.
- A quien se le ocurre comer tanta carne...
- No, si lo que me ha sentado mal creo que ha sido la lana.

  - A mi hijo le gusta mucho bailar y cantar, de mayor quiere dedicarse a una de esas dos cosas, pero no sabe qué elegir.
  - Pues, yo creo que debería elegir el baile.
  - ¿Por qué? ¿Le has visto bailar?
  - No, pero le he oído cantar.

- Manolo, ¿tú cuando te mueras qué quieres que hagan contigo; que te entierren o que te incineren?
- ¿Yo? Que me hagan supositorios para seguir dando por detrás hasta después de muerto.

  - Paco, ¿qué te ha pasado en esa oreja?
  - Que estaba planchando, llamaron al teléfono, me confundí y contesté...
  - ¡Vaya faena! ¿Y en la otra? Si la tienes también fastidiada...
  - ¿Te puedes creer que el gilipollas volvió a llamar?

- ¿Es muy charlatana tu esposa?
- Muchísimo. Tengo la seguridad de que si me quedara sordo, ella tardaría por lo menos una semana en enterarse.

- Paco, ¿eres capaz de decirme seis marcas de tabaco?
- Sí: Ducados, Fortuna, Nobel, Jean, Winston y Marlboro.
- Ahora, dime seis marcas de preservativos.
- ¿........?
- Así que, toma nota, debes fumar menos y lo otro hacerlo un poquito más.

- Paco, te acabo de apuntar a una orgía que voy a organizar para mañana a base de desenfreno y demás.
- ¿Cuántos seremos?
- Si viene tu mujer, tres.

- Pues, vaya faena.
- ¿Qué te pasa, hombre?
- Nada, que ahora que he aprendido a decir *"almenaque"* le llaman *"candelario"*.

- Mariano, ¿qué te han echado los Reyes?
- Unas gafas.
- Mira, mira, para que veas.
- ¿Nada más?
- Y unos zapatos.
- Anda, anda.
- ¿Nada más?
- Y unos calzoncillos.
- ¡Cojones!
- ¿Y a tu mujer?
- Un sujetador.
- ¡Leche!
- ¿Sólo eso?
- Y unas bragas.
- ¡Coño!

- Pedro, cariño, ¡a mi mamá le ha picado un alacrán!
- Pues, no lo entiendo, ¿cómo pudo picarle sólo un alacrán si puse cuatro en la caja?

- Buenos días, venía para que me respondiera a un cuestionario sobre las labores que realiza al cabo del día.
- Muy bien. Mire, por la mañana llevo a los niños al colegio y luego tengo tres horas de sexualidad, después mi marido y mis hijos vienen a comer, vuelven al cole y tengo otras tres horas más de sexualidad y luego por la noche cenamos todos y a dormir hasta el día siguiente.
- Perdone, pero, ¿qué es para usted la sexualidad?
- Pues, hacer todo lo que jode: barrer, planchar, la compra...

  - Desde que uso tinte verde ya no pierdo el cabello.
  - ¿Sí?
  - Sí. Caer, se me cae igual, pero eso sí, con ese color enseguida lo encuentro.

- Juan, sé que estás hasta el gorro del vecino de arriba, pero no te enfades conmigo.
- ¿Tú que tienes que ver?
- Es que yo soy el que le regala las canicas a su chaval pequeño.

  - Hola, Juan, ¡qué cambiado estás!
  - Coño, como que no soy Juan.

- Manuel, ¿qué te pasa?
- ¿Que qué me pasa? ¡Vaya mierda de paredes que hacen ahora en los pisos!
- ¿Qué te ha pasado?
- Que ayer le grité a la parienta: *"Quiero hacer el amor"*, y tres vecinas contestaron: ¡Me duele la cabeza!

  - ¿Cómo te fue con Maruja?
  - Regular...
  - ¿Cómo? ¿Es que no leíste el libro que te regalé como ayuda?
  - Sí, pero sólo pude llegar al capítulo donde dice: *"Ahora apague la luz"*.

- Pepe, ayer vi este anuncio en el periódico: *JOVEN SEÑORITA NATIVA ENSEÑA EL BÚLGARO".*
- ¿Y qué?
- Nada, que fui, y era un idioma.

  - Pues, mi mujer me ha regalado un paraguas.
  - ¿Para tu cumpleaños?
  - No, para cuando llueva.

- Eminencia, ahí tiene usted a mi sirvienta.
- ¡Vaya moza!
- Pues, puede creerme que no la he tocado ni un pelo.
- ¡Vaya puntería!

  - Yo no tuve relaciones sexuales con mi mujer antes de casarme con ella. ¿Y tú?
  - No lo sé, ¿cómo se llama tu mujer?

- Me temo, jefe, que tengo malas noticias.
- ¿Por qué siempre tienes malas noticias? ¿Alguna vez en tu vida, me darás una buena?
- Está bien. Tengo una buena noticia.
- ¿Cuál es?
- Que no eres estéril.

  - Cuando veo una foca me recuerda a mi suegra.
  - Vaya, ¿qué tendrá que ver?
  - Pues, mucho, una es gorda, bigotuda y huele a pescado; la otra es un simpático animalito que hace malabarismos con una pelota para que disfruten los niños.

- ¿Vd. de qué religión es?
- Soy ateo practicante.

- Antonio, ¿dónde vas a ir este año de vacaciones?
- Como siempre, a un balneario.
- ¿A cuál?
- No lo sé, todavía no se ha inventado la enfermedad mi mujer.

   - Ring, ring, ring... ¿Dígame?
   - ¿Está el señor López?
   - No señor, pero vendrá mañana, dentro de un mes, un año, o quizá más tarde.
   - Pero, ¿dónde he llamado?
   - Al cementerio municipal.

- Ring, ring, ring... ¿Dígame?
- Por favor, ¿con quién hablo?
- Con la zapatería.
- Perdón, me he equivocado de número.
- No importa, venga Vd. cuando quiera que se lo descambiemos.

   - *(En la ferretería)* ¿Tiene serruchos?
   - Pues, no me quedan.
   - ¿Y sierras?
   - A las ocho y media o nueve menos cuarto.

- Gutiérrez, ¿no sabe que está prohibido beber durante el trabajo?
- No se preocupe, jefe, no estoy trabajando.

   - Esteban, ¿sabes qué diferencia hay entre ser económico y ser tacaño?
   - Mira, si me compro para mí un abrigo barato, soy económico, si se lo compro a mi parienta, soy tacaño.

- Mi marido, para ganar más, se trae trabajo a casa. ¿Y el tuyo?
- No se lo permiten. Es que limpia los raíles de los trenes.

- Juan, cariño, ¿no crees que hacemos demasiadas veces el amor?
- Pero, si solo lo hemos hecho 12 veces desde que nos casamos.
- Ya, pero nos casamos antes de ayer...

- Camarero, ¿este jamón está bien curado?
- Sí, señor.
- Entonces, debe haber tenido una recaída...

- Pedro, vaya reloj que te has comprado, ¿eh?
- Sí, dice en las instrucciones que me puedo duchar con él.
- ¿Es posible?
- Debe serlo, aunque aprieto todos los botones y no sale agua por ningún sitio.

- *(En la homilía del domingo)* ... y Jesucristo dio de comer con 3.000 panes y 3.000 peces a 3 personas.
- *Un oyente:* Eso lo hago yo.
- *(Al domingo siguiente)* ... y Jesús dio de comer con 3 panes y 3 peces a 3.000 personas.
- *El mismo oyente:* Eso lo hago yo también.
- ¿Cómo? ¡Listo!
- Con lo que me sobró del domingo pasado.

- ¿Me das una rebanadita de pastel? Pero así, superchiquitita, que estoy a dieta.
- ¿Así, como las otras siete?
- Sí, porfa.

DIÁLOGOS CON HUMOR (III)

- Padre, me acuso de que soy muy chismosa.
- Tranquila hermana, eso no es pecado.
- A propósito, padre, ¿quién murió antes, la virgen o San José?
- San José.
- ¿Y sabe Vd. qué hicieron con la carpintería?

- Doctor, tengo complejo de inferioridad.
- No pasa nada, hermana.
- ¿Cómo qué no? Si soy la superiora...

- Cuando me peleo con mi marido le amenazo con irme a vivir con mi madre.
- Pues, yo, en cambio, le amenazo diciendo que mi madre vendrá a vivir conmigo.

- Señor, aquí tiene las gambas.
- ¡Qué mal huelen! ¿Son frescas?
- Sí, están recién llegadas de Huelva.
- Oiga, que yo también estoy recién llegado de Huelva y tengo más de 87 años.

- Pues, para infancia dura la que yo tuve.
- ¿Qué hacía de pequeño?
- Mi padre tenía 290 vacas que mis dos hermanos y yo ordeñábamos todos los días.
- Vaya salvajada.
- Sí, todos los días teníamos problemas a la hora de ordeñarlas. Menos mal que se me ocurrió una idea para acabar con ese problema.
- ¿Qué idea fue?
- Le dije a mi padre que comprara 10 vacas más, y las compró.
- Pero, ¿así se acabaron los problemas?
- Claro, hasta el más tonto sabe dividir 300 vacas entre 3 hermanos.

- Pero, señor alcalde, ¿cómo va a meter el coche en el ayuntamiento, si mide 1,50 metros de ancho y la puerta 1,20 metros?
- Si de aquí ha salido, aquí tiene que entrar.

   - Doctor, ¿qué puedo hacer para perder 20 kilos de peso?
   - Bébase una botella de coñac en ayunas.
   - ¿Y con eso los perderé?
   - No, pero le dará a Vd. igual.

- *(Vendedor de aspiradoras)* Todo lo que no sea capaz de absorber este aspirador, me lo como yo.
- Pues, váyase preparando, porque no tenemos luz.

   - Manuel, ¿tú te lavas después de hacer el amor?
   - Siempre.
   - Pues, deberías de hacer el amor con más frecuencia.

- Manuel, me ha dejado mi mujer.
- Anda, ¿y por qué?
- Porque dice que estoy obsesionado con el fútbol.
- ¿Y cuánto llevabas con ella?
- Nueve temporadas.

   - ¿Otro vendedor? El servicio de seguridad ya ha tirado por la ventana a 14.
   - A mí me lo va usted a contar que soy los 14.

- Luis, ¿tú has trabajado alguna vez en una obra de teatro?
- Sí, una vez.
- ¿En qué obra?
- En *"Eloísa está debajo de un almendro"*.
- ¿Qué papel hacías?
- Hacía de almendro.

- Antonio, me parece que mi mujer me la pega con el butanero...
- ¿Y eso, por qué?
- Porque cuando viene a casa le sonríe, le piropea y porque tenemos gas natural...

> - Doctor, ¿qué es lo que tengo?
> - Tiene Vd. piedras en el riñón.
> - Me lo imaginaba. Y eso que le digo a mi mujer que limpie bien las lentejas.

- Doctor, mi hija no se encuentra bien, no sé qué le pasa.
- ¿Su hija, esputa y excrementa?
- Es puta, pero no escarmienta.

> - Manolo, ¿sabes el chiste del hombre y la valla?
> - No.
> - Vaya, hombre.

- Manolo, dime la verdad, a vosotros los hombres, ¿qué mujeres os gustan más las muy habladoras o las otras?
- ¿Qué otras?

> - ¿Está Vd. en el paro?
> - Sí.
> - ¿De dónde es Vd.?
> - De Vallecas.
> - ¿A qué se dedica?
> - Cazo leones.
> - Pero si en Vallecas no hay leones.
> - Por eso estoy en paro.

- *(La pareja de novios)* ¿Dónde me llevas Follandito?
- Oye María, que me llamo Fernandito.
- Vaya, ¿en qué estaría yo pensando?

- *Telegrama:* Cariño, perdí tren, saldré mañana misma hora, abrazos Pepe.
- *Respuesta:* Si sales mañana misma hora volverás a perder tren, abrazos Lola.

  - Pepe, qué felices éramos hace 20 años.
  - Pero si no nos conocíamos...
  - Pues, por eso.

- Tenemos una pareja en el barrio que son realmente inseparables.
- ¿Inseparables en estos tiempos que corren?
- Sí, el otro día hicieron falta cinco policías y un perro para conseguir separarles.

  - Pues, mi vecino Andrés, oyendo a un loro cantar, sin verlo, adivina su color y su edad.
  - ¿Y acierta?
  - Nunca.

- El precio de la vajilla es 150 euros.
- ¿Están incluidas las tasas?
- Claro, con sus cusharillas.

  - Entonces, doctor, ¿qué es lo que tiene mi suegra?
  - Su suegra no me gusta nada.
  - Toma, a mí tampoco, pero habrá que intentar curarla.

- A partir de hoy te llamaré Eva.
- ¿Por qué?
- Porque eres mi primera mujer.
- Vale, yo te llamaré Peugeot.
- ¿Por qué?
- Porque eres el 406.

- Camarero, me gustaría invitar a aquella chica, ¿qué está tomando?
- Un Glenfiddich de 15 años.
- Pues, póngale un hielo de mi parte.

- ¿Cómo distingue Vd. si una gallina es joven o vieja?
- Por los dientes.
- ¡Si las gallinas no tienen dientes!
- Ya, pero yo sí.

- Vicente, 25 años de casados y nunca me has comprado nada.
- Vaya, tanto tiempo juntos y no sabía que tenías una tienda.

- Doctor, tengo un dolor fortísimo aquí en el pecho.
- ¿Dónde le ha empezado el dolor?
- En la plaza Mayor.

- Doctor, no me decido a operarme.
- ¿Por qué?
- Es una operación carísima.
- ¿Y a Vd. qué más le da? La van a pagar sus herederos.

- Mamá, sírveme el pollo rapidito que me voy a casa de mi novio que está solo.
- ¿Has recogido ya tu habitación?
- No.
- Entonces ni pollo, ni polla.

- Manolo, ¿sabes si se puede practicar 'caída libre' sin paracaídas?
- Creo que sí, pero sólo una vez.

- Mi Manolo, en el acto sexual parece un teléfono móvil.
- ¿Por qué? ¿Vibra mucho?
- No, porque al entrar en el túnel se le cae la señal.

- Buenos días, venía a asesorarme porque quiero pedir el divorcio.
- ¿Qué es lo que ocurre?
- Que en mi matrimonio hay mucha infidelidad.
- ¿Y qué dice su marido?
- No, si mi marido todavía no lo sabe.

- Defínase Vd. en una palabra.
- Humilde.
- ¿Y en tres palabras?
- El puto amo.

- ¡Un accidente! ¡Rápido, necesitamos sangre!
- Yo soy cero positivo.
- Pues, muy mal, aquí se viene a animar.

- Señor alcalde, los de la Caja de Ahorros andan buscando a un cajero nuevo.
- Pero, si entró uno nuevo la semana pasada.
- A ese, a ese, es al que buscan.

- Por favor, ¿hace mucho que salió el primer tren para Cádiz?
- Sí, el primero salió en el año 1875.

- Buenas, ¿me da una caja de preservativos?
- ¿Algún tipo especial?
- Que va, mi marido, como siempre.

- Manuel, ayer me compré el libro *"APRENDA A HABLAR INGLÉS EN 20 PASOS"*.
- ¿Y qué tal es?
- Una estafa.
- ¿Una estafa?
- Sí, ya llevo media hora andando y nada de nada.

- Mira, Juan, eres muy agarrado y un tacaño de mierda, no pienso casarme contigo, aquí tienes tu anillo de vuelta.
- ¿Y la cajita?

    - ¿No te has enterado de la última hora del periódico?
    - ¿Esta mañana?
    - Sí. El Odyssey ha localizado a un vasco muy arrugado dentro de un camarote del Titanic, aguantando la respiración.

- Oye, Santiago, que me enterado que han secuestrado a tu suegra...
- Sí, la semana pasada.
- ¿Y qué sabéis de ella? ¿Tenéis noticias?
- La policía me acaba de decir que me prepare para lo peor. Así que debe de estar al llegar.

    - Mariano, ¿qué significa eso de que la inteligencia es un proceso cíclico?
    - Pues, que si te pasas de listo vuelves a ser gilipollas.

- Doctor, que tar-ta-mu-de-o bas-tan-te.
- ¿Le ocurre a menudo?
- Só-lo cu-an-do ha-blo.

    - Manolo, me traes por la calle de la amargura.
    - Coño, Maruja, te traigo por donde dice el GPS...

- Se ha descubierto que ha habido tongo en el concurso de Miss Universo.
- ¿Y eso?
- Siempre ganaba una tipa de la Tierra.

    - Cariño, ¿crees que me he maquillado mucho?
    - ¿Quién eres tú? ¿Por qué me llamas cariño?

- Mi marido me ha dejado porque no le prestaba atención.
- Vaya, ¿por eso?
- O algo así creo que dijo.

  - Cariño, hoy estás preciosa...
  - Juan, ya lo sé. Dime algo que no sepa...
  - ¡Aparcar!

- ¿Qué hay de menú?
- Tenemos tres primeros y tres segundos para elegir...
- ¡Mierda! En tres segundos no me da tiempo a decidirme.

  - Manolo, tengo las bragas por los tobillos...
  - Eso es que se te ha dado de sí la goma.
  - Pero, qué cortito eres jomio...

- ¿Cuál diría Vd. que es su mayor defecto?
- Me cuesta entender las cosas, soy un poco cortito.
- Muy bien, le llamaremos.
- ¿A quién?

  - Doctor, tenemos que salvar al enfermo.
  - Pues, claro.
  - ¿Cuál será su modus operandi?
  - Anestesiandi, abriendi y cerrandi.
  - Enga.

- ¿Usted cómo llegó a ministro?
- Pues, verá, era electricista, fui a un aviso a la Moncloa y dije *"estoy aquí por lo del enchufe"*, y hasta ahora.

  - María, cariño, ¿qué prefieres la siesta o yo?
  - Cuando salgas cierra la puerta.

- Papi, me voy a jugar al fútbol. ¿Sabes dónde está lo de hinchar las pelotas?
- No llames así a tu madre, niño.

    - ¿Cómo habéis puesto a la niña?
    - Elvirus.
    - ¿Será Elvira?
    - Tú no la has visto.

- Cariño me voy a pasar la tarde al Zoo.
- Acuérdate de llevar el DNI.
- ¿Para entrar?
- No, para salir.

    - Manolo, ¿nos vamos a pescar?
    - ¿Y las cañas?
    - Pues, tienes razón, que le den dos duros a la pesca.

- Manuel, ¿Por qué dicen que la belleza está en el interior?
- Pues, no lo sé. Yo creo que también hay gente guapa en la costa...

    - Hoy me siento insultante.
    - ¿Dirás exultante?
    - Me siento como me da la gana, gilipollas.

- ¿Es grave, doctor?
- El hipotálamo de su marido ha sufrido daños irreversible.
- Mi Paco está gordo, doctor, pero no se cebe.

    - Camarero, un filete... empanao.
    - ¿Empanado como adjetivo del filete o vocativo contra mi persona?
    - Asco de universitarios en la hostelería.

- Paco, te dejo. Nunca entiendes lo que quiero decirte.
- ¿Qué me dejas dónde?

  - Manuel, ¿será verdad que la falta de actividad sexual produce daños?
  - Dicen que a nivel celebral y atleraciones del lenjuague halbado y escroto pero no está corprobado.

- Mi hija ha publicado en Facebook que quería hacer un trío.
- Mira, pues no sabía que era cantante...

  - A mi hijo le pondré por nombre *"Protección"*.
  - ¿Por algo especial?
  - Para que me lo agradezca, hoy día todas las chavalas quieren tener relaciones con protección.

- ¿Cuánto te ha costado la terapia de dejar de pensar todo el rato en comida?
- Pimientos euros.

  - Mi novio y yo tenemos una relación muy seria.
  - ¿Cuánto tiempo hace que salís?
  - Llevamos sólo dos días pero no nos reímos nada.

- ¡Soy minerooooo!
- Por favor, doctor, ¿podría hacerme la colonoscopia en silencio?
- Hombre, era por hacerlo más ameno.

  - ¡Qué mal me encuentro, papá!
  - Yo te veo borracho.
  - No, yo creo que me han echado algo en la bebida...
  - ¿En los doce cubatas?
  - Sí.

- Paco, ¿te has fijado en la nueva vecina?
- ¿La que vive sola, de ojos azules, culo respingón y que siempre llega a las once?
- Sí, esa.
- Ah, pues no.

> - ¡Gloria, en lugar de ponerte con los deberes de mates, te has comido todas las galletas!
> - No, mamá, es que he estado practicando las restas.

- Raquel, te veo un poco disgustada...
- Sí. Con mi marido.
- ¿Qué ha pasado?
- Ayer me prometió una noche salvaje y nos vimos 3 documentales de tigres y leones.

> - Hola guapa, ¿me dices tu teléfono?
> - Un IPhone 7.
> - No, digo el número.
> - El 7.

- En su currículum, pone que le gusta echarse una siesta de 3 a 7.
- Sí, lo pone.
- Muy bien, ya le llamaremos.
- Pero que no sea de 3 a 7, por favor.

> - En una escala del 1 al 10, ¿cómo es Vd. de conformista?
> - Ponga usted lo que quiera.

- Doctor, no sé qué me pasa que si veo una mujer me excito y me pongo como loco.
- Lujuria.
- Lujurio por la gloria de mi madre que no lo sé.

- Juan, ¿sabías que algunas setas venenosas se pueden comer?
- Claro que sí, pero sólo una vez.

  - Cari, te estás poniendo ancha.
  - Es que retengo líquidos.
  - Pues, ¿tendrás hasta playa?
  - ¡ZAS!
  - ¿Y esta hostia?
  - Habrá sido una ola.

- Uno de vosotros me traicionará esta noche. Empieza por "JU" y termina por *"DAS"*.
- ¿Seré yo, Señor?
- De verdad, Pedro, me tienes hasta las pelotas.

  - ¿Y qué tal tu novio?
  - Ya no es mi novio.
  - Me alegro, era un gilipollas y la tenía muy pequeña.
  - Ahora es mi marido.
  - … y muy buena persona…

- Señoría, le voy a demostrar, que mi defendido es culpable.
- ¿Será inocente?
- Pues, perfecto, nos vamos entonces.

  - ¿Su peor defecto?
  - Que me meto en conversaciones ajenas.
  - Oiga, le he preguntado a él.
  - Ah, perdón.

- ¿Me da una barra de pan?
- ¿Baguette?
- Bastante. Pero, o bajaba a por ella o me hacía el bocadillo con un par de libros.

- Antonio, ¿qué tal tu vida de casado?
- Bien, al principio muy bien, pero ya cuando sales de la iglesia.

  - Hijo, antes de morir te dejaré algo para que siempre tengas algo con qué comer.
  - ¿Dinero?
  - No, un tenedor.

- Cariño, me dijiste que sabías cocinar y no tienes ni idea.
- Mira, si te vas poner exquisita, el próximo yogur te lo fríes tú.

  - No como carne roja ni pollo ni pescado...
  - ¿Eres vegetariano?
  - No, soy pobre.

- Doctor, tengo jaqueca.
- Si ya sabía yo que ni jugando a los médicos íbamos a tener sexo.

  - Cari, ¿qué quieres para tu cumpleaños?
  - Un bolso de piel de anaconda.
  - Es muy caro.
  - Pues, entonces deja el fútbol...

- Mamá, ¿a qué edad te enamoraste de papá?
- A los 65 años.
- Pero, si tienes 43.
- Tú dame tiempo...

  - ¿Nombre?
  - David.
  - ¿Tavid?
  - No, David con *"D"* de Dinamarca.
  - Bienvenido David, conde de Dinamarca.

- Roberto, ¿te armó bronca tu mujer el otro día cuando llegaste tarde a casa?
- No, de todas formas estos dientes me los tenía que sacar.

    - ¿Hacemos doritos?
    - ¿En el microondas?
    - Joder, Dora, nunca pillas la indirecta.

- Como prueba de lo que te valoro me tatué *"Ana"*.
- Pero, yo no me llamo Ana.
- Es que cobran por letra, Eustaquia.

    - Para tener sexo deberías probar algún gel.
    - ¿De efecto frío o calor?
    - De ducha a ser posible.

- A mi bar nuevo lo llamaré *"Azada"*.
- ¿Por los currantes del campo?
- Verás qué risas cuando una chica le llame al novio y le diga: *"Estoy en bar Azada"*.

    - Me encantan los mensajes de voz.
    - Yo los detesto.
    - Bueno, esos también me gustan.

- Tengo un hijo que sigue los pasos de Fernando Alonso.
- ¿Le gustan los coches y la velocidad?
- Que no hay forma de que termine una carrera el jodío.

    - Ayer la vecina me pidió que le ayudara a quitar una telaraña y después me la chupó.
    - ¿Te la quéééé?
    - Telaraña.

- Oiga, jefe, tiene que ir a un sitio importante a las 10 de la mañana.
- Posponlo.
- Pos ya lo he puesto.

  - ¿Cuántos años tienes?
  - ¿Cuántos me echas?
  - No me cambies de tema...

- El GPS que me han regalado debe de ser de los baratos.
- ¿Por qué lo dices?
- Hoy me ha dicho: *"Estamos cerca, ahora baja y pregunta"*.

  - ¿Nombre?
  - Paco.
  - ¿Sexo?
  - Escaso.
  - No, quiero decir, ¿hombre o mujer?
  - Con ninguno de los dos.

- Nuria, me pones más caliente que el queso de un San Jacobo.
- ¡Podrías ser más fino!
- Vale. Me pones más caliente que el queso con virutas de foie.

  - Mi mujer es como Pau Gasol.
  - ¿Por qué? Pues, no es tan alta.
  - Porque cada cosa que digo, REBOTE.

- Mira, aquel es el médico que me va a operar el intestino.
- ¿El grueso o el delgado?
- El que lleva gafas.

  - Alex, cariño, ¿por qué me elegiste a mí?
  - Ah, ¿pero, se podía elegir?

- Puri, ¿si volvieras a nacer te volverías a casar con tu marido?
- Pues claro, que se joda.

  - Mi amor, quiero que todo vuelva a ser como antes.
  - ¿Cómo cuando nos conocimos?
  - No antes.

- En la foto que me enviaste, ¿eres el guapo o el feo?
- Salgo yo solo abrazado a un koala.
- Por favor, dime que eres el koala.

  - Pues, yo ahora en vez de decir *"vete a tomar por el culo"* digo *"claro que sí"*.
  - Eso es una gilipollez como un piano de grande...
  - Claro que sí.

- Manolo, y ahora ¿qué excusa le pongo a mi mujer de que llego tarde a casa? No le puedo decir que he estado de juerga con la vecinita de enfrente.
- Haz lo que yo hago algunas veces.
- ¿Qué haces?
- Me coloco un rotulador azul en la oreja y al entrar en casa le digo: *"María he estado de juerga con la vecinita de enfrente"*.
- ¿Y qué te dice ella?
- Vamos, no digas tonterías que has vuelto a ir al bingo.

  - Cari, ¿tú crees que soy tonta?
  - Afirmativo.
  - Jo, venga, di sí o no...

- Cari, mira tu madre como practica natación sincronizada. Mira qué juego de piernas.
- Gilipuertas, que se le ha dado la vuelta el flotador.

- Desde luego, Paco, estás todo el día delante del televisor.
- Jolines, Merche, si me pongo detrás no veo nada.

> - ¡O te quitas esa falda tan corta o no sales!
> - ¿Por qué, mamá?
> - Porque es muy corta.
> - ¿Y qué?
> - ¡Que se te ven los huevos, José Luis!

- Al final me quedo sin conocer Londres.
- ¿Y eso?
- Me han dicho que allí sólo aceptan libras y yo soy tauro.

> - Mi hija y su novio deben de estar rezando en su cuarto.
> - ¿Por qué lo sabes?
> - No paran de gritar: ¡Ay Dios! ¡Ay Dios!

- Veo que pone en su currículum que es un poco distraído...
- ¿Quién?

> - Hola, guapa, ¿tienes whatsapp?
> - Sí.
> - ¿Me lo dices?
> - Tengo whatsapp.

- Papá, soy bipolar.
- No hijo, bipolar son las pilas, tú eres un poquito gilipollas.

> - Mi novio me quita el tanga con los dientes.
> - ¿Es fogoso?
> - No, manco.

- Doctor, su régimen es una mierda. He engordado 10 kilos.
- ¿Cena ligero como le dije?
- Más ligero no puedo. Anoche un buen bocadillo de panceta en menos de un minuto.

> - ¿Por qué te pusieron por nombre Rosa?
> - A mi madre le gustaban mucho las flores.
> - Nunca entenderé esas cosas.
> - Te lo podrí explicar tu madre, Gominolo.

- Hola, hace 9 meses vine a comprar condones y no tenía. ¿Tiene ahora?
- Sí. Muchos modelos.
- Pues, métaselos por el culo y deme un paquete de pañales.

> - En una escala del 1 al 10, ¿cómo considera su capacidad de comprensión?
> - Sí.

- ¿Y tú qué haces?
- Soy deportista de alto rendimiento.
- ¿En serio?
- Sí, me rindo fácilmente.

> - Mamá, estoy saliendo con el del segundo.
> - Pero, si podría ser tu padre...
> - ¿Desde cuándo la edad es un problema para ti?
> - Hijo, no me has entendido.

- Mamá, te quiero mucho.
- Gracias mi amor. Díselo también a papá que a lo mejor se pone muy contento.
- Papá, quiero mucho a mamá.

- No sé por qué dices que estoy obsesionado con el parchís.
- ¡Que me abras la puerta, coño!
- Cuando saques un 5.

    - ¿Qué te pasa? Te veo preocupado.
    - El médico me ha dicho que tengo el colesterol alto.
    - ¿Pero, el bueno o el malo?
    - No me gusta hablar mal, el del ambulatorio.

- Mi primo se ha ido de crucero por el océano.
- ¿El Pacífico?
- No, el otro, el zumbao.

    - Paco, soy Carmen, ¿puedes hablar?
    - Desde que tenía año y medio.
    - Eres mu tonto, Paco, de verdad te lo digo.

- Cariño, ¿no crees que ya deberíamos casarnos?
- ¿Con quién?

    - ¿Es aquí el club de vagos?
    - Sí, pase, coja una silla y siéntese.
    - ¿Me la puede acercar?
    - ¡Joder, qué crack!

- Pues sí, vamos a pasar el verano donde mi suegro, que en gloria esté.
- Ah, pero, ¿la que había muerto no era tu suegra?
- Exacto.

    - Paco, me traes por la calle de la amargura.
    - A ver Loli, donde me manda el GPS, que siempre te estás quejando, copón.

- Manoli, mira lo que dice aquí: *"La imprudencia es la hija de la ignorancia"*.
- Pues, del pueblo no son...

    - ¿Qué tal el cole, hijo?
    - Bien, mami.
    - ¿Te has comido el bollicao?
    - Sí.
    - ¿Has fumao en clase?
    - Nooo.
    - Así me gusta, que des ejemplo a tus alumnos.

- *(Juan y su suegra en la playa)* ¡Deprisa, deprisa, salgan todos del agua! ¡Hay un tiburón!
- ¿Qué están diciendo, Juan?
- Que el agua está muy buena, señora Elisa.

    - Mamá, papá quiere tirarse de la azotea.
    - Dile a tu padre que lo que le he puesto son dos cuernos, no dos alas.

- El médico me ha dicho que beba dos litros de agua al día.
- ¿Y lo haces todos los días?
- Lo he calculado en cubitos y me salen 12 cubatas.

    - Hola, ¿es ahí la asociación de calzonazos?
    - Sí, ¿quiere que le apunte?
    - Espere, que le pregunto a mi mujer.
    - Vale, cuelgo, que viene la mía.

- El médico me ha recomendado que coma cinco piezas de fruta diarias mejor sin pelar.
- ¿Y cómo vas?
- Al tercer melón estoy que reviento.

- Estoy muy nervioso, es mi primera vez con una prostituta.
- Relájate y dime lo que te gusta.
- Las croquetas de jamón.

    - Entonces doctor, ¿qué cree que tengo?
    - Creo que tiene un déficit de atención severa.
    - ¿Quién?

- Le quedan 8 meses de vida.
- ¿Y qué puedo hacer?
- Cásese.
- ¿Me curaré?
- No, pero se le van a hacer muy largos.

    - Papá, saqué un 7,8 en un control.
    - ¡Enhorabuena hijo! ¿De qué era el control?
    - De alcoholemia, se llevaron tu coche.

- Tranquila cariño. Lo superarás.
- ¿El qué?
- El trauma.
- ¿Qué trauma?
- El de nuestra ruptura.
- ¿Qué ruptura?
- Vaya. Pero, ¿no te llegó el whatsapp?

    - Hijo, vienes muy borracho.
    - Te juro mamá, que no he bebido nada.
    - Deja de mentir, gilipollas, que soy tu padre.

- Buenas, quería un consolador, se me ha roto el que tenía.
- ¿Y cómo lo quería?
- Como a un hijo, oiga, como a un hijo.

- Juan, ¿sabes por qué el Quijote comienza así: En un lugar...?
- Pues, no tengo ni idea. ¿Tú lo sabes?
- Sí, alguien le preguntó a Cervantes, dónde pongo el detergente, él contestó: En un lugar de la mancha...

  * ¿Y tú a qué te dedicas?
  * Soy modelo para fotos de gimnasio.
  * Pero, ¿si estás muy gordo?
  * Sí, es que soy el del *"ANTES"*.

- Mi psicólogo me dijo: Escribe cartas a las personas que odias y luego las quemas.
- ¿Y qué pasó?
- Que ya lo hice, pero ahora no sé qué hacer con las cartas.

  * ¿Desde cuándo trabaja Vd. en esta empresa?
  * Desde que me amenazaron con despedirme.

- Paco, cariño, ¿dónde estás?
- Rosa, ¿te acuerdas de aquella joyería que tenía un collar que te encantaba?
- Sí, mi amor, sí.
- Pues, en la panadería de enfrente comprando pan.

  * ¿De dónde me dijiste que era tu novio?
  * Esloveno.
  * ¿El de las garras?

- Dice en su currículum que sabe latín.
- Sí señor.
- Complete la frase: In nomine Patris, et Filii, et Spirit...
- ¡González!
- Cierre por fuera.

- Niña, tu madre está poseída, mira como se mueve, parece el rabo de una lagartija.
- ¡Es un ataque epiléptico, sácale la lengua!
- Mmmmm.
- La tuya no, gilipollas, la de ella.

> - Mi primer trabajo fue en un *"todo a 100"* pero me despidieron enseguida.
> - ¿Y por qué te despidieron?
> - Porque no me quedaba con los precios.

- ¿Es el 112?
- Sí, ¿qué pasa señora?
- Pues, que mi marido cortando el césped del jardín se ha pillado un pie con la desboz... la desbro... la desbozra... ¡Ay, mira, que hubiera tenido cuidado!

> - ¿Causa de la muerte, doctor?
> - Muerte por murimiento, agente.
> - ¿Dónde estudió usted medicina?
> - A distancia.
> - A mucha distancia, ¿no?

- A veces me dan ganas de independizarme.
- ¿Y por qué no lo haces?
- Porque mi familia no se quiere ir de casa.

> - ¿Qué te dijo tu madre por ir a la boda en chándal?
> - Que parecía un héroe romano.
> - Un heroinómano.
> - Eso.

- Sonia, picarona, ¿cómo te ha ido en la luna de miel?
- Dentro de lo que cabe bien, pero donde no cabe, ¡cómo duele!

- Le has dicho a tu hermana que es fea y está llorando. Ve y dile que lo sientes mucho.
- Voy... Hermana, siento mucho que seas fea.

  - El médico me ha dicho que vigile mi colesterol.
  - ¿Y qué haces para ello?
  - He puesto una cámara en la habitación que guardo el chorizo, la panceta...

- Hola, hace un año le enviamos una muestra con tres preservativos y le llamamos para saber qué le han parecido.
- Vaya, si es que no dais tiempo...

  - Ser tan guapo me ha hecho tener muchos enemigos.
  - ¡Pero, si eres feísimo!
  - ¿Lo ves? Otro...

- Paco, ¿qué te parece la nueva vecina?
- ¿Cuál, la rubia de ojos azules, pechos turgentes y piernas infinitas?
- Sí, esa.
- Pues, no sé, ni me he fijado.

  - Buenos días, vengo al curso para controlar la ansiedad.
  - Es mañana.

- Hola, vengo al curso de ayuda para pirómanos.
- Muy bien, pase, siéntese y encienda el ordenador.
- ¡No, noooo, así nooooooo!

  - Debería dejar la cerveza.
  - Mi abuelo vivió 93 años.
  - ¿Bebiendo?
  - No, sin meterse en la vida de los demás.

- ¡Manos arriba! ¡Esto es un atraco! ¡Deme todo su dinero!
- ¿Usted no sabe que yo soy político?
- Perdone entonces. ¡Deme todo mi dinero!

    - La paciencia es mi mayor virtud.
    - ¿La qué?
    - ¡La paciencia, sorda de mierda!

- Abuelo, ¿tú todavía tienes sexo con la abuela?
- Sí, pero sólo sexo oral.
- ¿Sexo oral?
- Sí, yo le digo: ¡Que te follen! y ella me dice: ¡Que te follen a ti!

    - Buenas, quería unos zapatos.
    - ¿Qué pie usa?
    - Los dos para no caerme. Llámeme raro...

- ¿Qué película vas a ver?
- Tiburones asesinos.
- ¿Y de qué va?
- De un caballo que quiere ser cantante, no te digo...

    - Pues, yo estoy a favor de la libertad de expresión.
    - Y yo también.
    - Tú te callas.

- ¡Paco, que nos ha tocado el sorteo de Niño!
- No jodas, que ya tenemos dos.

    - Tengo una casa con dos plantas.
    - Como se nota que tienes dinero...
    - Ya ves, exactamente un rosal y un geranio.

- Si hay algo que me gusta es dejar a un tonto con intriga.
- ¿Y eso?
- Luego te lo cuento...

  - Vivo en un barrio vaginal.
  - ¿Será marginal?
  - No, que está en el quinto coño.

- Buenas, ¿tiene tarjetas que ponga: *"Para mi único y verdadero amor"*?
- Sí que las tengo.
- Pues, deme ocho, por favor.

  - Ya que eres nuevo en la empresa, ten cuidado con el jefe que es un cabrón. ¿Sabes quién soy yo?
  - No.
  - Soy el hijo del jefe.
  - ¿Y sabes quién soy yo?
  - No.
  - Mejor.

- Gracias Nuria, por apoyarme y estar siempre ahí en mis momentos de tristeza.
- Juan, me estás tocando una teta.
- Sí, pero muy triste.

  - Paco, ¿qué has cenado?
  - Sopa fría de cereal fermentado.
  - ¿Cerveza?
  - Y he repetido cinco veces.

- Cariño, el niño sigue creyéndose que es un fantasma.
- Pero, si no tenemos hijos.
- Ah, pues, lo mismo tiene razón...

- ¡Capitán, nos hundimos!
- Lo sé, marinero.
- ¿Y no va a hacer nada?
- ¡Que alguien saque a este gilipollas del submarino!

  - ¿Qué te ha dicho el médico?
  - Que tengo un cuerpo de infarto.
  - Vaya, qué adulador...
  - No, que un poco más de colesterol y la palmo.

- Yo todos los años paso mucho miedo en la noche de las brujas.
- ¿En Halloween?
- No, en Nochebuena, que ceno con mi suegra y mis cuñadas.

  - Marisa, mi hijo es gay.
  - ¡Qué horror! ¿Y cómo te has enterado?
  - ¡Lo encontré en la cama con el tuyo!

- Buenas, ¿es aquí la reunión de personas impuntuales?
- No, fue ayer. Pero pase, pase, que acabamos de llegar todos.

  - ¿Qué haces ahí arriba de mi peral?
  - He subido a coger mi pelota.
  - Pero, si esa pelota lleva ahí dos meses.
  - Sí, pero las peras estaban sin madurar.

- ¡Alto! Quedan detenidos por ir cinco en una moto.
- ¿Cinco? ¡Coño, se nos ha caído el Richar!

  - Pues, este año me voy de vacaciones a la manga.
  - ¿Cuándo te vas?
  - Salgo ahora en el estornudo de las doce.
  - Qué bien vivimos los virus, ¿eh?

- ¡Joder con los mosquitos!
- Ponte repelente.
- Madre mía, que ingente cantidad de dípteros nematóceros.

    - Perdone, ¿tiene pastillas para la envidia?
    - Sí.
    - ¡Joder, qué cabrón!

- ¿Cuál diría usted que es su mayor defecto?
- Me cuesta entender las cosas, soy un poco cortito.
- Bueno, ya le llamaremos.
- ¿A quién?

    - Oye, Manolo, ¿tú ves el programa *"Mujeres y hombres y viceversa"*?
    - Algunas veces lo he visto.
    - ¿Sabes de qué va?
    - Claro.
    - Pues, según un estudio reciente, el 80% de los seguidores no sabe qué es *"viceversa"* y el 20% restante intuye que pueda ser la presentadora.

- Doctor, veo elefantes azules por todas partes.
- ¿Ha visto ya a algún psicólogo?
- No, sólo elefantes azules.

    - Mari, ¿a ti Bartolo te lleva al éxtasis?
    - No me lleva ni al Mercadona, el jodío.

- Eva, te juro que serás la única mujer de mi vida.
- Adán.
- ¿Qué?
- Eres gilipollas.

- ¿Es el 112? ¡Mi hijo se acaba de beber un frasco entero de tinta!
- Enseguida va un médico. ¿Qué va a hacer Vd. mientras llega?
- Pues, escribiré con un lápiz...

- Estoy asistiendo a un curso de Control del Carácter.
- ¿Y qué tal te va?
- ¿Y a ti qué cojones te importa?

- Oye, ¿viste el apagón de anoche?
- Que va, se fue la luz y no pude ver nada.

- ¿Edad?
- 45 años.
- ¿Profesión?
- Policía.
- ¿Cuánto tiempo lleva en el cuerpo?
- Desde que nací, nunca me he cambiado de cuerpo.

- No es higiénico lamer los sellos por el dorso.
- Es que si los lamo por delante no se pegan.

- Puede ser el alcohol. Vamos a probar. Esté usted sin beber una semana a ver si mejora.
- ¿Y no podríamos hacer la prueba bebiendo el doble una semana a ver si me pongo peor?

- Loli, cariño, han llamado los secuestradores de tu madre.
- ¿Y qué piden?
- Que les demos una dirección y ellos pagan el taxi.

- Doctor, mi mujer tiene tres tetas.
- Entiendo, ¿y quiere que le quite una?
- No, doctor, quiero que me ponga otra mano.

- Paco, de diez letras; ciudad de la comunidad de Galicia.
- Pontevedra.
- Paco, Tevedra sólo tiene siete letras...

> - Mi mujer para decidir si vamos a tener sexo tira un dado... Si sale del 1 al 5 es que no.
> - ¿Y si sale un 6?
> - Vuelve a tirar.

- Elena, en ocasiones veo muertos.
- Dime una cosa, Juan, cuando estabas en la facultad estudiando pa forense, ¿ya eras gilipollas o fue al casarte conmigo?

> - Es el turno de la fiscalía.
> - Llamaré a un testículo.
> - Vaya, me tocó el disléxico...
> - Próstata, Señoría.

- Venía a apuntarme al curso de político corrupto.
- Firma la solicitud con el bolígrafo que me has robado.
- Presuntamente...
- Dios, eres un crack.

> - *Cliente:* Me la pones gorda.
> - *Pescadera:* ¡Será posible, el tío cerdo!
> - *Cliente:* Oiga, que me refiero a la merluza.
> - *Pescadera:* Ah, perdone. ¿Se la pelo?
> - *Cliente:* Sin comentarios...

- ¡Soy el genio de la lámpara! ¡Te concedo tres deseos!
- Quiero 3 ñus.
- ¡Concedido! Te quedan dos.
- ¿Me has matado un ñu?

- ¿Quieres arroz para almorzar, hijo?
- Vale.
- ¿O mejor quieres espaguetis?
- Perfecto.
- Bueno, haré lentejas que hace tiempo que no las comemos.

> - Oye Juan, ¿y tu suegra? ¿No vivía con vosotros?
> - Sí, está en el jardín.
> - No la veo.
> - Es que hay que cavar un poco...

- Veo en su currículum que es usted un conocido meteorólogo.
- Pues, efectivamente.
- Léanos este mapa de isobaras.
- Pues, arriba biruji, abajo rasca y en Canarias una hora menos.
- Vale, ya le llamaremos.

> - Vaya putada lo del apagón, me tiré 15 minutos encerrado en el ascensor.
> - A mí me lo vas a contar. Estuve más de una hora en las escaleras mecánicas.

- ¡Qué vergüenza he pasado hoy al ir a tirar la basura!
- ¿Al tirar la basura?
- Sí, al reciclar ocho botellas de vino, nueve litronas y un bote de espárragos.
- ¿Qué tiene eso de malo?
- ¿Cuándo coño he comido yo espárragos?

> - ¡Soy el genio de la lámpara! ¡Te concedo dos deseos!
> - ¿Pero no eran tres?
> - Me cobro uno como comisión
> - ¡Tócate las narices!
> - Te queda uno.

- Paco, dime un número del 1 al 10.
- El 8,325106.
- ¡Clavado! Hoy también te toca fregar los cubiertos y bajar la basura.

  - Como consecuencias de sus deudas hemos decidido cerrarle su cuenta.
  - ¿La de Facebook?
  - No, la del banco.
  - ¡Uffss! ¡Qué susto me habían dado!

- He tenido que cambiar la voz del GPS.
- ¿Por alguna avería o similar?
- No sé, pero la que traía femenina de fábrica, si no seguía sus indicaciones, me dejaba de hablar, así que he puesto una masculina.

  - ¿Usted lloraría si le pasara algo a su suegra?
  - Pues claro, no querría levantar sospechas.

- Señor Pérez, tengo dos noticias que darle, una mala y una buena.
- Dígame, doctor, la mala primero.
- Nos hemos equivocado en su operación.
- ¿Y la buena?
- Las tetas le quedan DI-VI-NAS.

  - Tomaré u filet mignon al Oporto marinado con un Chateau Mouton-Rothschild del 45.
  - ¿Y de postre?
  - Mondarinas.

- ¡Qué susto me he llevado en el cajero del banco!
- ¿Qué te ha pasado?
- Que me ha salido un letrero preguntándome si quería ver el saldo en pantalla o prefería un klinex y un abrazo.

- ¡Oiga señor! ¡Esto es el colmo! El tren trae ya un retraso de más de media hora.
- Tranquilícese, caballero, su billete tiene validez para tres días.

> - Nunca me afecta lo que la gente opine sobre mí.
> - Pues, estás más rellenita.
> - ¡Me cago en tu puta madre!

- Manolo, ¿sabes la diferencia entre un catalán y un vasco cuando se quedan calvos?
- No me preocupa porque yo soy andaluz, pero, dímelo tú.
- El vasco se compra una chapela y el catalán vende el peine...

> - He estado viendo un programa de cocina en la tele y me he quedado de piedra.
> - A mí se me parecen al cine porno.
> - ¿Al cine porno?
> - Sí, lo fácil que parece en la tele y el ridículo que haces en casa cuando intestas repetirlo.

- Mira Manolo, qué rima más graciosa: Cuando el grajo vuela bajo hace un frío del carajo.
- Pues, yo me la sé de otra forma: Cuando el grajo vuela rasante hace un frío acojonante.
- Y así también quedaría bien: Cuando el grajo vuela a trompicones hace un frío de cojones.

> - ¡Coño, Manolo! ¿Desde cuándo usas tanga?
> - Desde que mi mujer encontró uno en mi coche y le dije que era mío.

- Marisa, en esa curva yo perdí la vida...
- ¿Vas a decir la misma tontería cada vez que pasemos por la iglesia donde nos casamos?

- Mi amigo Roberto utiliza un truco para saber si las palabras *"que, quien, como, cuando donde y por que"* llevan tilde.
- ¿Qué truco es el que usa?
- El de que llevan tilde cuando se les puede añadir *"cojones"* justo después.

- Hola doctor, ¿cómo se encuentra mi esposo?
- Todo bien, ha pasado a planta.
- Bufff, ¿y a qué hora tendría que regarlo?

- ¡Vaya miedo que pasamos ayer!
- ¿Qué os pasó?
- Mientras merendábamos en el campo, apareció un toro grande, enorme, y si no es por mi cuñado hubiera ocurrido alguna desgracia. Le pegó 20 muletazos al toro.
- Pero, ¿tu cuñado es torero?
- No, pero es cojo.

- Rosa, quiero pasar el resto de mi vida contigo.
- ¡A mí no me amenaces!

- Pues, mi suegra para adelgazar hace un régimen a base de cocos y plátanos.
- ¿Y adelgaza?
- No, pero si vieras como sube y baja de los árboles.

- Manoli, ¿alguna vez te he dicho que cocinas bien?
- No.
- ¿Entonces por qué sigues cocinando?

- ¡Mamá, quiero un hermanito!
- Dile a tu padre que esa táctica no le va a funcionar.
- Papá, dice mamá que hoy tampoco picas…

- Me acaba de contar mi compadre una anécdota de Franco cuando agonizaba en la cama.
- ¿De verdad?
- Sí, Doña Carmen Polo le dijo: Paco, que vienen dos sobrinos a despedirte.
- ¿Y qué dijo él?
- ¿Adónde se van?

    - Pepe, qué poco cariñoso eres, nunca me dices nada cuando me besas, me abrazas, etc.
    - Mi religión no me lo permite.
    - Vaya, todos los curas sois iguales.

- ¡Juan, vaya manera de llover!
- A mí me lo vas a decir... He contabilizado 12 horas seguidas y mi suegra todo ese tiempo mirando por la ventana.
- Pues, vaya aguante la tía...
- Sí, al final me compadecí y la dejé entrar en casa.

    - *Líder sindical:* ¡Hemos conseguido 35 horas de trabajo!
    - *Un vago:* ¿Al mes o al año?

- Por favor, ¿es la policía?
- Sí, señor, dígame.
- Mire, llamaba para ver si podrían encontrar a mi gato.
- Pero hombre, todos los días hay robos, asesinatos, etc., y usted nos llama para que busquemos a su gato.
- Es que mi gato es muy especial, sabe hablar.
- Pues ande, cuelgue, no vaya a ser que el gato llame a su casa y esté el teléfono comunicando.

    - Perdón señora, ¿qué número gasta Vd. de pie?
    - Un 39.
    - ¿Y sentada?

- Manolo, ¿de dónde vienes?
- De la academia, estoy haciendo un curso sobre sexualidad.
- ¿Qué os enseñan en él?
- De todo. Hoy precisamente que el saxofón es el instrumento más sexual que existe.
- Pues, no lo entiendo, si ya viene doblado de fábrica.

    - Cariño, no como pensando en ti, no ceno pensando en ti, no duermo...
    - ¿Pensando en mí?
    - No, del hambre que tengo.

- Si no fuera por el bigote, se parecería Vd. a mi suegra.
- Oiga, que yo no tengo bigote.
- Ya lo veo, pero ella sí.

    - Señor ministro, ¿cómo es posible que apruebe el presupuesto de las cárceles por 100.000 millones y no apruebe el de los colegios por 100 millones?
    - ¿Vd. piensa que yo voy a volver al colegio?

- Ring, ring, ring... ¿Dígame?
- Oiga, oiga, un joven está intentando entrar en mi habitación por la ventana.
- Disculpe señorita, este es el cuartel de los bomberos y no la policía.
- Sí, ya lo sé, pero es que a quien llamo es a los bomberos. El pobre necesita una escalera más larga.

    - Ring, ring, ring,... Aquí la policía. ¿Dígame?
    - ¡Socorro! ¡Socorro! Policía, el gato me quiere matar.
    - ¿El gato? Tranquilícese, el gato no le puede matar. Dígame su nombre.
    - ¿El mío, o el del gato?
    - El suyo.
    - Soy el loro de los Martínez.

- *(La mujer al marido)* ¿Por qué me contradices siempre en público?
- Porque a solas no me atrevo.

   - Mi virtud favorita es la paciencia.
   - ¿Qué dices?
   - Que mi virtud es la paciencia. ¡Sordo asqueroso!

- Cariño, cada vez que te vas de viaje me entran unos nervios...
- Tranquila, ya sabes que puedo volver en cualquier momento.
- Por eso, por eso me entran.

   - Cariño, mírame, vengo del instituto de belleza.
   - ¿Y, estaba cerrado?

- *(Pareja en el sofá)* María, cariño, ¿tienes ganas de lo mismo que yo?
- Sí, mi amor.
- Pues, el mío con hielo y poco cargado.

   - Nena, ¿te vienes conmigo a mi piso?
   - Chico, qué palique tienes, me has convencido.

- María, ¿qué hace una sábana metida en el horno?
- ¡Ay, Paco! ¡Para la lavadora que he metido en ella el pollo!

   - Raquel, ya podemos casarnos, ¿te bastará con los tres mil euros que gano?
   - Sí claro, pero mi vida, ¿de qué vivirás tú?

- Manolo, acompáñame a bajar la basura.
- Pero, ¿no puedes ir tú sola?
- Sí, pero, así los vecinos verán que de vez en cuando salimos juntos.

- Por favor, ¿me da una limosna?
- Tenga y no se lo gaste todo en vino.
- Ni hablar, al final siempre me gusta una copita de aguardiente.

    - Ring, ring, ring... ¿Dígame?
    - Pepe, prepárate, que me he comprado unas braguitas y un liguero negro como a ti te gustan, estoy lanzadísima, y ya voy para allá.
    - ¡Pero, si yo no me llamo Pepe!
    - Vaya, hombre. Me habré equivocado de número...
    - Entonces, ¿no va a venir Vd.?

- Perdone, ¿Vd. qué prefiere hacer el amor o masturbarse?
- Hacer el amor.
- ¿Por qué?
- Porque se conoce a gente.

    - ¿Usted casaría a su hija con un negro?
    - A mi hija la casaría con un negro antes que con un imbécil, por muy lavado con *"ARIEL"* que estuviera.

- Paco, cariño, ¿qué es eso de *"fuera de lugar"*?
- Vamos a ver, Rosi, supongamos que tu lugar es la cocina, ¿vale?
- Sí, bien.
- Entonces, ¿qué cojones haces aquí en el salón?

    - Cariño, si llego a saber que el túnel es tan largo, te hubiera echado un kiki.
    - ¡Ah! Pero, ¿no has sido tú?

- Manuel, para sentirte bien contigo mismo, en cualquier cosa que hagas siempre procura dar el 100%.
- Paco, ¿cuándo voy a donar sangre, también?

Jesús Escudero Martín - Diálogos con humor (I, II, III y IV)

- Juan, ¿qué te pasa que te veo muy apenado?
- Nada, que desde hace tiempo estoy engañando a mi mujer.
- ¿Y eso?
- Pues mira, que sé que se acuesta con otro pero no se lo digo.

    - Cervantes es el mejor escritor que jamás he leído.
    - ¿Ah sí? ¿Y cuál de sus libros te gusta más?
    - He dicho, que jamás he leído.

- *(En la tienda de animales)* ¿Dígame?
- Necesito 50 cucarachas, 10 ratas y 100 arañas.
- ¿Y para qué quiere todo eso?
- Porque se me ha terminado el contrato de alquiler del apartamento y lo tengo que dejar como lo encontré.

    - Anoche le comí el chichi a tu hermana.
    - ¿A Marga?
    - Amargar no, pero le olía un poco raro.

- ¿Tú, a qué te dedicas?
- Básicamente a respirar. No gano mucho, pero me da para vivir.

    - Manolo, en la noche de bodas no me diste tiempo ni a quitarme las medias.
    - ¿Qué quieres decir con eso?
    - Nada, que ahora me da tiempo a hacerme unas nuevas.

- *(Enfermera)* Doctor, hay un hombre invisible en la sala de espera.
- Dígale que en este momento no puedo verlo.

    - Pues yo, soy un tipo saludable.
    - ¿Comes sano y todo eso?
    - No, la gente me saluda.

- Hola, ¿cómo te llamas?
- No soy el ayer ni soy el mañana.
- ¿De qué hablas?
- Me llamo Eloy.

   - Paco, ¿sabes que Miguel Bosé debe al fisco casi dos millones de euros?
   - Ya lo he oído en la tele. Amante no sé si lo será, pero bandido es un rato...

- Oiga, ¿a Vd. le gusta vestir a la última?
- No, prefiero desnudar a la primera.

   - Mi amor, ¿quieres que hoy vayamos juntos al gimnasio?
   - ¿Me estás llamando gorda?
   - Bueno, si no quieres no.
   - ¿Me estás llamando vaga?
   - ¡Cálmate, mi amor!
   - ¿Me estás llamando histérica?
   - Eso no ha sido lo que he dicho.
   - ¿Entonces soy mentirosa?
   - No vengas entonces.
   - A ver, a ver, ¿por qué quieres ir solo?

- Perdone, ¿Vd. cada cuánto se ducha?
- Una vez al año, me haga o no me haga falta.

   - Perdone, ¿es usted el jardinero?
   - Sí.
   - ¿Cuándo arreglan los árboles del jardín?
   - Cuando podamos.

- Pues, yo soy médico, especialista en ginecología y urología.
- Bah, un médico de chichinabo.

- Pues, mi novia me regaló un rompecabezas que sólo traía las letras T, E, A, M, y O.
- ¿Lo resolviste?
- No veas qué cabreo me pillé. ¿Tú sabes quién es Mateo?

> - Manuel, ¿tú discutes mucho con tu mujer?
> - Ni se me ocurre. Es capaz de recordarme cosas que aún no han pasado.

- Pero, Maruja, ¿por qué estás así?
- Mi marido me dijo que hoy salíamos a comer fuera.
- ¿Y se ha arrepentido?
- No. Comimos en la terraza de casa.

> - Tranquilo Juan, es solo un pequeño corte con el bisturí, no estés nervioso.
> - Doctor, yo no me llamo Juan.
> - Lo sé, Juan me llamo yo.

- Te noto un poco raro...
- Es que hoy me desperté de la siesta en mitad de un campo de cereales.
- ¿Y por eso estás raro?
- No, lo que estoy es un poco intrigado.

> - Entonces, doctor, ¿qué es lo que tiene mi novia?
> - Su novia no me gusta nada.
> - Toma, a mí tampoco, pero su padre es rico.

- Paco, ¿qué pasa para correr tanto?
- Que me tomo cada mañana dos litros de leche.
- ¿Y eso te da fuerzas para correr así?
- No, es que me viene persiguiendo el dueño de la vaca.

- *(El jefe a su secretaria)* Oye, Pili, ¿quién te ha dicho que puedes pasarte dando vueltas todo el día sin trabajar, sólo porque nos acostamos una noche?
- Mi abogado.

   - Quería decirle que estoy enamorado de su hija, y no es por el dinero.
   - ¿Y de cuál de las cuatro?
   - Pues..., de cualquiera de ellas.

- Mira que zapatos me he comprado.
- Sí señor, me gustan.
- Victorio y Luchino.
- Pero, ¿les has puesto nombre?

   - Oiga, perdone, ¿tiene pintura color azul oscuro?
   - ¡Claro!
   - Claro no, he dicho azul oscuro.

- Oye, Paco, se ha muerto Amparo.
- Vaya por Dios. ¿Y cómo está su marido?
- Pues, desamparado...

   - ... y un chuletón. Muy bien. ¿Vino de la casa señor?
   - ¿Y a usted qué le importa de dónde vengo?

- Perdone, ¿este es el ascensor de subida?
- No, he montado en otros mejores.

   - Estás obsesionada con la dieta.
   - ¿Pero qué dices Calorías?
   - Carolina...
   - Eso.

- *(Buscando trabajo)* Lo que pasa es que aquí hay muy poco trabajo.
- ¡Justo es eso lo que ando buscando!

> - Mira cariño, ya he montado la cama del Ikea sin mirar las instrucciones.
> - Atontado, si era un armario.

- ¿Sabías que Beethoven dedicó su quinta sinfonía a su padre?
- Pues, no. ¿Tú cómo lo sabes?
- Fíjate en el comienzo: Para papá...

> - Mi vecino es músico.
> - ¿Y qué toca?
> - Los huevos, con no sé qué instrumento.

- *(En el mecánico)* Buenos días, jefe. Mi coche no arranca.
- Esto es una bici.
- Claro, lumbreras, te he dicho que mi coche no arranca.

> - Yo siempre quise ser alguien en la vida.
> - Bueno, como casi todo el mundo.
> - No, es que ahora me doy cuenta que debí haber sido más específico.

- Encontré un tipo formidable con el encanto de Sinatra y el genio de Einstein.
- ¿Y cómo se llama?
- Frankenstein.

> - Oye, ¿y tú a qué te dedicas?
> - Soy el encargado de la planta de pediatría.
> - ¿Y qué haces exactamente?
> - Pues, entre otras cosas, regarla.

- Oye, Manuel, ¿cómo te ha ido el curso para despistados?
- Pero, ¿era hoy?

    - Manolo, ¿te sabes el chiste del camello?
    - No.
    - Pues, te jorobas.

- ¿Le importa si le hablo de usted?
- ¿De mí? Que va, al revés, cuente, cuente...

    - Estoy saliendo con una chica india.
    - ¿Y qué tal está?
    - Bueno, tiene su puntito.

- Por culpa del virus, le hemos amputado el brazo.
- ¿Qué virus? Si yo ingresé por unas hemorroides.
- El virus informático. No vea qué follón con los historiales.

    - ¿Cómo te llamas?
    - Jara.
    - ¡Qué nombre tan bonito!
    - ¿A qué ji?

- ¿Tienen coquinas?
- Sí, a 35 €/Kg
- Lo veo carísimo.
- También tenemos navajas.
- Vale, póngame 2 Kg de coquinas, pero vamos a calmarnos, ¿eh?

    - Hola, ¿tienes novio?
    - No.
    - ¿Y eso?
    - ESO sí y Bachillerato.

- Doctor, me quedan 60 segundos de vida, ¿qué hago?
- Espere un minutito que ahora le atiendo.

- Oye, Cervantes, ¿dónde pongo el detergente?
- En un lugar de la mancha.

- ¡Paco quita el futbol y baja la basura!
- ¡Cualquier día de estos cojo la puerta y...!
- ¿Y qué?
- Y la lijo y la barnizo, que falta le hace.

- Me tienes harta Miguel, solo piensas en comer.
- ¿A qué te refieres croquetamente?

- Juan, ¿a ti te gusta el rock progresivo?
- Cada vez más.

- Oye, Luis, ¿cuál es tu plato favorito y por qué?
- Pues, el hondo, porque cabe más comida.

- Cariño, ¿y si tuviéramos un hijo?
- No creo, cielo, me acordaría.

- Doctor, tengo un enorme complejo de superioridad.
- A ver, siéntese y le ayudaremos.
- ¡Tú qué me vas a ayudar, doctorcito de pacotilla!

- Doctor, no sé qué me pasa, enseguida pierdo los nervios y me pongo a insultar a todo el mundo.
- Está bien, cuéntemelo todo.
- ¿Y qué cree que estoy haciendo, pedazo de imbécil?

- ¿Cómo se declara el acusado?
- Con flores. Soy bastante tradicional.

    - ¿Sabías que las cajas negras de los aviones en realidad son naranjas?
    - ¿Cómo? ¿Entonces no son cajas?

- Me han contado que rompiste con Pili, ¿qué pasó?
- Pues, que ni soy rico ni tengo una buena colocación.
- Pero, ¿no le contaste que eras sobrino del dueño de la cadena de los grandes almacenes?
- Sí, por eso actualmente es mi tía.

    - ¡Te detesto!
    - ¡K de kilo!
    - ¿Qué dices?
    - No sé, has empezado tú.

- Cariño, si un león me atacara a mí y a mi madre, ¿a quién salvarías primero?
- Pues, al león.

    - Oye, he oído que el año que viene empeorará el paro.
    - Normal, a mí sólo me quedan dos meses.

- ¿Qué función desempeñan las rayas de la luna trasera del coche?
- Desempañan.
- ¡Ah! ¿Qué función desempañan las rayas esas?

    - ¡Gooooooool!
    - ¿Quién marcó?
    - Di María.
    - María, ¿quién marcó el gol?

- ¿Y es bueno el clima en este pueblo?
- ¿Qué si es bueno? Fíjese si es bueno, que hace poco inauguraron el cementerio, y tuvieron que matar a uno.

- Usted, como vasco, ¿qué opina del verano?
- Es mi día favorito del año.

- Parece que su tos está mucho mejor.
- Claro, doctor, estuve practicando toda la noche.

- Pablo, júrame que no me olvidarás nunca.
- Te lo juro, Raquel.
- ¡Manoli!
- Eso... Te lo juro. Manoli.

- Pues, va a tener Vd. que dejar de masturbarse.
- ¡Uf! ¿Hasta cuándo, doctor?
- Pues, por lo menos hasta que salga usted de mi consulta.

- El gimnasio por fin me está haciendo efecto.
- Muy bien, ya llevas más de dos meses, ¿no?
- Sí, me estoy poniendo en forma.
- Estupendo.
- Concretamente en forma de botijo.

- Niño, este año te van a traer carbón los Reyes Magos, por sabelotodo.
- Pero, ¿carbón de qué clase? ¿Turba? ¿Hulla? ¿Antracita? ¿Lignito?
- Tú sigue así...

- La dieta me va muy bien.
- ¿Qué tenías que perder?
- Cinco kilos. Ya sólo me quedan cinco y medio.

- Cariño, ¿has visto mi crema reafirmante?
- Sí, sí, sí, sí, sí, sí.

    • Paco, ¿tú no eres un poco incoherente?
    • Sí, pero no.

- El puto tic que tengo en el ojo me trae loco.
- Loco, ¿por qué?
- Tú prueba a entrar en una farmacia y pedir una aspirina guiñando un ojo. Tengo la mesilla llena de condones.

    • Luis, ¿qué te ha parecido el curso de oratoria y riqueza de vocabulario?
    • Chachi.

- Doctor, ¿cómo ha ido la operación de mi marido? ¿Le han podido salvar?
- Mire, se lo diré delicadamente... ¿Ha cenado usted?
- No.
- Bien, pues, vaya a por pan, que no nosotros ponemos el fiambre.

    • ¿Tú sabes algún chiste de matemáticos?
    • Más o menos, ¿por?

- ¡Toc, toc!
- ¿Quién es?
- Abraham.
- ¿Cómo vamos a abrir, si no nos dices quién eres?

    • Hace años tenía un montón de sueños, y ahora...
    • Ahora, ¿qué?
    • Ahora lo que tengo es sueño y un montón de años.

- Me acaba de decir el Manolo: Amigo que no da y cuchillo que no corta, si se pierde no importa. No entiendo muy bien lo que quiere decir, ¿y tú?
- Bueno, eso viene siendo: A tomar por culo hombre ya...

  - *(Abuela en el banco)* Quería sacar 50 euros.
  - En ventanilla el mínimo es 200 euros, si quiere menos tiene que usar el cajero.
  - Es que no sé.
  - Pues, venga mañana y mi compañero le enseña.
  - Bueno, pues, deme 200.
  - Aquí tiene, ¿alguna otra operación?
  - Sí, quiero ingresar 150 euros.

- Pues, mi abuelo murió a los 104 años.
- ¡Qué tío!
- Y eso que se fumaba dos paquetes diarios, bebía whisky todas las noches y comía embutido y marisco a diario.
- ¡Eso sí que es fortaleza!
- Nos lo tuvimos que cargar porque nos salía carísimo.

  - *(Matrimonio en la cama)* Raquel, mi amor, ¿qué te parece si le escribimos a la cigüeña?
  - Con qué, si tu pluma no sirve.

- *(En el juicio)* ¿Cómo es que sólo cogió dos millones y dejó los doscientos que había en la saca de al lado?
- ¡Calle hombre, calle! ¡Me tiene ya harto mi mujer preguntándome lo mismo!

  - ¿Cómo se llama Vd.?
  - Maria de la O.
  - ¿Eh?
  - O.
  - ¡Ah!

- Por favor, ¿la calle Campana?
- No lo sé, pero me suena.

  - ¿Emergencias? Tengo un herido.
  - Vamos para allá. ¿Cuál es su estado?
  - El español.
  - No, estado del herido.
  - No lo sé, parece chino.
  - No. ¿Cómo está?
  - Bien, ¿y usted?
  - No. ¿Cómo está el herido?
  - ¡Coño! Pues herido, por eso llamo.

- Padre, ustedes los curas, ¿cómo se montan lo del sexo?
- Con la abstinencia.
- Pues, siga Vd. con la abstinencia y deje a la Encarna en paz que está liada conmigo.

  - ¿Sus últimos deseos antes de ser ejecutado?
  - Quiero que venga Angelina Jolie, 4 gramos de coca y queso de cabra.
  - No puede ser.
  - Pues, de oveja...

- Jefe, me cojo seis días de vacaciones para irme a Asturias.
- ¿Hábiles?
- No, a Gijón.

  - Adiós mi amor. Y no te olvides de escribir.
  - Pues, espero que no. Me costó muchos años aprender.

- Puri, eres una egoísta, te has comido toda la tarta de chocolate, sin acordarte de mí.
- Sin acordarme dice... Si casi me atraganto creyendo que venías.

- Hola, venía a apuntarme a la Asociación de Desconfiados.
- Estupendo. Firme aquí.
- ¿Para qué?

> - Padre, confieso que pasé la mitad de mi vida en vicios, mujeres, bebidas, drogas, juegos, haraganeando, robando, estafando, divirtiéndome sin límite ni medida...
> - ¿Y qué hiciste con la otra mitad de tu vida, hijo mío?
> - La otra mitad de mi vida la he desperdiciado completamente, padre.

- Perdone, si echo esta carta en este buzón, ¿irá a Pamplona?
- Pues claro, hombre.
- Me lo temía, era para Barcelona.

> - Mi amor, no soporto más este calor. ¿Qué diría nuestro vecino si me baño en la piscina desnuda?
> - Que me casé contigo por tu dinero.

- Vaya desgracia que tengo.
- ¿Qué te pasa, Juan?
- Que me emborraché para olvidar a mi suegra y ahora...
- ¿Y ahora qué?
- Nada, que ahora la veo doble.

> - Hija, sal que está tu novio en el bar de enfrente.
> - Pero, papá, si tú no lo conoces...
> - A él no, pero a mis corbatas sí.

- Ahora ¿a qué te dedicas?
- Pues, voy haciendo preguntas por las casas.
- ¿Encuestas?
- Sí, y también en sitios llanos.

- O sea, con este billete de lotería puedo ganar dos millones.
- Exactamente, dos millones.
- ¿Y cuándo es el sorteo?
- Dentro de cuatro días.
- No lo quiero entonces, necesito el dinero para mañana.

- Domínguez, ¿por qué no vino a trabajar ayer?
- Jefe, estuve en el entierro de mi suegra.
- ¿Cuántas veces le he dicho que primero es el trabajo y luego el placer?

- Pues, me he divorciado y hemos dividido la casa en dos partes.
- ¿Y qué parte te ha tocado?
- La de afuera.

- Perdone, señorita, ¿qué se llevaría Vd. para leer a una isla desierta?
- Un marinero bien tatuado.

- *(La suegra al yerno)* Alex, ¿no te molesta que me quede a comer con vosotros?
- No, para nada. ¿Le importa comer croquetas del día anterior?
- No. A mí no.
- Bueno, entonces venga mañana que las tenemos para hoy.

- Dicen que los ángeles no tienen sexo.
- Sí, eso dicen...
- A ver si voy yo a ser un ángel...

- Me han regalado un robot aspirador tan sofisticado que habla.
- ¿Habla? ¿Y qué dice?
- Antes de volver a su base va murmurando: *"Si no fuera por mí os comía la mierda"*.

- Oye compadre, la viagra que me diste ayer es una maravilla, mi mujer está encantada. Me dijo que me dijeras el sitio dónde la venden.
- No imbécil, lo que te di no era una viagra, que no leíste antes de usarla, decía: *"Crema para las verrugas, primero se endurece y después se cae"*.

- Así que Juan, quieres casarte con mi hija Laura, pero antes dime, ¿de cuánto dinero dispones?
- De 3000 mil euros, señor.
- No está mal. Ahora si los sumamos a los 3000 mil que tiene mi hija, entonces...
- Perdón señor, pero esos ya están sumados.

- Oiga, ¿Es Vd. testigo de Jehová?
- ¿Yo? ¡Yo no he visto el accidente ese!

- ¿Cuántos hijos tiene Vd.?
- Tres hijas.
- ¿Cómo se llaman?
- Cristal, Rubí y Esmeralda.
- Por lo que veo le gustan a Vd. los culebrones, ¿eh?
- Pues, no, lo que pasa es que mi marido es joyero.

- Por favor, señorita, ¿se casaría Vd. con un imbécil que tuviera mucho dinero?
- Pues, depende. ¿Cuánto dinero tiene Vd.?

- Por favor, ¿me da un duro para un bocadillo?
- ¡Toma dos y tráeme otro!

- ¡Qué niño más guapo habéis tenido! ¿Cómo le vais a llamar?
- A mí me gusta Alfonso, como su padre.
- Cariño, me llamo Damián.
- O Damián, como mi marido.

- Oiga, ¿por qué va Vd. tan triste?
- Es que se ha muerto mi padre.
- No se preocupe, si a lo mejor no era su padre.

> - Por favor, ¿la calle Villanueva?
> - Es la que viene.
> - Pues, entonces la espero aquí.

- Perdone, ¿cómo es que aquella vaca no tiene cuernos?
- Hay varias razones por las que las vacas no tienen cuernos: Porque tengan un defecto, porque sean jóvenes, porque por lo general las vacas no tienen cuernos. En este caso aquella vaca no tiene cuernos porque es un caballo, ¿sabe?

> - ¿Sabes dónde está la Sierra Morena?
> - Sí, en la ferretería, rubio.

- Por favor, ¿me podría decir a qué hora sale el tren para Cuenca?
- *Tartamudo*: Si si se se lo lo hu-hu bie-bie ra pre-pre gun gun-ta-ta do a o-tro tro lo hu-hu bie-ra co-co gi-gi do do.

> - Perdone, ¿ha visto un elefante escondido detrás de alguna margarita del parque?
> - No, señor.
> - Qué bien se esconden, ¿verdad?

- Oiga, que su burro se está comiendo mi trigo.
- Déjelo, si está capado.
- ¿Y qué tienen que ver los cojones para comer trigo?

> - Perdone, señora, ¿qué opina de la soledad?
> - Pues, a mí no me gusta meterme con la gente, pero creo que es una guarrona.

- Chica, ¿pero quién te ha puesto el ojo así de amoratado?
- Mi marido.
- Pero, ¿no estaba de viaje?
- Sí, eso creía yo también.

> - Perdone, ¿usted de dónde es?
> - Yo, de Tauste.
> - ¿Qué tal es Tauste?
> - Bien, ¿y usted?

- Por favor, ¿el tren que viene de Madrid?
- Trae mucho retraso.
- ¿Y ese que entra ahora?
- Ese es el de ayer.

> - ¿Qué libro es ese que está usted leyendo?
> - La guía telefónica.
> - ¿Qué tal es? ¿Le gusta?
> - No lo sé, todavía estoy en el reparto.

- Perdone, ¿pero qué hace Vd. lavando el gato, no ve que se le va a ahogar?
- No tienen siete vidas, pues, que le queden seis pero limpias.

> - ¿Quién es Vd.?
> - Soy el hada madrina.
> - Deme la mano... ¡Qué fría la tiene!
> - Ya le he dicho que soy el hada.

- Perdone, ¿en qué trabaja Vd.?
- Yo no tengo trabajo.
- Es que está la cosa muy mal, ¿verdad?
- Pues sí, entre comer y beber no tengo tiempo para nada.

- Julia, cariño, cuando hablas eres como esa ciudad de EEUU...
- ¿Los Ángeles?
- No... Kansas.

> - Perdone, ¿Vd. tiene abuela?
> - Sí, señor.
> - ¿Cuántos años tiene?
> - Noventa.
> - ¿Y qué tal está?
> - Pues, está con el párkinson.
> - Vaya, con noventa años y ligando con extranjeros.

- ¿Adónde va Vd. con la bicicleta?
- A ver a mi hijo a Ceuta, que está allí haciendo la mili.
- ¿Y va a pasar el Estrecho en bicicleta?
- No creo que sea tan estrecho que no quepa una bicicleta.

> - Paco, ¿qué tal ha ido el estreno?
> - La mitad del aforo, pitos.
> - ¿Y la otra mitad?
> - Estaba vacía.

- ¿Qué te ha pasado para ir tan vendado?
- Calla, que la otra noche iba por la calle, me gritaron: ¡Cuidado con el agujero! Me tapé el culo y me caí en la zanja.

> - ¿Qué te ha regalado tu mujer para Reyes?
> - Una minicadena.
> - ¿Y por qué hablas así?
> - Es que me aprieta un poco.

- *(Entre amigos negros)* ¿A que eres muy pesimista?
- ¿Cómo me lo has notado?
- Porque todo lo ves blanco.

- *(Turista viendo un cráter volcánico)* Esto se parece al infierno.
- *(El guía)* ¡Es increíble! Estos turistas han estado en todas partes.

- Pepe, ¿qué te pasa?
- Que llevo 20 años en el paro.
- ¿Cómo no me lo habías dicho? Mañana mismo te vienes a mi fábrica y ya tienes trabajo.
- ¡Y una mierda! Como que voy a perder la antigüedad así de buenas a primeras.

- ¿Dónde vas con esa perra?
- Se la llevo a Julián, es que me debe 300 euros y nunca me paga.
- ¿Y encima le regalas una perra?
- Sí. Cada vez que voy a cobrar me dice que no tiene ni una perra.

- Pepe, ¿sigues con la misma novia?
- No.
- ¿Y cómo te deshiciste de ella?
- Nos casamos.

- Pepe, ¿sabes que mi mujer se ha marchado con otra?
- ¿Lesbiana?
- No, española pero tortillera.

- Padre, me acuso de que he violado a una negra en un cuarto oscuro.
- Hijo, eso no es pecado, eso es puntería.

- Pili, ¿te acuerdas de que mi marido era un celoso sin motivos?
- Sí.
- Pues, ya lo he arreglado.
- ¿Ya no es celoso?
- No, ahora ya tiene motivos.

- Fíjate Antonio, ayer se cayó mi mujer y se rompió una pierna gracias a Dios.
- ¿Por qué gracias a Dios?
- Porque se podría haber roto las dos.
- Vaya..., pues, esta mañana el veterinario ha pillado a su mujer con el Eusebio y de dos tiros le ha dejado seco gracias a Dios.
- Pero, ¿por qué también gracias a Dios?
- Porque si en lugar de ser esta mañana, es ayer, los dos tiros me los pega a mí.

- Soldados, tengo dos noticias que daros, una buena y otra mala. ¿Cuál queréis primero?
- La mala, mi capitán.
- Hoy para comer tenemos mierda.
- ¿Y la buena, mi capitán?
- Habrá para todos.

- Juani, ¿cómo se tomó tu novio la noticia de la quiebra de tu padre?
- Pues, fíjate que hace dos meses que pasó y desde entonces no lo he vuelto a ver.

- Yo a mi marido no le engaño ni con el pensamiento.
- Ni yo al mío.
- Normal, porque cuando se hace, no se piensa.

- Pepe, ¿dónde está la secretaria aquella tan buenísima que tenías?
- La tuve que despedir por culpa de los celos de mi mujer.
- Por eso ahora tienes el callo que tienes.
- Calla hombre, que es mi mujer.

- Pepe, ¿qué tal te llevas con tu suegra?
- Pues, me trata como a un Dios.
- Eres el primero al que oigo hablar así de su suegra.
- ¿Cómo es el trato de como a un Dios?
- Pues, sabe que existo pero no me puede ver.

- Mi suegra acaba de morir, hemos de preparar el entierro.
- Como experto enterrador le digo que hay tres posibilidades: Enterrarla como es tradicional, cremarla y embalsamarla.
- Pues, creo que la enterraremos de las tres formas para mayor seguridad.

  - ¿No ha visto el semáforo en rojo?
  - Pues, sí, señor guardia.
  - ¿Y por qué no ha parado?
  - Porque no le visto a usted.

- Para yo casarme, mi futura mujer tiene que ser buena, rica y tonta.
- ¿Por qué?
- Porque si no es buena y rica yo no me caso con ella; y si no es tonta no creo que se case conmigo.

  - Juan, ¿conoces a la novia de Paco?
  - Sí, es muy mona.
  - ¿Y cómo es?
  - Pues, bajita, encorvada y peluda.
  - ¿Y dices que es mona?
  - Mona, no, monísima, parece un chimpancé.

- Pepe, llevas media hora con el teléfono en la oreja y aún no has dicho nada, ¿qué pasa?
- Es que estoy hablando con mi mujer.

  - Anoche mi marido se fugó con Paca, mi mejor amiga.
  - Pero, Carmen, ¿desde cuándo Paca es tu mejor amiga?
  - Desde anoche...

- Padre, me acuso de haber pecado de vanidad. Al mirarme al espejo me he encontrado guapa.
- Pero hija, eso no es un pecado, es un error.

- *(En la boda)* Como sacerdote, no puedo bendecir esta unión porque el novio está completamente borracho.
- Padre, como la futura suegra del novio, le digo que si no es así no viene.

    - Ring, ring, ring... ¿Dígame?
    - Doctor, tengo colitis y no veo la manera de cortarla.
    - ¿Ha probado Vd. con un limón?
    - Sí, pero se me sale.

- Hola Pili, tanto tiempo sin vernos, ¿qué tal tu hijo Pedro?
- Se casó.
- ¿Y, Manolo?
- No, ese está perfectamente.

    - ¡Estoy desesperado! Mi mujer ha jurado no hablarme durante dos meses.
    - Hombre, eso no es para que te pongas así.
    - Ya lo creo. Es que hoy vence el plazo.

- Soldado, ¿cuántas piezas de artillería tenemos?
- Seis mil, mi capitán.
- ¿Seis mil? Si ayer sólo había seis.
- Es que esta noche el enemigo nos las ha partido en mil pedazos.

    - Manuel, ¿qué te parece lo del lazo amarillo?
    - Pues, una idea cojonuda.
    - ¿Ah, sí?
    - Hombre, distinguir a un gilipollas a simple vista me cuesta.

- Pili, cariño, si vuelves a mi lado te regalaré un vestido.
- ¿Y si no vuelvo?
- Pues, te regalaré un chalet, un coche, un collar de perlas...

- ¡Alto! ¡Alto! ¡Alto!
- ¡No disparen! ¡No disparen! ¡Soy retrasado mental!
- ¡Diga algo para poder comprobarlo!
- ¡Buenas tardes a todos y a todas!

- Doctor, vengo a que me recete unas píldoras para evitar el embarazo.
- Pero bueno, usted con 75 años, ¿tiene miedo a quedarse embarazada?
- No, es que me ayudan a dormir.
- ¿De verdad? ¿Usted duerme mejor tomando la píldora?
- No, si no es para mí. Es que se las pongo a mi nieta de quince años en la coca-cola, y no vea lo bien que duermo.

- Este verano he intentado que mi mujer aprendiera a nadar. No lo he podido conseguir.
- ¿Por qué? ¿Qué ha pasado?
- Chico, no ha podido estar ni un momento con la boca cerrada.

- Mi marido debe tener una amante.
- ¿En qué se lo has notado?
- En que este mes ya se ha lavado los pies dos veces.

- Pepe, me gustaría tener dos novias.
- Pero, si con una te duermes.
- Por eso, para que hablen entre ellas.

- María, hace tiempo que vengo observando que a ti el alcohol te mejora.
- Qué raro, si yo no bebo.
- Tú no, pero yo sí.

- Padre, me acuso de estar coleccionando cromos de tías en pelotas.
- ¿Tienes el 35?

- ¿Sabes que estoy haciendo dos dietas?
- ¿Dos dietas?
- Sí, con una me quedaba con hambre.

- Soldado, en caso de naufragio, ¿a quién salvarías primero; a los pasajeros o a mí?
- A mí, mi capitán.

- Doctor, ¿están ya los resultados de los análisis?
- Sí, los acaban de traer.
- ¿Qué es lo que tengo?
- Lo que tenga es igual el caso es que le quedan 7 días de vida.
- ¡No me diga! ¿Qué hago, entonces?
- Tranquilo. Se va Vd. a vivir a casa de su suegra y le parecerá una eternidad.

- Manolo, ¿te acuerdas de aquel chiste del cerdo que me contaste un día?
- Sí que me acuerdo, ¿y qué?
- Que me hizo tanta gracia que ahora siempre que veo un cerdo me acuerdo de ti.

- Pepe, ¿has visto lo que han crecido los árboles este año?
- Anda, no han tenido otra cosa que hacer.

- Pues, mi mujer me dejó por culpa del idioma.
- ¿Cómo fue eso?
- Que se fue con un traductor.

- Compadre, ¿has visto el día que tenemos hoy?
- Sí, yo al ver la niebla siempre me acuerdo de mi suegra.
- ¿Asemejas la niebla con tu suegra?
- Sí, cuando se levanta y se va, se queda un día de puta madre.

- *Una mujer:* Padre, me acuso de reírme en misa.
- Vale, eso no es pecado, vete.
- *Otra mujer:* Padre, me acuso de reírme en misa.
- Vale, eso no es pecado, vete.
- *Otra mujer:* Padre, me acuso de reírme en misa.
- Vale, eso no es pecado, vete.
- *(Llega la cuarta)* ¿Usted, también se ha reído en misa?
- No, yo fui la que se tiró el pedo.

> - He roto la relación con mi novio, tenía muchos defectos.
> - ¿Le has devuelto el anillo de pedida?
> - No, no tenía ningún defecto.

- Ring, ring, ring... ¿Dígame?
- Doctor, mi marido se ha tragado la armónica que estaba tocando.
- Menos mal que no estaba tocando el piano.

> - Ya he reservado el viaje. He contratado media pensión.
> - Paco, mi amor, te has pasado, con una habitación teníamos de sobra.

- ¿De dónde vienes a estas horas?
- Es que ha habido un concurso para ver quién era el que bebía más.
- ¿Quién ha quedado el segundo?

> - Padre, me acuso de que ayer por la noche estuve espiando a las parejas con una linterna.
> - ¡Ah! Tú eres el de la linternita...

- Padre, me acuso de que me he acostado con Madonna.
- No te puedo dar la absolución.
- ¿Por qué?
- Porque no serás tan gilipollas de querer arrepentirte.

- *(En el cumpleaños del yerno) La suegra*: Juan, quiero que este año se cumplan todos tus deseos.
- *El yerno*: ¿Lo puede volver a repetir para que lo oigan todos?

  - Esposa mía, el sábado me gasté todo el sueldo en lotería.
  - ¡Canalla!
  - Y me ha tocado el gordo.
  - ¡Cariño!

- Paco, como yo me vaya de esta casa, ¿dónde vas a encontrar otra como yo?
- Paco borracho: Como que yo me iba a ir con otra como tú.

  - Mi mujer y yo fuimos felices durante 25 años.
  - ¿Y después?
  - Después nos conocimos.

- Pero María, ¿qué haces dando vueltas alrededor de la lámpara?
- Pues, que me he comprado unas compresas con alas y me he puesto una sin leer las instrucciones.

  - Después de 20 años mi mujer me ha abandonado.
  - ¡Qué pena!
  - ¿Qué pena? Más vale tarde que nunca.

- A mi marido le encanta hacer el amor con la luz encendida.
- ¿No tiene vergüenza?
- No, no tiene puntería.

  - Ring, ring, ring... ¿Dígame?
  - ¿Es la consulta del doctor Mata?
  - Sí, ¿qué desea?
  - Anular la cita.

- ¿Cuántas veces os he dicho que no guardéis el chusco en el bolsillo?
- Mi sargento, si no es el chusco.
- ¿No? ¡Ay ladrón, qué mili te vas a pasar!

  - Ring, ring, ring... ¿Dígame?
  - Ja, ja, ja.
  - ¡Hombre! ¿De cachondeo a estas horas?
  - Ja, ja, Jacinto hombre, que so, so, soy yo.

- *(En la maternidad)* ¡Enhorabuena! Ha tenido Vd. quintillizos.
- Es que tengo un cañón...
- Pues, ya se lo puede ir limpiando, le han salido todos negros.

  - ¿Sabes que Pepita se ha quedado embarazada?
  - Sí, y yo sé de quién.
  - Pues, díselo que le harás un favor.

- Juan, cariño, ¿no te parece que he puesto mucha sal en el cocido?
- No, mi amor, has puesto muy poco cocido en la sal.

  - Padre, ¿por qué no me pone penitencia?
  - Pero, ¿no me acabas de decir que tu suegra se va a vivir con vosotros?

- Juan, ¿a que estás así de raro porque se ha muerto tu suegra?
- Pues, sí. Es que era muy buena.
- Ánimo y no se te olvide, que el que pierde una buena suegra, no sabe lo que gana.

  - Paco, cariño, ¿de dónde vienes?
  - ¡Del infierno!
  - ¿Le diste saludos al diablo?
  - No, pero a tu madre sí.

- Padre, quería un cochecito de 16 válvulas, inyección...
- Hijo, esto es el confesionario, con f, no el concesionario.

> - Pepe, ¿tu mujer hace siempre lo que quiere?
> - Siempre, con decirte que escribe su diario con una semana de antelación.

- Ring, ring, ring... ¿Dígame?
- Doctor, ¿vendrá a visitarme mañana?
- Sí, porque tengo otro paciente en esa misma calle y así mato dos pájaros de un tiro.

> - *(En el confesionario) El cura:* ¿Tú sabes algo sobre la muerte de Nuestro Señor Jesucristo?
> - *El gitano:* Le juro padre por mis siete hijos, que ni siquiera me enteré de cuando se puso enfermo.

- Manolo, cariño, mi madre acaba de caerse y creo que se ha torcido el tobillo. ¿Qué hago? ¿La vendo?
- ¿Venderla? Regálala, porque no te van a dar nada por ella.

> - Mi capitán, hay un mariquita en la compañía.
> - ¿Quién es?
> - Si me da un besito se lo digo.

- Ring, ring, ring... ¿Dígame?
- Bautista, dile a la señora que esta noche no iré a dormir.
- Como guste, ¿de parte de quién?

> - Rosa cariño, ¿sabes cuál es la mayor desgracia que me ha ocurrido en la vida?
> - No, ¿cuál es?
> - Que se muriera tu anterior marido.

- Ring, ring, ring... ¿Dígame?
- Doctor, venga enseguida que el niño se ha tragado un preservativo.
- Voy para allá rápido.
- ... Doctor, ya no hace falta que venga, hemos encontrado otro.

  - Jefe, pregunta un señor por usted.
  - ¿Es negro?
  - Pues no lo sé, no se lo he preguntado.

- Pepe, ¿tu mujer te echa la bronca cuando llegas tarde a casa?
- Nunca.
- ¿Y cómo te lo montas?
- Anda, llegando temprano.

  - Ring, ring, ring... ¿Dígame?
  - Oiga, llamaba para conocer su opinión sobre el artículo que le envié la semana pasada.
  - Es una porquería.
  - Ya sé que su opinión es una porquería, pero me gustaría conocerla.

- ¿Qué te cuentas, Manolo?
- Pues nada, que el otro día me ocurrió una desgracia con bastante suerte.
- ¿Eso qué significa?
- Pues, que se me quemó la casa pero con mi suegra dentro.

  - Papá, ¿para qué sirven las semillas de los tomates?
  - Hijo, esas semillas son como las suegras, nadie sabe para qué sirven pero ya vienen incluidas en el lote.

- Padre, no me ha puesto penitencia.
- No importa, hijo, no importa. Como te vas a casar mañana...

- ¿Qué te pasa, Pepe?
- Que tengo un dolor de muelas que no me aguanto.
- Haz lo que yo. Cuando me duelen las muelas, voy a casa, le echo un kiki a mi mujer, y se me pasa.
- ¿Y dónde encuentro yo ahora a tu mujer?

  - Pues, mi relación con Paco ha mejorado mucho en los dos últimos años.
  - ¿Os habéis reconciliado?
  - No, nos hemos divorciado definitivamente.

- Señorita, lo siento mucho, su currículum no es suficiente.
- Oiga, señor, yo domino cinco lenguas.
- ¿Sí? Eso sí nos interesa. Queda contratada.
- Muchas gracias. Entonces, ¿voy a estar en el departamento de relaciones públicas internacionales?
- No, en el departamento de correspondencia, pegando sellos.

  - Juan, han llamado del banco y han dicho que tenemos un descapotable.
  - ¿Un descapotable? Será un descubierto.
  - Eso, un descubierto.

- Manolo, ¿cuándo piensas pagarme los 300 euros que me debes?
- He decidido pagar a mis acreedores por orden alfabético, ya voy por la letra B.
- (¡Plaff! Puñetazo)
- ¡Caray! ¡Qué mal carácter tienes, Zacarías!

  - Padre, me acuso de que ayer en la playa le he tocado los pechos a mi novia.
  - ¿Por encima del traje de baño o por debajo?
  - Por encima padre.
  - Qué pardillo eres hijo, el pecado es el mismo.

- Padre, me acuso de leer estas revistas pornográficas.
- Trae para acá. Esta la tengo, esta también, esta no, esta sí...

> - Pues, en mi casa yo soy el que lleva los pantalones.
> - ¿Seguro?
> - Al tinte.

- *(Entre abueletes)* Qué mala cara tienes, Juan, ¿qué te pasa?
- Que con esto de la vuelta a España tengo unas pesadillas horrorosas. Todas las noches me las paso en bicicleta de aquí a Segovia y de Segovia aquí. Me levanto con unas agujetas tremendas. ¿Y tú no sueñas nada?
- Sí, pero cosas más agradables. El otro día, que me llevaba a Jaqueline Bisset y a Ornella Mutti a mi apartamento.
- ¿Y cómo no me llamaste?
- Claro que te llamé, pero me dijeron que estabas a Segovia con la bicicleta.

> - ¿Cómo va tu amor con Pepe?
> - Terminó hace tiempo.
> - ¿Encontraste alguien mejor?
> - No, estoy con él. Es que nos hemos casado.

- *(Entre dos empresarios)* Tengo una secretaria estupenda, en diez minutos me hace doce cartas comerciales.
- Pues, la mía en diez minutos, se desnuda, hacemos el amor, se vuelve a vestir y me pone la corbata y el café.
- Eso está muy bien, pero, ¿y las cartas comerciales?
- La tuya me hace doce fotocopias.

> - Martínez, queda Vd. despedido.
> - Pero, jefe, siempre me ha dicho Vd. que yo era un ejemplo, para los compañeros.
> - Efectivamente. Ya se puede imaginar lo que pasará con sus compañeros.

- *(Confesándose)* ¿Qué malas acciones ha tenido últimamente?
- Ninguna. Han sido todas buenísimas. El otro día las vendí y saqué 10 millones por ellas.

  - *Suegra:* Hija, como vuelva a llegar tu marido borracho no vuelvo a venir a esta casa.
  - *Marido:* Dile a tu madre que lo jure.

- *(En la homilía)* Hermanos, no fuméis, porque un cigarro va a dos cigarros, dos cigarros a un paquete, un paquete a una copa de whisky, una copa de whisky a una botella, una botella a una mala mujer, una mala mujer a varias malas mujeres.
- Oye Manolo, ¿qué marca de tabaco será ese?

  - Cuando ayer caminaba con mi suegra por el parque, aparecieron dos tipos que se echaron encima de ella y comenzaron a golpearla como animales.
  - ¿Y tú qué hiciste?
  - Yo me aparté.
  - ¿Y por qué no te metiste?
  - Porque hubiese sido un abuso pegarle entre tres.

- Antonio, ¿qué están haciendo esos dos animales?
- ¿No lo ves, María? El toro está cubriendo a la vaca.
- ¿Y, cómo sabe el toro que la vaca tiene ganas?
- Por el olor.
- ¿Sí? Pues, vete al médico que tienes un resfriado casi crónico.

  - *(En la iglesia)* Dios mío, Dios mío, haz que me case con un hombre inteligente.
  - *Dios:* Hija mía, los hombres inteligentes no se casan.

- Manolo, ¿por qué será que tu suegra me cae mejor que la mía?
- Es curioso, a mí me pasa lo mismo, la tuya me cae mejor que la mía.

- El día que yo muera quiero que me sepulten en el fondo del mar.
- ¿Y por qué en el mar?
- Porque mi suegra me amenazó con bailar sobre mi tumba cuando yo muera.

  - Julio, ¿conoces a mi adorable esposa?
  - ¡Ah! Pero, ¿es que tienes dos?

- Hoy leeremos la carta del apóstol San Pablo a los filipenses.
- Señor cura, guárdeme el sello que hago colección.

  - Suegra, ¿usted cree en la reencarnación?
  - Pues, claro que sí.
  - Y dígame, si usted se muere, ¿en qué animal le gustaría re-encarnarse?
  - Pues, a mí siempre me han gustado las víboras.
  - No vale repetir, no vale repetir.

- Pepe, ¿sabías que tu amigo Antonio es homosexual?
- ¿Antonio?
- Sí.
- Imposible. No tiene ni el bachillerato y además es maricón.

  - *(En la iglesia)* Virgencita, haz que me devuelvan la burra.
  - *(El sacristán escondido)* Pues, tienes que traerme una tinaja de aceite.
  - Virgencita, haz que me devuelvan la burra.
  - *(El sacristán escondido)* Pues, tienes que traerme una tinaja de aceite.
  - Pero, virgencita, ¿tú qué haces, milagros o churros?

- Pili, tu primer marido era una bellísima persona. Fue una pena que muriera tan pronto.
- Sí. Lo mismo dice mi segundo marido.

- Alberto, ando comprando piso y no sé por qué decidirme.
- Por si te sirve, ¿sabes cómo debería ser el piso ideal?
- Pues, no me lo imagino.
- Mira, debería ser lo suficientemente grande como para que tu mujer no tenga que ir a casa de su madre y lo suficientemente pequeño como para que tu suegra no pueda venir a quedarse a él.

  - ¿Por qué se fue tu hermano a los Estados Unidos?
  - Buscando la libertad.
  - ¿Y le funcionó?
  - Solamente unos días. En el siguiente barco llegaron su mujer y su suegra.

- Buenas tardes, venía a cambiarme el nombre.
- ¿Cómo se llama Vd.?
- Jaime Caca.
- Así, claro. ¿Y cómo querría llamarse?
- Arturo Caca.

  - Cuando tenía 5 años me caí del 5º piso de esa casa.
  - ¿Y no te mataste?
  - No sé, hace tanto tiempo que ya no me acuerdo.

- Doctor, tengo 85 años y ya no marambeo. Pero, tengo amigos de 90, 92, etc. que me cuentan que ellos sí, ¿qué hago?
- Cuénteles Vd. también.

  - Paco, ¿qué tal va tu matrimonio?
  - Pues, si no fuera por la mujer, los hijos y la suegra; iría sobre ruedas.

- ¿Qué es de tu tío Arturo?
- No sé, desde el día de su entierro no le he vuelto a ver.

- *(Una mujer feísima en la iglesia)* San Antonio, San Antonio, yo no te pido nada para mí.
- Entonces, ¿Qué quieres?
- Que le des un yerno a mi madre, por favor.

   - ¿Te has enterado de la desgracia de Juan?
   - No, ¿cuál?
   - Se ha escapado con mi suegra.

- Compadre, me acabo de comprar una vaca y resulta que no le gustan los toros.
- Pues, llévala al fútbol.

   - Te digo que no te fíes de ese tal doctor Ramírez. Tiene que ser malísimo.
   - Pero, ¿por qué lo afirmas con tanta rotundidad?
   - Porque operó a su suegra y le sobrevivió.

- Viene Vd. hecho polvo, ¿Qué le ha pasado?
- Pues, verá doctor, estaba sentado tan ricamente, cuando de pronto vino una bicicleta y me dio un topetazo.
- Comprendo.
- No, si ahí no acaba la cosa, cuando me estoy levantando un camión, me sacude otro golpetazo. Y ahí no acaba la cosa, me levanto y un avión en vuelo rasante me arrea con todo el ala en la cabeza y cuando me iba recuperando viene un transatlántico y me da de lleno con la quilla.
- Vd. perdone, pero lo de la bici me lo creo, lo del camión pase, pero lo del avión y el transatlántico, ya me parece un poco de cuento.
- ¿Cuento? Si no llegan a parar el tiovivo, la vaca, el cerdo, la carroza y la nave espacial me machacan

   - Nena, ¿bailas?
   - No, estoy pedida.
   - Ya me olía yo algo.

- *(El cura por la calle)* ¿Por qué lloras, guapo?
- Porque me llamo Simeón, y si me quitan el sí, me quedo en meón.
- No te preocupes, porque yo soy sacerdote, y si me quitan el sa, me quedo en cerdote.

  - Cariño, ¿verdad que ganas lo suficiente como para mantenerme a mí?
  - A ti y a otra más.
  - ¡Qué bien! Así se vendrá mamá con nosotros.

- Julio, te voy a dar un consejo de amigo. Corre las cortinas de tu casa, porque a eso de las nueve todos los vecinos ven como haces el amor con tu mujer.
- No me hagas reír. A las nueve nunca estoy en casa.

  - Juan, mañana me voy a Lugo.
  - ¿Te vas a Lugo o te vas para Lugo?
  - ¿Y eso qué tiene que ver?
  - Si te vas a Lugo es para volver y si te vas para Lugo es para quedarte.
  - No sé si mandarte a la mierda o para la mierda.

- Doctor, el niño tiene seis meses y todavía no abre los ojos.
- Ábralos Vd. señora, el niño es chino.

  - Mi hermano siempre que va a cualquier lugar tiene una acogida muy calurosa.
  - Debe ser muy popular, ¿no?
  - No, es bombero.

- Manolo, ¿tú qué te llevarías a una isla desierta?
- Un libro, una mujer y una caña de pescar.
- Y todo eso, ¿para qué?
- Mientras la mujer se entretiene con el libro, yo me iría a pescar.

- Hija, tu marido es un degenerado, anoche llegó borracho, se metió en mi cama y me hizo el amor cuatro veces.
- ¿Y tú, mamá, qué le dijiste?
- Nada, ya sabes que no me hablo con él.

   - En mis primeros años de casado quería tanto a mi mujer que me la hubiera comido.
   - ¿Y ahora ya no?
   - Ahora me pesa no haberlo hecho.

- Doctor, mi familia dice que yo pronuncio mal *"federico"*.
- Pues, su familia se equivoca. Usted lo pronuncia perfectamente.
- Menos mal. Cuando llegue a casa, para celebrarlo, abriré el *"federico"* y me tomaré una cerveza.

   - Juan, ¿tiene fotos de tu mujer desnuda?
   - No.
   - ¿Quieres una que tengo dos?

- Los 5.000 euros que debo me están quitando el sueño.
- Habérmelo dicho antes.
- ¿Me prestarás el dinero?
- No, te prestaré unos somníferos.

   - Manolo, ¿sabes que me casado con una muda?
   - Qué suerte has tenido, yo me casé con lo puesto.

- ¿Qué te pasa que vienes tan preocupado?
- Nada, que me acaba de decir el portero, que se ha pasado por la piedra a todas las mujeres del edificio menos a una.
- Bueno, ¿y qué?
- Nada, ¿qué tienes que decir tú a esa acusación?
- Pues, que como no sea la sosa del quinto, no sé quién será.

- Señor López, tengo una noticia buena y una mala que darle.
- Deme primero la buena.
- Le quedan 24 horas de vida.
- ¿Y la mala?
- Que se me olvidó decírselo ayer.

  - Manuel, ¿qué es de tu vida?
  - Pues, nada, me casé y tengo 13 hijos.
  - ¿Todos con la misma?
  - Sí, pero con distintas mujeres.

- En mi casa yo tomo las decisiones importantes y mi mujer se ocupa de los detalles.
- ¿Qué decisiones son importantes?
- No lo sé. En veinte años de casado todo han sido detalles.

  - ¿Dónde vas tan decidido, Manolo?
  - A ponerle los cuernos a todo el pueblo.
  - ¿Qué piensas hacer?
  - Me voy a acostar con mi mujer.

- Hay que ver, Pepe, la fortuna que hizo Henry Ford con los coches.
- Y su hermano Roque con los quesos.

  - Pepe, ¿sabías que mi suegra fue quién consiguió que me hiciera católico?
  - ¿Y eso?
  - Yo no creía en el infierno hasta que la conocí a ella.

- Le amo, él me ama locamente. Tenemos los mismos gustos. Gana mucho dinero, somos muy felices juntos. Sólo hay un obstáculo.
- ¿Cuál es?
- ¿Qué le digo a mi marido?

- ¿Cómo dejas que tu mujer, sin carnet, lleve a tu suegra al médico en el coche? ¿Si tienen un accidente y se matan?
- La esperanza es lo último que se pierde.

> - Pedro, ¿cuántos años llevas casado?
> - Cuarenta años.
> - ¿Tantos años?
> - Sí, pero me han parecido como diez minutos.
> - ¿Diez minutos?
> - Sí, déjame terminar, diez minutos debajo del agua.

- Faustino, ¿qué te pasa que te veo tan preocupado?
- Calla, que los pájaros se me comen todo, el trigo, la cebada, el maíz, la avena ...
- No te preocupes y haz lo que yo.
- ¿Tú qué has hecho?
- Tenía el mismo problema, pero, hace un mes puse un espantapájaros con la foto de mi suegra; y no sólo ya no han vuelto a comer más, sino que me han devuelto lo que se había llevado.

> - Merche, ¿dónde vas a tener el hijo, en casa o en la clínica?
> - En casa.
> - ¿Por qué?
> - Porque en la clínica a lo mejor te lo cambian por un extranjero y no te das cuenta hasta que habla.

- Papá, ¿los marcianos son amigos o enemigos?
- ¿Por qué lo dices?
- Porque ha venido una nave y se ha llevado a la abuela.
- Entonces, son amigos.

> - Manuel, ¿qué te pasa?
> - Que a mi suegra le ha mordido un perro.
> - Vaya faena, ¿no?
> - ¡Qué va! Estaba vacunado.

- Pepe, a mí nunca me han tocado los ciegos.
- Será porque no te habrán visto.

    - ¿Cómo consigues tú que todos tus empleados lleguen tan temprano a trabajar?
    - Pues, muy sencillo, tengo 50 empleados y he hecho un aparcamiento gratuito para ellos sólo de 40 plazas.

- Maestro, ¿es cierto que las mujeres se vuelven amargas cuando se hacen viejas?
- No es cierto, pequeño saltamontes, las mujeres son como el vino; mejoran cada año, si se ponen amargas es porque no le han metido bien el corcho.

    - Oye, tío, vaya suerte que acabo de tener.
    - ¿Qué te ha pasado?
    - Que vengo de una casa de fulanas, estaba mi mujer y no me ha visto.

- Padre, me acuso de que tengo novio, hemos estrenado hoy su coche, un seiscientos, se metió por un camino, me dijo que colocara en una anilla una pierna, la otra pierna en la otra anilla y aprovechando la postura me ha quitado la braga y...
- ¡Mecagüen la...! ¡Cinco años con un seiscientos y ahora descubro para que son las anillas!

    - Me urge que mi hija se case con Arturo.
    - ¿Por qué? ¿No le odiabas?
    - Sí, es que me muero de ganas por ser su suegra.

- Pues, mi suegra murió de un escape de gas.
- ¿Cómo ocurrió?
- Estaba asomada a la ventana, se le escapó a la vecina de arriba la bombona de butano y le dio de lleno en la cabeza.

- Mira Concha, por allí viene mi marido con un ramo de flores. Esta noche me tendré que abrir de piernas.
- ¿Es que no tenéis florero?

- Ring, ring, ring... ¿Dígame?
- Doctor, ahí le mando a mi suegra con la perra vieja, dele un veneno y que no sufra.
- ¿Y la perra sabrá volver sola a casa?

- Pues, he estado toda la tarde haciendo el trabajo de los muertos.
- Pero, ¿qué has hecho?
- En el hotel donde me hospedé había tres viudas.

- Ayer soñé que Raquel Welch y mi mujer se peleaban por mí. ¡Qué pesadilla!
- ¡Qué pesadilla! ¿Por qué?
- Porque ganó mi mujer.

- Pepi, ¿de quién fue culpa de tu divorcio?
- De mi marido. Volvió a casa dos horas antes de lo previsto.

- Pues, mi marido es marino, está once meses fuera y un mes en casa.
- ¿Se te hará el tiempo interminable?
- No, la mitad del mes lo pasa en casa de su madre.

- Para que luego digan de las suegras, la mía hace tiempo me dijo cuatro palabras que me hicieron completamente feliz.
- ¿Qué te dijo?
- Me voy para siempre.

- Manolo, he visto a tu suegra en el zoológico.
- ¿En qué jaula estaba?

- Carlos, cariño, ¿por qué vienes tan triste?
- Es que se ha muerto la suegra de un compañero de la oficina.
- ¿Y por eso te pones triste?
- Sí. Es que todos tienen suerte menos yo.

  - ¿Sabes que me he pasado toda la luna de miel de espaldas a mi marido?
  - ¿Y eso?
  - Mira, que me dio por ahí.

- Pedro, ¿tu madre quiere mucho a tu padre?
- Mucho. Se enamoró de él en cuanto le vio hace veinte años y desde entonces se consume de ganas de volverlo a ver.

  - Paco, ¿por qué no has puesto este año ningún espantapájaros en la viña?
  - No hace falta, está casi siempre mi suegra allí.

- Oye Pepe, ¿tú que colonia usas?
- Lavanda.
- Pues, me parece que se te ha muerto algún músico.

  - María, bájate del coche, ponte detrás y dime si funciona el intermitente.
  - Ahora sí, ahora no, ahora sí, ahora no...

- Así no hay manera de conducir.
- ¡Dichosos peatones, siempre están en medio!
- ¡Hombre, Pepe! Yo creo que si te bajaras de la acera te molestarían menos.

  - Perdón, ¿yo le he visto a Vd. en alguna parte?
  - Es posible, voy mucho por allí.

- Manuela, ¿otra vez viene tu marido a casa borracho?
- Señora, ¿Vd. se cree que si no estuviera borracho iba a venir a esta casa?

> - Para la próxima película de Almodóvar me han contratado de hombre mosca.
> - Fenómeno, ¿y tienes que volar?
> - No, como mierda.

- Raquel, mira lo que dice aquí: Si le das un pescado a un hombre, le alimentarás un día.
- Pues, si le enseñas a pescar, te librarás de él todos los fines de semana.

> - González, ¿qué lleva usted debajo del brazo?
> - El retrato de mi suegra, que se ha venido a vivir a casa.
> - ¿Y para qué lo trae a la fábrica?
> - Para que al mirarlo tener la sensación de que las horas extras de mi trabajo son un premio y no una carga.

- Mi camello se volvió loco y me arreó una patada.
- ¿Dónde?
- En el desierto.

> - Pero, Manuel, ¿por qué llevas esos zapatos tan viejos?
> - Porque ha dicho mi suegra que no vendrá a casa hasta que me los cambie.

- ¿Por qué estás tan preocupado?
- Porque estoy muy gordo.
- Pues, si corres 10 km. diarios adelgazas seguro.
- Vale.
- *(Al cabo de un mes, por teléfono)* Manolo, ya he perdido 30 kg, ¿pero, qué hago yo aquí en Burgos?

- Pues, mi suegra me ha salido muy buena.
- ¿Por qué lo dices?
- Porque no se pone nunca enferma, todo el día la tengo en casa.

- Paco, ¿por qué llevas una foto de tu suegra en el reloj?
- Para llegar a quererla con el tiempo.

- ¡Doctor, tengo un problema muy grave de identidad!
- ¡Cálmese, señor!
- ¡Se-ño-ri-ta!

- Tengo un canario que hace cua...cua...cua...
- Eso no es un canario, eso es un pato.
- Que hace cua...cua...cuatro años que lo tengo.

- ¿Quién es?
- El padre de tus hijos, abre.
- No, hoy no necesito butano.
- Que soy Antonio, tu marido.
- Vaya, ¿por qué me lías, tonto?

- ¿Por qué tiras el yogur a medias? ¿Está malo, acaso?
- No. porque en la tapa he visto que pone *"Consumir preferentemente antes de: ver el fondo del envase"*.

- ¿Tú eres mariquita, o eres tonto?
- ¿Qué?
- Porque tonto no eres.

- Juan, cariño, no entiendo por qué le tienes tanta manía a mi madre, si sólo viene a casa dos veces al año.
- Ya, pero cada vez que viene se queda seis meses.

- Soldado Ramírez, ¿cuánto es 4x8?
- ¡¡¡48, mi sargento!!!
- Así me gusta, bruto, pero enérgico.

- Qué, Pepe, ¿vamos a echar un casquete?
- No puedo Antonio, no llevo dinero.
- Es igual, hombre. Entre amigos no nos vamos a cobrar.

- Mira, Paco, ahí va mi mujer con una amiga.
- ¿Cuál es la afortunada de las dos?
- La de la izquierda.
- O sea, que te casaste con la de la derecha.
- Sí. ¡Qué se le va a hacer! No tengo tanta suerte como tú.

- González, este mes ha solicitado Vd. siete permisos para ir al entierro de su suegra, ¿cómo se explica eso?
- Jefe, es que cuando no es por una cosa es por otra, pero siempre se me estropea el plan.

- Cariño, qué bien hueles esta noche, ¿qué te has puesto?
- Calcetines limpios.

- Paco, ¿qué te pasa que vienes tan serio?
- Que se me ha muerto mi padre.
- Pues, vaya día, a ti se te muere tu padre y a mí se me acaba el bolígrafo.

- Recluta, ¿su apellido termina en *"on"*?
- No, Cabrera, mi sargento, Cabrera.

- Camarero, la cocina debe estar muy limpia.
- ¿Por qué lo dice?
- Porque todo sabe a jabón.

- Paco, ¿tú sabías que ya hay parados con título?
- Pues, yo llevo dos años parado y aún no me lo han dado.

  - Ring, ring, ring... ¿Dígame?
  - ¿Es la conserjería del hotel?
  - Sí, dígame.
  - Tengo un problema. Estamos en el piso 39 y mi mujer y mi suegra se quieren suicidar tirándose por la ventana.
  - No se preocupe, señor, los cristales de las ventanas no se pueden abrir.
  - Pues, ese es el problema.

- He visto a un hombre que pesaba más de quinientos kilos.
- ¡Imposible!
- ¡Déjame acabar! Pesaba más de quinientos kilos de carbón.

  - Camarero, ¿me pone una copa de anís del mono?
  - Lo siento, sólo me quedan *"Las Cadenas"*.
  - Vaya, ¿se ha vuelto a escapar el mono?

- *(En el funeral de un amigo)* Si es que ya se lo decía yo, el tabaco te va a matar
- Pero, ¿qué dices? Si le ha atropellado un camión.
- Ya, pero iba a por tabaco.

  - Vengo a buscar empleo.
  - ¿Habla usted inglés?
  - Sí, señor.
  - ¿Nivel?
  - Excelente.
  - Traduzca *"Entrada"*.
  - Entrance.
  - Haga una frase con ello.
  - Si me fumo un porro entro en trance.
  - Entiendo...

- Papá, el día de mañana, ¿cómo quieres que te enterremos?
- A ser posible muerto, cabritos, que os conozco.

- Cariño, ¿estás bien? ¿dónde estás?
- Estoy en Pachá.
- Ya te lo dije, por comer tantas croquetas.

- (Un catalán) Buenas, venía a poner un anuncio sobre la muerte de mi esposa.
- El precio por palabra es de 50 céntimos. Escriba el texto en este impreso.
  "MURIÓ MANOLITA"
- Perdone, no le dije que lo mínimo son cinco palabras. Vuélvalo a rellenar.
  "MURIÓ MANOLITA. VENDO OPEL CORSA"

- ¿Qué tal tu padre?
- Lo enterramos la semana pasada.
- Siento no haber ido al entierro.
- No te preocupes, otra vez será.

- ¿Es cierto que han despedido al maquinista Gómez por entrar en el despacho del jefe de estación sin pedir permiso?
- Sí, así es.
- Pues, me parece una sanción demasiado severa.
- Bueno, ten en cuenta que entró en el despacho con la locomotora.

- ¿Qué estudia su hija?
- Inglés, francés y álgebra. Ven Carlota, dile a la señora *"Buenos días"* en álgebra.

- Compadre, ¿sabes que Paco está en el hospital?
- ¡No puede ser! Si lo vi anoche bailando con una rubia estupenda...
- Ya, pero es que su mujer también lo vio.

- Hola Raquel, ¿qué has estado haciendo últimamente?
- Un curso de ligue por correspondencia buenísimo.
- ¿Sí?
- Mira, en la segunda semana me he ligado al cartero.

    - He visto entrar al médico en tu casa, ¿pasa algo grave?
    - Grave no, gravísimo, venía a cobrar.

- Después de seis años, mi novio, por fin, me habló de matrimonio.
- ¿Y qué te dijo?
- Que tiene esposa y dos hijos.

    - Pepe, ¿te duelen las muelas para llevar así el pañuelo?
    - No, es que se ha muerto mi suegra y me da no sé qué que se me salte la risa.

- María, quiero estar contigo, vivir contigo, bailar contigo, quiero tener una noche loca y besar tu boca.
- Muchas cosas quieres hacer tú hoy. ¿No sabes que tenemos que ir al Mercadona?

    - Hijo, ¿qué quieres ser de mayor?
    - Influencer, blogger y youtuber.
    - Madre mía, me ha salido gilipoller...

- Camarero, ¿qué cuesta un café?
- Un euro en la mesa y ochenta céntimos si se lo toma de pie.
- ¿Y si me apoyo sobre una sola pierna?

    - Siempre he tenido muy mala suerte en la vida. Una vez me picó una medusa.
    - Bueno, eso le pasa a mucha gente.
    - ¿En Ciudad Real también?

- *(Por el portero automático)* Perdone, ¿es la viuda de Pérez?
- Mire, puntualicemos, soy la 'señora' de Pérez.
- ¿Sí? Pues, asómese por la ventana y verá lo que sacan de un furgón.

  - *(En Correos)* Buenas, ¿me juancarlea este sobre?
  - Querrá decir, me franquea.
  - ¿No me diga que ha resucitado?

- Oye, ¿tú qué clase de animal eres?
- Yo soy un perro lobo.
- ¿Y cómo es eso?
- Es que mi padre era un perro y mi madre una loba. ¿Y tú qué eres?
- Yo soy un oso hormiguero
- ¡Anda ya!

  - Manolo, como vuelvas a llegar otro día borracho me voy a casa de mi madre.
  - ¡Júramelo!

- Camarera, por favor.
- ¿Qué desea el señor, té o café?
- Échate, nena, échate.

  - Pepe, cariño, a ti el día de mañana, ¿cómo quieres que te entierren?
  - A poder ser, muerto...

- Paco, ya llevamos 40 años de novios, ¿por qué no nos casamos?
- Loli, tú crees que nos querrá alguien.

  - Doctor, ¿cómo ha ido la operación de mi suegra?
  - Pero, ¿no era una autopsia?

- ¿Qué te pasa que está tan triste?
- Mi hijo el pequeño, que me ha salido mariquita.
- Pues, si es de su gusto, que le den por el culo.

    - ¡Qué majico viene el Tajo!
    - ¿Qué dices? ¡Si es el Ebro!
    - Es que yo sin gafas no veo nada.

- *(En la playa)* Señor, una limosna por favor, llevo 15 días sin comer.
- Pues, ya puede usted bañarse, no se le va a cortar la digestión.

    - Me ha dicho el médico que deje la bebida porque tengo una rosa de patitas.
    - ¿Qué?
    - Una rosa de patitas.
    - Cirrosis hepática, gilipuertas.

- ¿Cómo habéis puesto un cajero tan feo?
- Porque si se escapa con el dinero será más fácil identificarle.

    - Vamos a ver, se le acusa de matar a su suegra y a su perro, ¿qué tiene que decir?
    - Que estaba fuera de control, yo no quería matar al perro.

- ¿Dónde va Vd. con el armario a cuestas?
- Me estoy cambiando de casa y ando de mudanza.
- Podría haber avisado a sus amigos y le hubieran echado una mano.
- No se preocupe, ya va mi cuñado dentro del armario sujetando las perchas.

    - ¿Qué tal con tu mujer?
    - Se me duerme en el acto.
    - Pues, tienes suerte, la mía se me duerme antes.

- ¿Calza Vd. un 42 y quiere unos zapatos del 40? Le van a hacer mucho daño.
- Si Vd. viviera con mi suegra, lo entendería. Los quiero del 40 para por lo menos disfrutar al descalzarme.

> - Oye, Pepe, ¿tú desde cuando llevas gafas?
> - Desde que maté a una mosca de un manotazo.
> - Pues, no lo entiendo.
> - Es que no era una mosca, era un clavo.

- Mariano, ¿sabes que ayer hemos enterrado a mi suegra?
- ¿Sí? ¿De qué ha muerto?
- En realidad sólo tuvo un desmayo, pero como ya habíamos hecho las esquelas y todo, decidimos enterrarla.

> - *(En el veterinario)* Vengo a cortarle la cola al perro.
> - ¿Por qué?
> - Porque mañana viene mi suegra y en casa no quiero ninguna manifestación de alegría.

- Marisa, tantos años sin vernos ¿qué has hecho en este tiempo?
- Me casé, entre otras cosas.
- ¡Anda! Yo también me casé.
- ¿Y qué tal te va la vida conyugal?
- Muy mal, hija, porque mi marido es del Opus Dei, y unos días por el Opus y otros por el Dei, al final nunca hacemos nada en la cama.
- ¿Y tú qué tal?
- Pues, a mí muy bien, porque mi marido es luterano, y unas veces por el útero y otras por el ano...

> - *(En el juzgado)* Venía a poner nombre al niño.
> - ¿Cómo le quiere poner?
> - Bricolaje.
> - ¿Bricolaje?
> - Sí, es que lo hice yo mismo.

- *(En un WC público)* Manolo, ¿para mear te sientas en el wáter?
- Calla, que esta me hizo ayer quedar tan mal, que no quiero ni verla y mucho menos darle la mano.

    - Cariño, te noto preocupado, ¿qué te ha dicho el médico acerca del pene?
    - Que lo he usado demasiado durante estos años, y que está gastado, así que sólo podré echar 30 kikis más.
    - ¿Sólo 30 veces más? ¡Cielos!
    - Sí, es un desastre.
    - Pues, tenemos que aprovechar bien las 30 veces, vamos a hacer una lista.
    - Lo siento, ya la he hecho mientras venía para casa, y tú no estás en ella.

- Oye Paco, he comprado un condensador de protones estroboscópicos con fisionador calimastrado y lo he puesto en mi patio.
- Espera un momento, ¿qué coño es un patio?

    - Papá, ¿has sido tú el que se ha tirado ese pedo?
    - Si, hijo, he sido yo.
    - Ya me parecía mucho pa'la mula.

- Juan, mi amor, cuando nos casamos me dijiste que me ibas a poner sirvienta.
- Sí, pero de apodo.

    - Manolo, de todos los miembros de tu familia, ¿con cuál disfrutas más?
    - ¿Yo? Con el mío.

- ¿Qué harás si no te eligen en estas próximas elecciones?
- No lo sé.
- ¡Cuántas veces te he dicho que aprendieras un oficio!

- Doctor, el paciente de la 19 cada vez que me inclino a tomarle el pulso tiene una aceleración fortísima. ¿Qué debo hacer?
- Abrocharse la blusa, señorita.

    - Doctor, dígame qué tiene mi marido.
    - Pues, una mujer preciosa.
    - Doctor, por favor, que soy una mujer casada.
    - Por poco tiempo, señora.

- Alejandro, me he enterado de que ha muerto tu hermano. ¿De qué ha muerto?
- De un accidente laboral.
- Pero, ¿no llevaba cinco años en el paro?
- Sí, pero le avisaron del INEM para un trabajo y le dio un infarto.

    - ¿Cuántos años tiene Vd.?
    - Noventa.
    - ¿Cómo ha conseguido llegar a esa edad?
    - Dejé de fumar el año pasado.

- *(Con acento inglés)* Camarero, hay *"un"* mosca en la sopa.
- No es *"un"* mosca, es *"una"* mosca.
- ¡Caray! Vaya vista que tener usted.

    - Mi mujer me dijo que necesitaba más espacio.
    - ¿Y qué hiciste?
    - Le amplié la cocina y le regalé un disco duro de 2Tb.

- Con el dinero que he ahorrado me compraré una moto.
- Pues, yo me compraré una vaca.
- Estarás muy ridículo montando a la vaca cuando quieras hacerla correr.
- Más ridículo estarás tú ordeñando a la moto.

- Pues, su marido ya está curado y mañana ya puede ir a trabajar.
- Qué bueno es Vd. doctor, además de curar a mi marido, le encuentra trabajo.

  - Doctor, tengo un complejo de inferioridad muy grande, me siento tan poca cosa...
  - Usted no tiene complejo de inferioridad, convénzase, usted es inferior y punto.

- *(Bañando a su bebe con la vecina)* Rocío, fíjate bien, ¿a quién se parece el bebé más, a mi marido o a mí?
- Al principio le encontraba bastante parecido a ti, pero ahora que lo veo desnudito me parece que es igualito a tu marido.

  - ¿A qué te dedicas ahora?
  - Tengo un trabajo muy absorbente.
  - ¿Muchas horas trabajando?
  - No, que trabajo en una fábrica de compresas.

- ¿Es grave doctor?
- ¿Usted ha oido el refrán ese que dice *"lo que no mata engorda"*?
- Sí, por supuesto.
- Pues, ha comido algo que no engorda.

  - Antonio, voy a la comisaría a poner una denuncia a Gustavo Adolfo Becquer.
  - ¿Por qué?
  - Porque te ha copiado todos los versos que tú me escribías cuando éramos novios.

- Manuel, yo no soy machista, yo le dejo hacer a mi mujer todo lo que quiera, pero dentro de unos límites.
- ¿Cuáles son los límites?
- Los de la casa.

- Si vas caminando por la selva y te sale un león, ¿qué harías?
- Saldría corriendo.
- ¿Y si te sigue?
- Me subo a un árbol.
- ¿Y si trepa el león?
- Saco el cuchillo.
- ¿Y si se te cae el cuchillo?
- Pero bueno, ¿de quién eres amigo, del león o mío?

    - Perdone, ¿en este hotel se cobra por noche o por día?
    - Por noche, señor.
    - Bueno, entonces sólo me quedaré de día.

- Pepe, cariño, dime algo bonito que me haga ver las estrellas.
- Un telescopio.

    - Te amo desde que te vi por primera vez.
    - ¿Y cómo estás seguro de que es amor?
    - Porque no puedo respirar cuando te veo.
    - Eso es asma.
    - Pues eso, te asmo.

- Manuel, como cambian los tiempos...
- ¿A qué te refieres?
- Antes las visitas te pedían agua y te preguntaban por el baño.
- Ahora te piden la clave del wifi y te preguntan por los enchufes.
- A eso me refería...

    - Nuria, cariño, voy a hacerte un cartel para que lo pongas en tu armario.
    - ¿Un cartel?
    - Sí. Tienes el armario lleno de: *"NO SÉ QUE PONERME"*.
    - Pues, haz también uno para el tuyo que está lleno de: *"ESTO MISMO"*.

- Oyendo a un loro cantar y sin verlo, adivino su color y su edad.
- ¿Y aciertas?
- Nunca.

- Camarero, ¿tiene Vd. todavía aquel vino que bebimos la semana pasada?
- Sí, tengo una barrica.
- Pues, tráiganos agua mineral.

- Deberías aprender de nuestro vecino, ¿has visto como besa a su mujer cuando llega del trabajo? Pues, tú deberías hacer lo mismo.
- Ya lo intenté, pero me llevé una bofetada.

- *(En el bautizo)* ¿Qué nombre le van a poner al niño?
- Lunes Tormentoso.
- Pero, eso no es un nombre...
- ¿Ah, no? ¿Y Plácido Domingo, sí?

- Oye, Mariano, ¿dónde has ganado esa copa tan bonita?
- En un concurso de matemáticas.
- No sabía que se te dieran tan bien las matemáticas.
- Sí, la gané de la forma más fácil. Nos preguntaron cuánto son 7 y 7, dije 12, y quedé el tercero.

- Don José, quería decirle que estoy enamorado de su hija y quiero casarme con ella. Le prometo que no es por el dinero.
- ¿Y cuál de mis hijas es la agraciada?
- Pero, ¿tiene varias?
- Hombre, tengo más de una.
- Pues, me conformo con cualquiera.

- Ring, ring, ring... ¿Dígame?
- ¿Es la Casa Blanca?
- ¿Ya estamos con las bromitas? *(Contestó el negro)*

Jesús Escudero Martín - Diálogos con humor (I, II, III y IV)

- Ring, ring, ring... ¿Dígame?
- ¿Es la consulta de sexología?
- Aquí es. Usted me dirá.
- Doctora, ¿puedo tomar anticonceptivos con la diarrea?
- Mira yo los tomo generalmente con agua... la opción es tuya. Espero tengas vasos desechables a mano.

> - Manolo, tu mujer se preocupaba por el futuro hasta que te conoció a ti.
> - Pues, yo nunca me preocupaba por el futuro hasta que la conocí a ella.

- Pepe, qué pena me da verte entrar en los bares.
- Pues, si me vieras cuando salgo.

> - Buenos días, quería 10 barras de pan.
> - ¿Por qué las pide con dos V?
> - Porque se las pido en números romanos.
> - Pero, 10 en números romanos es una X.
> - Ya, pero es que las quiero en bolsas separadas.

- Manolo, según las últimas estadísticas, de cada tres niños que nacen en el mundo dos son chinos.
- ¿Seguro?
- Bueno, menos en China que son los tres.

> - Doctor, ¿cómo hago para quitarle los moratones de los senos a mi hija?
> - Úntele caca de vaca en ellos.
> - ¿Con eso se le quitarán, doctor?
> - Sí, porque su novio ya no se los chupará.

- ¿Ha vivido Vd. en este pueblo toda su vida?
- No, todavía no.

- *(La suegra desde dentro del ataúd)* ¡Sacarme de aquí que no estoy muerta! ¡Sacarme de aquí que no estoy muerta! ¡Sacarme de aquí que no estoy muerta!...
- *(El yerno)* ¡Cállese señora! ¡O va a saber Vd. más que el médico!

    - Oye, ¿dónde vas con ese cerdo?
    - ¿Pero, qué dices? ¡Si es una cabra!
    - Oye, que yo hablaba con la cabra.

- Doctora, hay personas que sólo piensan en fornicar.
- ¿Por qué lo sabe Vd.?
- Lo sé, porque me conozco muy bien.

    - Perdone, señora, yo vengo al cine a divertirme.
    - ¿Ah, sí?
    - Lo digo, porque, o se quita Vd. el sombrero o se quita Vd. las bragas.

- Me gustan tanto las aceitunas, que me como hasta los huesos.
- Pero, ¿es que tienen hueso?

    - *(Pareja cruzando el puente de un río)* Manuel, cariño, ¿si me cayera al agua, me salvarías?
    - Vamos a ver, ¿si digo *"sí"* saltarías?

- Yo nunca discuto con mi mujer.
- ¿Tanto la temes?
- No, pero es capaz de recordar cosas que aún no han pasado.

    - *(En la Ópera)* Papá, ese señor del palito, ¿por qué amenaza a la gorda que canta?
    - No, hijo, la está dirigiendo.
    - ¿Y por qué chilla tanto la gorda?

- Vamos a ver señorita, desnúdese por completo.
- Pero, si otro colega suyo me ha reconocido hace cinco minutos y me ha dicho que estoy estupenda.
- A mí también me lo ha dicho, por eso quiero comprobarlo.

> - Juan, ahora que acabas de casarte, recuerda que para que tu matrimonio dure, siempre tiene que haber un equilibrio.
> - ¿Un equilibrio?
> - Sí. Toma nota: unas veces tiene la razón ella y otras te equivocas tú.

- ¿Cómo hiciste para que tu marido ya no regrese tan tarde por las noches?
- Muy fácil. Una noche que lo hizo, procurando no meter ruido, le dije en voz alta: ¡Entra Rafael! Y ya sabes que mi marido se llama Petronilo.

> - Señora, ¿quiere que el padre del niño esté presente durante el parto?
> - Doctor, prefiero que no. No se lleva bien con mi marido.

- Antonio, ¿has estado enfermo?
- Sí, las pasé canutas por comerme una caja de bombones.
- ¿Es posible?
- Sí, no sabía que era alérgico al cartón.

> - Pepe, ¿por qué vas de luto?
> - Porque acabamos de enterrar a mi abuela que murió ahogada en un ascensor.
> - Te acompaño en el sentimiento. Pero, ¿cómo se ha podido ahogar en un ascensor?
> - Tú sabes que mi abuela tenía 90 años, pues, entró en el ascensor y detrás de ella un chico de 20 años que le dijo: Señora lo siento mucho pero la voy a violar. A mi abuela se le hizo la boca agua y se ahogó.

- Paco, vaya moratón que tienes en la mejilla. Además lo tienes hinchado, ¿no?
- Sí, es por culpa de la viagra. Como ya hace un mes que la estoy tomando...
- ¿Cómo que por la viagra? Pero, la viagra actúa sobre el pene, que yo sepa...
- Ya, pero ahora cuando llego a casa, mi mujer me da un pellizco en la mejilla y me dice: ¡Pero qué contenta me tienes!

- Ring, ring, ring... ¿Dígame?
- ¿Es la mercería?
- Sí, señor.
- ¿Qué tal andan de puntillas?
- Muy incómodos.

- Cariño, ya acosté al niño y está la cena en el horno.
- Pero, si en la cama hay un pollo.
- ¡Apaga el horno! ¡Apaga el horno!

- Pepe, vaya coche más viejo que tienes.
- Sí, sí, viejo... Cada vez que saco la mano para girar me echan una limosna.

- ¿Qué pensaste cuando metimos su flauta en el ataúd de tu marido?
- Pues, que fue una bendición que dejara la carrera de pianista.

- Alfredo, ¿cómo está tu mujer?
- Regular.
- ¿Está enferma?
- No, pero las hay mejores.

- Juan, cariño, antes de morirme, dime la verdad, ¿me has engañado alguna vez?
- ¿Y si luego no te mueres, qué?

- *(En un ascensor)* Vaya... ¿Se le ha escapado a Vd. un pedo?
- Elemental, yo no huelo siempre así.

   - Mi amor, ese vestido te hace bastante gorda.
   - Cariño, estoy desnuda...

- Así con el pelo corto no tengo aspecto de vieja, ¿verdad, hija?
- *Yerno:* No, así parece Vd. un viejo.

   - Manolo, en Semana Santa podíamos hacer un viaje a Canarias.
   - No, no hay billetes.
   - Pues, a Mallorca.
   - Imposible, tampoco hay billetes.
   - ¿Y a París?
   - Lo mismo.
   - Pues, a Londres.
   - No hay billetes.
   - Pero, ¿por qué sabes que no hay billetes?
   - Porque he ido al banco esta mañana y lo he visto.

- Merche, tengo un terrible dolor de cabeza. Parece que me estalla...
- A mí, cuando me duele la cabeza, mi marido me lleva a la cama, hacemos el amor y se me pasa. Deberías probar.
- Muy bien, ¿a qué hora llega tu marido?

   - Manuel, acabo de oír en la tele al Presidente del Gobierno, que acabará con la pobreza, ¿qué te parece?
   - Bien, pero se refiere a la suya.

- Y dígame, ¿por qué disparó a su mujer y no al hombre que estaba con ella?
- Señor juez, tenía la alternativa entre matar a una mujer de una vez por todas o matar a un hombre cada semana.

- *(Pareja de ancianos en misa)* Pepe, me acabo de tirar un pedo silencioso. ¿Qué hago?
- Ahora nada, pero después cámbiale las pilas al sonotone.

    - ¡Mamá, encontré trabajo!
    - ¡Qué bien, hijo! ¿Dónde?
    - Aquí, en el diccionario, mira: TRABAJO.

- Venía a pedir la mano de su hija.
- Muy bien ¿y cuánto gana Vd. al mes?
- Unos 400 euros.
- Con eso mi hija no tiene ni para limpiarse el culo, más vale que se busque otra.
- Marisa, ¿has oído lo que acaba de decir tu padre?
- Sí, ¿y qué pasa?
- ¿Qué pasa? Que no me habías dicho que eras tan cagona.

    - Sergio, cariño, me acabo de hacer un seguro de vida por 50 millones de euros, para que cuando muera no pases angustias económicas.
    - Tranquila, mi amor, con que te mueras es suficiente.

- Si nos vamos a morir aquí dentro podíamos echar un kiki...
- Señora, que solo llevamos un minuto atrapados en el ascensor.
- Calla y bésame, ladrón.

    - Oficial, le juro que murió por un golpe de calor.
    - Lo sé, señora, ahora suelte la plancha lentamente y suba las manos.

- Doctor, me da tanto miedo sacarme la muela, que casi prefiero tener un hijo.
- Pues, decídase para poner el sillón de una forma o de otra.

- ¿Sabes que mi marido se ha empeñado en suicidarse?
- Bueno, mujer, tienes una edad estupenda para estar viuda.
- Si no es eso lo malo. Lo malo es que se ha empeñado en matarse con el coche... ¡Fíjate cómo va a quedar el pobre coche! ¿No le podría dar lo mismo tomarse un tubo de aspirinas y dejar en paz el pobre coche?

- Cariño, tengo que decirte que no eres buena cocinera.
- ¿Cómo te atreves? ¿A qué viene esto?
- ¿No ves que hasta se te ha quemado la ensalada?

- Papá, ¿soy adoptado?
- Te elegimos negro para no tener esta conversación.

- ¿De dónde viene el gilipollas del jefe?
- De comprarme un sonotone, ex-conserje.

- Aquí tiene la factura.
- ¿Cómo? ¿Por arreglar un grifo en 10 minutos me pasa una factura de 500 €?
- Es mi tarifa habitual.
- Mire, señor fontanero, yo soy abogado y no cobro por mi consulta ni la mitad de lo que usted me está cobrando.
- Ya lo sé, cuando yo ejercía de abogado también cobraba la mitad.

- ¿Cenamos juntos esta noche?
- *(Amigo gorrón)* Vale, ¿a qué hora voy a tu casa?

- Camarero, ¿por qué mete el dedo en mi sopa?
- Porque me lo he pillado con la puerta y tengo que meterlo en algo caliente.
- ¿Y por qué no se lo mete en el culo?
- No, si ya lo hago entre plato y plato.

- Conduce Vd. muy mal, ¿dónde le han dado el carnet de conducir?
- Agente, ¿quién le ha dicho que tengo carnet?

  - *(En un taxi)* Oiga, ¿se puede fumar en el taxi?
  - No, señor.
  - Entonces, ¿para qué están los ceniceros?
  - Para los que no preguntan.

- Señor, come Vd. como un mulo...
- Pues, cuando me traiga la cuenta, no se vaya que me va a ver correr como un galgo.

  - ¡Desgraciado! ¿No te da vergüenza volver a casa a las cinco de la mañana?
  - De volver nada, que vengo a por la guitarra.

- ¿Qué le pasa a usted, señora?
- Tengo un grave problema con las domingas.
- ¿Con las domingas?
- Sí, tóquemelas un poco... Ve como se me ponen de duras.
- Ya veo, ya.
- ¿Y cree que esto será grave?
- Grave, no sé, pero contagioso una barbaridad.

  - Oye Manuel, ¿qué significa ese cartel *"ENGLIS SPOKEN"*?
  - No lo sé, pero el que me vendió el bar, me dijo que atraía mucho a los turistas.

- ¿Qué hace Vd. en lo alto de esa palmera?
- Comiendo higos.
- Pero, si en las palmeras no hay higos.
- Yo me compro un kilo de higos y me los como donde me sale de las narices.

- Soldado, tenemos que escondernos detrás de esas rocas grandes.
- ¿Parapetarnos, mi capitán?
- Como tú quieras, pillín.

> - Cariño, ¿dónde está el niño?
> - En inglés.
> - ¡Será posible! Where is the boy?

- Manolo, llevas media hora con el teléfono pegado a la oreja y no dices ni una sola palabra. ¿Qué es lo que haces?
- Estoy hablando con mi mujer.

> - Pero, Pepe, ¿qué te pasa?
> - Pues, que Indalecio me ha llamado viejo y gilipollas.
> - Pues, no tiene razón, todavía eres bastante joven.

- Doctor, ¿Qué es lo que tengo?
- Poca cosa, se ha roto Vd. el tendón de Aquiles.
- Pues, me duele como si fuese mío.

> - Oye, Manolo, esta noche cambian la hora, ¿no?
> - Sí, a las dos tienes que poner las tres.
> - ¿Tú sabes cómo cambiársela al gallo?

- Manolo, tengo que despedir al chofer.
- ¿Por qué, Luisa?
- Porque esta semana ha estado a punto de matar a mi madre tres veces cuando la llevaba en el coche a la peluquería.
- Anda cariño, dale otra oportunidad...

> - Hola, ¿cómo te llamas?
> - Vanessah, con "v" y "h".
> - ¿Con VIH? Vaya, lo siento de corazón...

- Señorita, ¿Vd. conoce la técnica amorosa de los 60 segundos?
- Pues no.
- ¿Tienes un minuto de tiempo?

  - ¿Qué tal vas en inglés?
  - Perfecto.
  - ¿Sabes qué es *"I am"*?
  - Fácil. La 1 de la mañana.

- Manuel, me ha dicho el médico que tengo que cambiar de aires, que tengo que ir a Miami, Hawai...
- De momento, de lo que vas a cambiar es de médico.

  - ¿Así que tu papá manda en casa?
  - Sí, él manda pero nadie le hace ni caso.

- *(Árbitro en el campo de fútbol al comienzo del partido)* ¿Qué hacen todos los espectadores con la escopeta?
- Para festejar cuando marca el equipo local.
- ¿Y si marca el equipo visitante?
- Eso todavía no ha ocurrido nunca.

  - Hola, es usted experto en música clásica, ¿verdad?
  - Así es.
  - Hábleme de la Quinta de Beethoven.
  - Uy. Pues, todos muertos están ya...

- Paco, ¿por qué has tardado tanto en ir a por el pan?
- ¿Yo?
- Que te conozco, ¿no te habrás enredado con tus amigotes?
- Que no, Loli, que no. No inventes...
- Vale, vale, te creo... ¿Y la barra?
- ¡Llenita de gente!

- (En el psiquiatra) Doctor, cada noche tengo el mismo sueño: empujo una puerta con una palabra escrita encima. Empujo, empujo y empujo, pero nunca consigo abrirla.
- ¿Y que hay escrito en la puerta?
- Tirar.

    - Manuel, te veo muy contento, ¿por algo en especial?
    - No, que anoche se rompió la tele en casa y estuve hablando con mi mujer.
    - ¿Y por eso estás contento?
    - Es que es muy simpática.

- ¡Son las ocho de la mañana! ¿De dónde vienes a estas horas?
- Papá, es que he tenido mi primera experiencia sexual.
- Muy bien, entonces, sentémonos y hablemos.
- Sí, tengo yo el culo como para sentarme...

    - Soy un tipo saludable.
    - ¡Ah! ¿Comes sano y todo eso?
    - No, que la gente me saluda...

- Mi madre dice que yo fui siempre un niño muy inteligente, al parecer a los ocho meses ya sabía andar.
- ¿Y a eso le llama tu madre ser inteligente? Fíjate, a mí a los tres años todavía me llevaban en brazos. Eso sí que es ser inteligente.

    - Perdone la intromisión, ¿por qué anda así? ¿Es Vd. cojo?
    - No, señor, es que me fusilaron mal.

- (El abuelo agonizando) Antes de que palme me tenéis que hacer socio del Sevilla.
- Pero, abuelo, 30 años socio del Betis, ¿y ahora quiere ser socio del Sevilla?
- ¿No será mejor que palme un socio del Sevilla que uno del Betis?

- Camarero, este filete está lleno de nervios.
- No me extraña, es la primera vez que se lo comen...

  - Buenos días, doctor.
  - ¿Qué le pasa?
  - Que odio a mi madre, a mi padre, a mi hermano, a mi hermana...
  - ¿Y a mí qué me cuenta?
  - ¿No es Vd. el médico del odio?
  - No, hombre, no, del oído, del oído.

- Hija, lo que me han dicho que has hecho no tiene nombre.
- Todavía no papá, pero esperamos nueve meses y le ponemos uno bien bonito. ¿Vale?

  - Marisa, a las diez en punto te pito y bajas.
  - Pero, cariño, ¿te has comprado un coche?
  - No, un pito.

- Vaya susto que me llevé ayer...
- ¿Susto? ¿Por qué?
- Vi corriendo al Pedro y me puse a correr yo también.
- ¿Qué pasaba?
- Nada, pero como nunca hace deporte pensé que era algo grave.

  - Tío, me han diagnosticado alopecia.
  - Pues, qué calvario.
  - No tiene gracia.
  - Ya, ni un pelo.

- Le he dicho a mi mujer que ella no es nadie para juzgar a mis amigos y que me iré de juerga con quien me dé la gana.
- ¿Y ella qué ha dicho?
- ¡No murmures entre dientes que no se me entiende nada!

- Manolo, ¿cuándo tuviste tú el primer contacto con la democracia?
- Pues, cuando elegimos delegado de clase, que por cierto era el más tonto.

  - Pues, yo trabajo en el Pentágono.
  - Querrás decir en el polígono.
  - Bueno, más o menos.

- Estoy muy preocupado. Mi mujer me ha dicho *"haz lo que quieras"*.
- Pues, vaya suerte, ¿no?
- No, he mirado en Internet la etimología de la frase y viene del latín.
- ¿Cómo es?
- Mira, es *"cuid ad ito"* que si lo analizas bien es: *"CUIDADITO"*.

  - Pues, mi novia me regaló un rompecabezas que sólo traía las letras T, E, A, M, y O.
  - Mira, qué original.
  - ¿Original? Pues, no veas qué cabreo me pillé.
  - Cabrearte, ¿por qué?
  - ¿Tú sabes quién es Mateo?

- Hijo, ¿qué tal en tu primer partido como árbitro?
- Mamá, muy bien, el resultado fue Barcelona cero, Real Madrid uno. Además 90.000 personas me dieron muchos recuerdos para ti.

  - Marisa, ¿has visto mis bolas de hierro?
  - ¿Las que estaban en el trastero?
  - Sí, esas.
  - ¿No eran bolas chinas?
  - No, eran de petanca.
  - Ya decía yo...

- Oye, ¿es verdad que eres sordo?
- Un poquito, pero ya me he puesto a dieta.

- Hola, ¿me da un condón?
- Oiga, por favor, que aquí hay dos señoritas, ¿es que no tiene educación?
- Perdone, tiene usted razón, entonces deme tres.

> - Paco, nunca me escuchas cuando te hablo.
> - Qué síííí.
> - A ver, ¿qué he dicho?
> - ¿No te acuerdas de lo que has dicho? Madre mía, Trini...

- Mi último recibo de la luz viene con un error gramatical y el tuyo creo que también.
- ¿No me digas? ¿Cuál es?
- Mira, pone *"estimado señor"* y debería poner *"es timado señor"*.

> - Cariño, ¿qué son esos hilos que salen de tus orejas?
> - Mari, me dijiste que para dormir me pusiera tus...
> - Tapones, Juan, TA-PO-NES.

- Señorita candidata: ¿En qué partes del mundo se da el café?
- Principalmente se da a las visitas y en los velatorios.

> - Oye, Juan, ¿te acuerdas de cuando estábamos en la mili, hace 70 años, y nos daban aquellas pastillas para que no persiguiéramos a las mujeres?
> - Sí, ¿qué pasa?
> - Que ya me han empezado a hacer efecto.

- El científico griego, Mikis Mansóculos, después de un largo y minucioso estudio, llegó a la conclusión de que, las personas con una capacidad cerebral pequeña y de muy poca actividad sexual, leen sus e-mails con la mano puesta sobre el ratón.
- Pero, ¿está ya comprobado?
- No te molestes en retirarla ahora, ya es demasiado tarde.

- Hombre Eduardo, ¿cómo te va la vida?
- Así, así...
- ¿A qué te dedicas?
- Escribo en el periódico.
- ¿De verdad? Eso está muy bien. ¿En qué sección?
- En la de *"Demandas de empleo"*.

> - Me han dicho que tienes fama de tisquimiquis.
> - Tisquimiquis no, tiquismiquis.

- Manuel, me han insinuado el otro día que mi mujer me la pega.
- ¿Y es verdad?
- Mira, ayer la seguí.
- ¿Y qué pasó?
- Pues nada, vi que se salía de noche de casa y que un hombre la esperaba en un coche en la puerta, la llevó a su casa, y entraron; después pude ver por la ventana que mi mujer se desnudaba y se metía en la cama, y que el hombre hacía lo mismo.
- ¿Sí? ¿Y qué ocurrió?
- Nada, bajaron la persiana y me quedé con la duda.

> - Cuando mi suegra habla, yo escucho...
> - Pues, nadie hace eso...
> - Déjame terminar, escucho la radio o la televisión...

- Manolo, ¿conoces a los cinco judíos que cambiaron la forma de ver el mundo?
- Pues, espero que me los digas tú ahora mismo.
- Mira, Moisés: *"La ley es TODO"*. Jesucristo: *"El amor es TODO"*. Marx: *"El capital es TODO"*. Freud: *"El sexo es TODO"*. Después vino Einstein y los mandó a todos al carajo: *"TODO es relativo"*.

> - *(En la biblioteca)* ¿Puedo sacar un libro sobre suicidios?
> - Pero, hombre, y si... ¿quién lo devuelve?

Jesús Escudero Martín - Diálogos con humor (I, II, III y IV)

DIÁLOGOS CON HUMOR (IV)

- Esta mañana he estado a renovar el DNI.
- ¿Y ha ido todo bien?
- Bueno, he cambiado lo que estaba puesto en el apartado *"SEXO"*.
- ¡Ah! ¿Y se puede?
- Sí, he puesto *"muy poco"*.

Paco, elige, el futbol o yo

Puri, espera al descanso y te ayudo a bajar las maletas

- ¿Nivel de inglés?
- Alto.
- Bien. Traduzca *"memoria"*.
- Memory.
- Perfecto. Úselo en una frase.
- Salté por una ventana, caí a la calle y memory.
- Contratado.

- *(Entre dos borrachos)* Pues, yo dedico 200 euros semanales a lucha contra el alcohol.
- ¡Venga ya! No me lo creo.
- Que sí, tío, cuanto más bebo yo, menos beben los demás.

- Perdone, ¿qué hace Vd. aquí tan quieto y pensativo?
- Pues, eso. ¿Le parece a Vd. mal?

> ME INCÓMODA DAR ÉSTA NOTICIA... USTED ES ESTÉRIL
>
> MAS INCÓMODA SE VA A PONER MI SEÑORA... TENEMOS TRES HIJOS

- Ring, ring, ring... ¿Dígame?
- Perdone, ¿dónde está Vd.?
- Mire, le doy tres pistas: Sol, arena y cervezas.
- ¿Está en la playa?
- No, estoy en la obra, soy albañil.

- ¿Nivel de inglés?
- Alto.
- Bien. Traduzca *"necesidad"*.
- Need.
- Perfecto. Úselo en una frase.
- Póngame una copita de a need del mono.
- Contratado.

- *(En el psiquiatra)* Mi suegra me está matando. Sé que me voy a morir. ¿Tengo cura?
- Claro que sí, en cualquier iglesia encontrará uno.

  - Manolo, a mí el dinero no me hace feliz.
  - Pues, no creo que te pase lo que a mí.
  - ¿Qué es lo que te pasa a ti?
  - Que tampoco me hace feliz. El dinero me hace falta.

> Mi amor, dime algo dulce!
>
> El azucar
>
> No, cariño, algo que me guste mucho!
>
> Salir de compras y acabar con la visa
>
> No mi amor no! quería decir algo sexy!
>
> Ah vale, tu hermana!

- Pedro, ¿te has enterado de que Gonzalo murió en el ring?
- Pues, no sabía que era boxeador.
- No lo era, quedó electrocutado al tocar el timbre.

  - Yo, a mi suegra la veo como a una nube.
  - ¿Cómo una nube? ¿Por qué?
  - Cuando se va de casa se queda un día estupendo.

- Qué te pasa por qué estás tan asustado?
- Que mi suegra está loca. Me ha dicho que si no le consigo mil euros se riega de gasolina y se prende fuego.
- Vaya, ¿y qué has conseguido hasta ahora?
- Cinco litros y medio de gasolina.

- ¿Sabes, Paco? Mi hija, es igualita a mí.
- Estarás contento, Pepe.
- Yo sí, ella no me lo perdona.

> ¿Sabes que Ana y Pepe se van a separar?
>
> Con lo enamorados que se veían, y ¿quién es el culpable?
>
> ¡El culpable es él, que se fue en un viaje de negocios y regresó dos días antes sin avisar!

- Doctor, cuando me meto una raya me quedo como atontado, como colgado, como...
- ¿Abstraído?
- Medio gramo, pero es para esta tarde.

- Mamá, conseguí un papel en el casting.
- ¡Qué alegría, hijo! ¿Y de qué harás?
- De marido.
- Bueno, no te preocupes, ya te tocará un personaje con diálogo la próxima vez...

- ¡Juan, a tu mujer y tu hija se les ha caído una estantería encima y están aplastadas!
- ¿Están qué?
- Estantería tío, lo de los libros.

- *(Entre vecinos)* ¡Oye!, ¿tú por qué abres las cortinas cada vez que tu mujer practica sus lecciones de canto?
- Para que los vecinos no crean que le estoy pegando.

- Padre, me acuso de que he robado cuatro cochinillos.
- Bueno, pedes irte tranquilo para tu casa y reza cuatro padrenuestros.
- *(Volvió en unos minutos)* Padre, lo he pensado mejor, voy a rezar seis padrenuestros y vuelvo a por los dos que dejé en el corral.

- Pero, Manolo, ¿tu perro jugando al ajedrez? ¡Vale una fortuna! ¡Es inteligentísimo!
- No te creas, le he ganado tres partidas de cinco.

> ¿Tiene tarjetas para San Valentín que digan: "Para el único amor de mi vida?"!
>
> ¡Ooooh! Qué romántico. Desde luego que sí.
>
> **Pues deme ocho.**

- Manolo, no te veo muy contento que digamos.
- Mira, me he levantado de buen humor, pero te vas encontrando gente...

- Amor, ¿te gustan los bebés?
- ¡Me encantan!
- Qué bueno, es que se me ha roto el condón.

- Mamá, son las tres de la madrugada y no puedo dormir, ¿me cuentas un cuento?
- Mejor esperamos a tu padre, a ver cuál nos cuenta hoy.

* ¡Que hámster más bonito tienes!
* Sí, se llama Dam.
* ¿Y dónde lo has comprado?
* En Amsterdam.

> ¿Te encontraste hoy a Roberto en la playa?
>
> sólo unos minutos...

- Niño, eres muy repelente. Te van a traer carbón los Reyes Magos.
- Pero, ¿qué tipo de carbón? ¿Lignito? ¿Hulla? ¿Turba? ¿Antracita?
- Tú sigue...

- Tiene Vd. la dentadura en muy mal estado, tendré que extraerle siete dientes.
- ¡Cielos! ¿Y eso duele?
- Bueno, a veces me dan calambres en el brazo.

- Cariño, creo que estás obsesionado con el fútbol y me haces falta.
- ¡Qué falta ni que falta! ¡Si no te he tocado!

> ANDRES ¿TE VIENES A UNA ORGIA?
>
> ¡CLARO! ¿CUANTOS SOMOS?
>
> SI TRAES A TU MUJER, TRES

- Manolo, ¿de qué signo es tu mujer?
- Debe ser de exclamación, porque se pasa el día gritándome.

- Padre, me acuso de que me la meneo.
- Por mí como si te la machacas, yo soy el carpintero que he venido a arreglar el kiosco.

Jesús Escudero Martín - Diálogos con humor (I, II, III y IV)

- *(En la iglesia hablando con Dios)* Señor, ¿por qué has hecho a la mujer tan bella?
- Para que te enamores de ella.
- Y entonces, ¿por qué la has hecho tan tonta?
- Para que se enamore de ti.

- El médico me aconsejó renunciar a jugar al fútbol.
- ¿Por qué? ¿Estás enfermo?
- No, es que me había visto como juego.

¡Mamáááá, he encontrado novia!   Pues, déjala donde estaba que será de alguien

- Compadre, ¿has probado hacer el amor a gatas?
- A gatas nunca, pero mi hijo tuvo un conejo que me puso ojitos y claro... Luego fue raro verlo en el arroz.

- Señor, se le acusa de querer matar a su suegra con un hacha, ¿cómo se declara?
- Inocente, señor juez. Sólo pretendía espantar la mosca que tenía en la frente.

- *(En el manicomio)* ¡Tenemos que escaparnos!
- Vale, pero ¿cómo?
- Mira, si la valla es muy alta escarbamos por debajo, y si es muy baja saltamos por encima.
- No nos podemos escapar, no hay valla.

- Si tuviera la bondad de darme su número de teléfono me gustaría llamarla alguna vez.
- Está en la guía telefónica.
- ¿Y su nombre?
- También.

> Doctor, voy a mear con gran escozor
>
> ¿Y con orín colorado?
>
> Este cuento se ha acabado... pero a mí me sigue picando.

- Arturo, dime tu apellido.
- Aquino.
- Bueno, vamos ahí y me lo dices.
- Bueno, pues, vamos allí.
- Aquino.
- Entonces, ¿dónde mierda vamos?

- No recuerdo si es Alzheimer o sida lo que su esposa tiene.
- ¿Y qué hago doctor?
- Pues, déjala en medio del bosque sola y si sabe volver sola a casa sobretodo no se acueste con ella.

> ¡NI BICICLETA NI BICICLETO!
>
> CARAY, USA LENGUAJE INCLUSIVO. ¡NO SABÍA QUE TU MADRE ERA MINISTRA!

- Señora, ¿cuántos años tiene?
- Cincuenta y siete, doctor.
- Diga, treinta y tres.
- A ver, yo lo digo, pero nadie se lo va a creer.

- *(En el psicólogo)* Doctor, tengo un gran complejo de superioridad.
- Vamos a ver, siéntese, le ayudaremos.
- ¡Qué me vas ayudar tú, doctorcillo de pueblo!

- Hombre, bienvenido a mi juzgado. ¿Quiere un café? Guardias, traigan un café al acusado. ¿De qué se le acusa?
- Señor juez, me acusan haber hecho mis compras navideñas con anticipación.
- Hombre, pero eso no es un delito. ¿Con cuánta anticipación las compró usted?
- Antes que abrieran la tienda.

> Una caja de condones, por favor.
> ¿Quiere también una bolsa?
> No hace falta. La de hoy no es tan fea.

- Cariño, tengo que decirte una cosa.
- Dime.
- Nunca he sabido cómo decir esto.
- Oh, Dios, no.
- Metra quilato, mercara, mecratilat... ¿Lo ves?

- Mire, jefe, como ayer llegué tarde a trabajar, le he traído esta botella de vino, pero no sé cómo se lo va a tomar.
- Muy bien. Muchas gracias. Vamos a ver... Pero, esta botella no se puede abrir.
- Eso le decía, que no sé cómo se lo va a tomar.

Jesús Escudero Martín - Diálogos con humor (I, II, III y IV)

- Paco, me han dicho que te has casado...
- Sí, es que no me gustaba cocinar, limpiar, planchar...
- Bueno, ¿y qué tal?
- Bien, ya me va gustando...

- Oiga, ¿a Vd. por qué le llaman campana?
- Ton...ton...tonterías de la gente.

- *(Entre vecinas)* ¡Es increíble el parecido que tiene tu hijo con su padre!
- Es verdad, pero habla más bajo que está en casa mi marido.

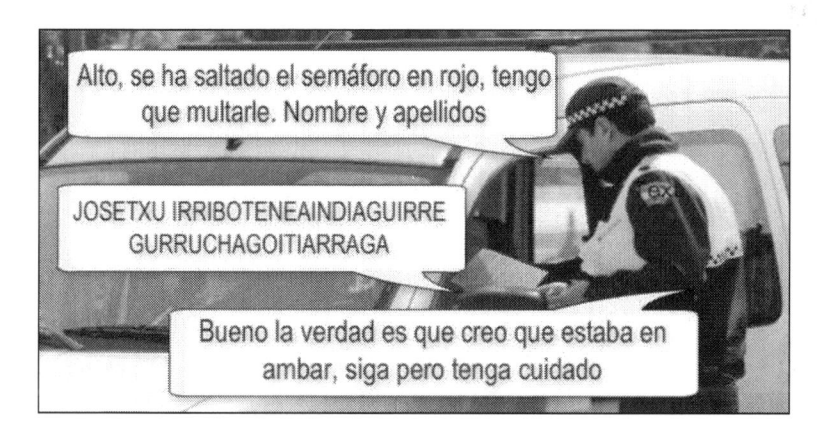

> Alto, se ha saltado el semáforo en rojo, tengo que multarle. Nombre y apellidos
>
> JOSETXU IRRIBOTENEAINDIAGUIRRE GURRUCHAGOITIARRAGA
>
> Bueno la verdad es que creo que estaba en ambar, siga pero tenga cuidado

- Manolo, ¿sabes cuánto tarda un burro en morir?
- Ni idea, pero voy a sentarme aquí a observarte...

- ¿Cuál es tu oficio?
- Soy aparejador.
- Pues, a ver si me buscas una amiguita, que estoy muy solo.
- ¿Ehhhhh?

- Oiga, le llamamos de Dúrex, estamos haciendo una encuesta. ¿Cómo le ha ido con el preservativo que le enviamos hace seis meses?
- Coño, no le dais a uno tiempo de nada…

> Llame al del RUTER, porque no me funcionaba y me preguntó que luces tenía encendidas…
> Y yo le dije que la del salón y la del pasillo…
>
> La madre que te parió…

- ¡Julia, no me obedeces nunca! ¿Por qué has cogido dos caramelos? ¡Te dije que te comieras sólo uno!
- ¡Mamá, es que quería obedecerte dos veces!

- ¡Mi amor, vamos a ser uno más en casa! ¡Corre a comprar pañales!
- ¡Qué alegría, Pili! ¿Vamos a tener un bebé?
- No, el abuelo se viene a vivir con nosotros.

- Doctor, estoy perdiendo mi apetito sexual.
- ¿Qué edad tiene usted, señora?
- 84 años.
- ¿Y cuándo ha empezado a notar esta pérdida?
- Anoche, y esta mañana otra vez.

> - Hija con esa camiseta no puedes entrar a la iglesia
> - Pero padre, tengo el derecho divino
> - Y el izquierdo también hija, pero no puedes entrar

- Paco, ¿cuál es la postura que más has usado para practicar sexo?
- De rodillas y pidiéndolo por favor.

- Sargento, ¿cómo es que ese soldado lleva albarcas en lugar de las botas reglamentarias?
- Porque gasta un 52 y no hay de su número.
- Sargento, que se lave los pies, se corte las uñas y dele un 39.

- Rosi, ya he encontrado trabajo.
- ¡Qué bien! ¿Y de qué?
- De puta.
- ¡Qué suerte! ¡Además de lo tuyo!

La semana que viene trabajaremos con el inconsciente

No creo que mi marido quiera venir...

- He tenido un problema gordo con el perro.
- ¿Qué te ha pasado?
- Que mi mujer se empeñó en ponerle por nombre *"parafuera"*. Hoy le llamo y le digo: Parafuera, para dentro. Y se me ha vuelto loco.

- Maestro, el kunfú parece que no es lo mío, llevo diez años entrenando y no aprendo nada. Estoy cansado, practico y practico y no puedo dar ni una patada. Me voy.
- ¿Has visto a las gaviotas cuando vuelan a favor del viento?
- Sí, maestro.
- ¿Y has visto como los hipopótamos se revuelcan en el fango?
- Sí, maestro.
- ¿Y has visto como los ocelotes abren sus ojos a la luz?
- Sí, maestro.
- ¿Ves? Por estar viendo todas esas tontadas no aprendes un carajo.

Me da una caja de preservativos?

Aquí tiene, quiere una bolsa?

No, no hace falta; la de hoy no es tan fea.

- Doctor, mi mujer no para de regañarme, ¿es grave?
- No, será bronquitis.

- Mi marido es un bombón.
- ¿Es lindo?
- No, es redondo y lleno de licor.

- Doctor, cada vez que bebo me dan unas ganas enormes de acostarme con cualquiera.
- ¿Qué le parece, señorita, si vamos a un bar y me sigue contando?

> ¡HOSTIA! ¡EL OBISPO DE TOLEDO HA MUERTO!
>
> ¿SE PUEDE SABER A QUE VIENE ESO AHORA?
>
> TU, Y TU PUTA MANIA DE LIMPIARTE EL CULO CON EL PERIODICO

- ¿Te has dado cuenta de que tu mujer tiene un defecto cuando habla?
- ¿Qué defecto?
- Que de vez en cuando se detiene para respirar.

- Por favor, me podría ayudar con su tractor a sacar mi coche de aquella fosa.
- Claro que sí, señora. Es Vd. la tercera mujer embarazada que saco hoy de la fosa.
- Pero, yo no estoy embarazada.
- Ya, pero todavía no ha salido de la fosa.

Jesús Escudero Martín - Diálogos con humor (I, II, III y IV)

- Manuel, ¿te has enterado de lo del concurso ese de Oxford?
- ¿Qué concurso? No sé de qué va ni he oído nada.
- Mira, era un reto para hombres al que se presentaron 200. Tenían que presentar una frase original que expresara *"paz, felicidad y calma"*.
- Muy curioso y original. ¿Quién ganó?
- Gano el que escribió: *"MI ESPOSA ESTÁ DURMIENDO"*.
- Muy bien, la frase se lo merecía.
- Recibió una larguísima ovación de los miembros del jurado y de todos los asistentes. Fíjate, un miembro del jurado casado corrió a abrazar al ganador.

Sí jefe, se ha caido el sistema principal y ahora lo hacemos todo a mano

- Cariño tranquila, estoy con mi madre, en dos horas voy para casa.
- ¡Ven ahora mismo o cambio la cerradura y no vuelves a entrar!
- ¡Relájate! ¿Qué te pasa? ¿Estás con la regla?
- No, no estoy con la regla, estoy con tu madre.

- Mamá, ¿por qué metes el pijama debajo de la almohada?
- Pues hijo, para que no se arrugue.
- ¿Y por qué no metes también a la abuela?

- ¿Nivel de Inglés?
- Stop.
- ¿Eh?
- O sea, alto.
- Eres impresionante. Contratado.

- Pero niño, ¿desde cuándo fumas?
- Señor guardia, desde que tuve mi primera experiencia sexual estando drogado.
- ¿Y eso fue hace mucho?
- No lo recuerdo, porque había ganado al póker un montón de dinero y me emborrache para celebrarlo.

- Es un poco ridículo lo que están haciendo conmigo aquí en la cárcel.
- ¿Por qué?
- Porque me metieron aquí por robar pan, y ahora me lo traen gratis todos los días.

- Manolo, ¿te has enterado de los últimos cambios de la Iglesia Católica?
- No he oído nada. ¿Qué cambios?
- Lo oí ayer en el Telediario. Dijeron que a partir de los 65 años lo de fornicar ya no es pecado, lo han colocado en milagro.

> LA CONTRATO PERO SI SE PONE ENFERMA TIENE QUE AVISAR CON 15 DÍAS DE ANTELACIÓN
>
> ¿POR LA MAÑANA O POR LA TARDE?

- Señora, ¿le gustan maduros?
- Me gustan yogurines, que yo los maneje y la tengan dura como...
- ¡Señora, digo los tomates!
- Ahhhh, sí.

- El otro día mi hijo hizo un salto mortal en la piscina.
- ¿Hace natación?
- Hacía...

- Mamá, te llamo porque ya ha terminado el juicio por el robo del coche y me han declarado culpable.
- ¿Y la pena?
- La pena es que me han pillado, mamá.
- Digo el tiempo.
- Nublado, mamá. ¡Con el mal rato que estoy pasando y tú preguntando tonterías!

- ¿Está Vd. en contra del matrimonio?
- No, al revés, me casaría cada quince días.

- Le quedan siete días de vida.
- ¿Y qué puedo hacer, doctor?
- Váyase a vivir con su suegra, le parecerá una eternidad.

- ¡Qué manera de reír anoche!
- ¿Sí? ¿Estuviste de marcha?
- No, todo eran risas y risas hasta que nos dimos cuenta de que el tartamudo quería jamón.

- Mamá, en el colegio me disen gorda.
- ¡Ay pobresilla!
- Gracias, mamá.
- No hija, pobre silla en la que estás sentada.

- ¡Qué malito estoy!
- ¿Qué te pasa?
- Debe ser de la gastronomía.
- ¿De la gastronomía?
- Sí, cuando como huevos me atacan al hígado, hoy he comido hígado y llevo una tarde...

> ¿No le da una palmadita, Doctor?
>
> No amigo, ya no les damos palmaditas... Les decimos que han nacido en España y rompen a llorar ellos solos...

- Caballero, mirando sus análisis, le recomiendo encarecidamente que deje de fumar, ya que como sabe, el tabaco produce impotencia a la larga.
- No se preocupe, doctor, la mía es normal, tirando a cortita.

- Hace unos años ibas con 10 euros al súper y volvías a casa con un montón de cosas...
- Y ahora poco más o menos porque la vida no ha subido tanto.
- ¿Ahora? Imposible con tantas cámaras de vigilancia.

- ¡Qué cabritos los del concesionario!
- ¿Qué te han hecho? Seguro que una estafa...
- Mira, me dijeron que el coche tenía navegador.

- No lo entiendo, no lo entiendo y no lo entiendo.
- ¿Qué es lo que no entiendes?
- Mira, cuando mi mujer está enfadada, le molesta que le preguntes por qué lo está.
- Bueno, eso es normal.
- Vale. Pero, si no le preguntas por qué está enfadada, también le molesta.

- Juan, cuando mi mujer tiene muchas ganas, salgo corriendo. ¡Tiene un peligro!
- A mí me pasa lo mismo. ¡Qué peligro tiene!
- ¿Tu mujer?
- No, la tuya.

- Mire, tengo dos noticias, una buena y otra mala.
- Deme la mala primero.
- Nos hemos equivocado y le hemos amputado la pierna sana.
- ¿Y la buena?
- La otra pierna está mejorando...

- Oiga, ¿a Vd. por qué le llaman el gallo?
- Ki ki-kiere ki li diga.

> - Manuel, ¿a ti te gusta la ópera?
> - Yo no la he probado nunca, pero, me han dicho que con azúcar está para chuparse los dedos.

> Vale, no te pongas casco. Pero al menos ponte condón

- Pili, ¿tú me pones los cuernos?
- Y el desayuno, el almuerzo, la merienda, las lavadoras de ropas, la cena... Cuéntalo todo Paco, no solo lo que te interesa.

> - Carlos, hacer el amor con mi esposa se ha vuelto rutinario y aburrido. ¿Qué puedo hacer?
> - Has de ser creativo y romper la monotonía. ¿Por qué no tratas de *"jugar a doctor"* y procuras que el acto dure al menos una hora?
> - Eso suena muy bien, ¿pero cómo hago para que dure una hora?
> - Mantenla en la sala de espera 55 minutos...

- *(En una farmacia americana)* ¿Hacen aquí análisis de orina?
- Sí, señor.
- Pues, lávese bien las manos y prepáreme un sándwich de jamón y queso.

* No veas los locos que andan suelto por la calle...
* A mí me da igual, como soy invisible.

- Querida, ¿probamos los geles del placer?
- Sí, Juan, échame Thrombocid en la espalda.

- ¿Quién se ha comido el pastel que había encima de la mesa?
- Yo, mami.
- Y ¿no sabías que era para la fiesta de mañana?
- Sí, pero papá siempre dice que no dejes para mañana lo que puedas hacer hoy.

* ¿Ha sido usted feliz en el Ejército?
* Sí, mi capitán, lo he sido.
* Y ahora que se licencia, ¿qué va a ser?
* Mucho más feliz.

- Padre, me acuso de que he robado un jamón.
- Hijo, eso es malo.
- ¿Malo? Malo el del año pasado.

- ¡Por fin ya he encontrado trabajo!
- ¿Dónde?
- En Santiago.
- ¿De qué?
- De Compostela.

> Caramba Roberto, hace tiempo que ya "¡No me buscas!"
>
> Es que tú tampoco te escondes

- ¡Camarero!
- Sí. Dígame.
- ¿Me pones un café?
- Claro.
- ¿Tienes azúcar moreno?
- Claro.
- Pues ponme la de *"Sólo se vive una vez"*.

- Manolo, ¿por qué estás tan feliz?
- Porque por fin podré realizar mi sueño.
- ¿Cuál es?
- El de trabajar en una obra de teatro.
- ¿Y qué papel te ha tocado?
- El de un rubio, feo y tonto.
- ¿Ósea que sólo vas a tener que teñirte el pelo?

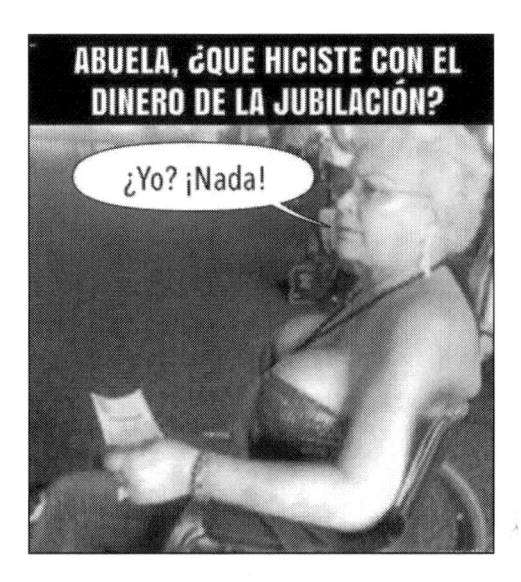

ABUELA, ¿QUE HICISTE CON EL DINERO DE LA JUBILACIÓN?

¿Yo? ¡Nada!

- ¿En este chino vendéis mapas?
- Atlas...
- ¿Y dónde están?
- Atlas...
- Que sí, pero, ¿dónde los tenéis?
- ¡En la palte de atlas, soldo!

- Me da miedo ese deporte de las espadas.
- ¿Esgrima?
- No, es más bien miedo.

- Mamá, ¿los pollos maúllan?
- No hijo.
- Entonces, el gato está en el horno.

- Hijo, ¿qué vas a hacer cuándo yo falte?
- Compraré menos pan.

- Raquel, cariño, ¿me amas?
- Pues claro, mi amor.
- Demuéstramelo.
- ¿Qué quieres que haga?
- Luchar contra un león.
- ¿Pero qué dices? Me matará en un instante. Pide otra cosa.
- Déjame ver tu whatsapp.
- ¿Dónde está ese león de mierda? ¡Qué lo reviento!

- Juan, cariño, muchísimas gracias por encargarte tú de todo lo del funeral de mi madre, yo no hubiera sido capaz.
- Marisa, mi amor, ya te dije que yo por mi suegra lo que hiciera falta.

- *(Tras un choque de coches)* ¡Desgraciao!
- ¡Tus muertos!
- ¡Chulo!
- ¡Asqueroso!
- ¡Pichicorto!
- Vaya, no sabía que tu mujer era tan chivata.

- Dime cuatro palabras en inglés.
- Metro, Goldwyn, Mayer.
- Te falta una.
- ¡Grrrrrrr!

- Maestro Shing Gong deseo vivir más de 100 años, ¿qué debo hacer?
- Cásate.
- ¿Y con eso viviré más de 100 años?
- No, pero el deseo desaparecerá.

- Pero, Manolo, ¿cómo tardas tanto en llegar?
- Es que me dijo mi mujer que tendiera la lavadora, y aunque me ha costado, la he estado tendiendo, por eso he tardado. Mira como me ha quedado.

- ¿Qué aficiones tiene Vd.?
- Soy asesino en serie.
- ¿En serio?
- No, en serie.

- Enhorabuena, le ha tocado el viaje.
- ¿El viaje? ¿A Miami?
- Sí, a usted, a usted.

- *(En el juicio)* Entonces, ¿insiste usted en que no quiere un abogado?
- No, voy a decir la verdad.

- Me encanta su reloj espía, señor Bond.
- Con él sé que usted no lleva bragas.
- No es cierto, sí que las llevo.
- Es que lo tengo una hora adelantado.

- Pili, ¿por qué si comemos lo mismo tú estás más flaca y yo más gorda?
- Depende de la constitución.
- Pero, ¿en qué artículo de la Constitución dice que yo soy la gorda?

  - *(Entre borrachos)* Oye, ¿tú eres de vomitar?
  - No, yo soy de vodafón...

- He visto esta mañana por el centro una clínica de un *"GINECÓLOCO MENTAL"*.
- ¡Qué raro! ¿Qué harán ahí?
- Pues, no sé. Abrir la boca, las piernas o las dos cosas.
- No te miento, mira la foto que he hecho con el móvil.

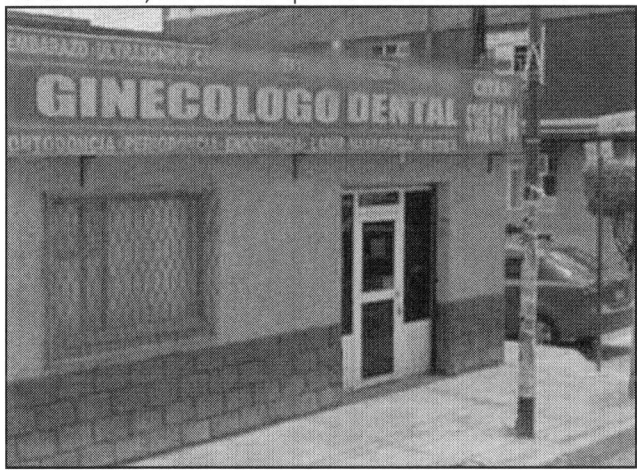

  - Guillermo, ¿sabes en qué se diferencian los políticos de todos nosotros?
  - Creo que nos diferenciamos en muchas cosas.
  - Mira, una podría ser en el ritmo al vestirnos.
  - ¿Cómo es eso?
  - Sí, hombre; mientras nosotros nos apretamos el cinturón, ellos se están poniendo las botas.

- Lo malo de las galletas rotas, mamá, es que no se puede saber cuántas me he comido en total.
- Hijo, si te digo que te has comido el paquete entero, ¿se puede saber?

- ¿Por qué le pegó usted a su esposa?
- Pues, por casualidad, señor juez, por lo general es ella quien me pega a mí.

Dos "Matemáticas para tontos" a 15€ cada una son 50 €

- Doctor, ¿me podría recetar alguna cosa para la ansiedad de mi marido?
- ¿En qué trabaja?
- Es panadero.
- Un diazepam.
- Lo hace todos los días. ¿Por qué?

- Hija mía, si Ricardo te propone matrimonio, dile que tiene que hablar conmigo.
- ¿Y si no me lo propone?
- En ese caso, hablaré yo con él.

> Son 500 euros y 6 puntos.
> Y que me dais con los puntos?
> Cuando llegues a los 15 una bicicleta.

- Este reloj lo gané en una memorable carrera.
- ¿Contra quién?
- Contra dos perros, tres policías y el dueño del reloj.

- *(20:45 de la noche)* Paco, ¿qué es más importante para ti: La Champions o yo?
- *(22:30 de la noche)* Tú, mi vida. ¡Hala Madrid! ¡Hala Madrid!

- Doctor, ¿cómo está mi corazón?
- Podría estar mejor, pero no se desanime... durará tanto como usted.

- Manolo, ¿conoces algún remedio que sirva para recuperar masa muscular?
- Yo no, pero Luis el del gimnasio a lo mejor te lo dice.
- No, si es para el hueso del jamón.

- ¡El dinero! ¡Esto es un atraco!
- No llevo un duro.
- Pues, el reloj.
- No tengo.
- Pues, chúpamela.
- Vale, pero apúntame con la pistola a ver si voy a parecer maricón...

- Pedí una fabada y me pusieron esto:
- Tengo el juicio el lunes.
- ¿Juicio?
- Sí, la Fiscalía me pide 12 años por lesiones graves.
- Pero, ¿qué hiciste?
- Le metí al chef la cuchara por el culo y le di varias vueltas.

- *Inglés*: El inglés es muy difícil, se escribe Shakespeare y suena Sespir.
- *Francés*: El francés es más difícil, se escribe eau y suena o.
- *Español*: El español es mucho más difícil, se escribe gaita y suena tirurí, tirurirurí.

- Vete a la nevera y trae las dos cervezas que hay.
- ... Pepe, que tu mujer está en el dormitorio en la cama con otro.
- Cállate, que sólo hay dos cervezas.

- Le dije a mi marido: Paco, llego enseguida, ve poniendo las salchichas en la plancha.
- ¿Y qué paso?
- ¿Qué pasó? Mira lo que encontré en la cocina...

- Pues, mi mujer y yo hemos montado un Telepizza en Uganda. Damos de comer a los negritos.
- ¿A masais?
- No, la masa ya viene preparada.

- Oiga, ¿a Vd. por qué le llaman vaca?
- Muuuuurmuraciones, muuuuurmuraciones.

- Manolo, ¿sabes cuáles son los libros más importantes que existen?
- Hombre, creo yo que habrá muchos importantes.
- Importantes, importantes solo hay dos: La Biblia, que dice que nos amemos y el Kamasutra, que dice cómo.

> - Elena, te llamo para que sepas que sigo intentando conseguirte la luna.
> - Pero, qué cosas más bonitas me dices. Aunque sigo sin saber quién eres.
> - Soy Javi, de Carglass.

Quería una caja de preservativos

¿Algún tipo especial?

No, con el mismo gilipollas de siempre

- Paco, dice la gente que tomar leche da fuerza.
- Sí, eso he oído muchas veces.
- Chorradas. Bébete 15 vasos e intenta mover una pared. ¿No puedes, verdad? Pero, si te bebes 15 vasos de cerveza, la pared se mueve sola.

- Oiga doctor, la operación a la que me voy a someter ¿es muy peligrosa?
- Pues sí, lo es. De cada diez pacientes mueren nueve.
- ¿No es este un riesgo demasiado alto para mí?
- No hombre, tranquilícese, los otros nueve pacientes ya murieron antes que usted.

> **Nena, me han llamao de Jazztel que si quiero fibra, le he dicho que no, que con dos piezas de fruta hago de vientre todos los días. Después me dice que si tengo algún fijo en casa y les he dicho que si, que mi hijo el Policía es fijo**
>
> **Ay que me orino, que hijaputa, esos no te llaman más...**

- ¿Cuánto cuestan unos calamares?
- Ocho euros.
- ¿Y a la romana?
- VIII eros.

- Como me cabree, un día voy a coger la puerta y me voy con mis padres.
- Tú te puedes ir a donde te dé la gana, pero la puerta la dejas en su sitio.

  - Eres tal y como me ha había imaginado.
  - Pues, muchas gracias.
  - Gracias, dice...

> PAPÁ, RECUERDAS CUANDO ME DECÍAS "CUANDO SEAS MAYOR COMERÁS HUEVOS"?
>
> PUES TE PRESENTO A RAMÓN

- Bienvenidos al curso *"Aprende a controlar tus nervios"*.
- ¿De qué dice que va el curso?
- Me cago en tu puta madre. A ver si prestas atención.

  - Disculpe caballero, estoy recogiendo firmas para...
  - Excelente trabajo, no se ve ninguna por el suelo.

- Buenas, me envión de mi empresa a por el libro de un tal Rodrigo Díaz de Vivar.
- ¿El Cid?
- 67189205F. Pero no necesito la factura.

- *(Conductor de autobús)* ¿Cuántos años tienes, guapo?
- Cuatro.
- ¿Y cuándo cumples los cinco?
- Cuando me bajo del autobús.

  - Señorita, le he implantado un diente postizo.
  - ¿Me lo puedo cepillar, doctor?
  - Por supuesto, salgo a las ocho.

> Me ha preguntado el Jacinto ¿cuándo cambia la hora?
>
> Y le he dicho... ¡Pues cada 60 minutos!

- Con el último sonotone que me he comprado oigo divinamente.
- ¿Cuánto te ha costado?
- Sobre las dos de la madrugada. No tenía mucho sueño.

  - Dice el médico, que mi hija tiene un gusano enorme en el estómago.
  - ¿La solitaria?
  - No, la otra.

- Oye Juan, ¿tú sabes cuántos gordos hacen falta para pelear?
- Dos, a lo sumo.

> - Buenas, vengo a hacerme un tatuaje.
> - ¿De qué?
> - De tres tristes tigres tragando trigo.
> - ¿Dónde?
> - En un trigal.

> **Padre estoy asustado, escucho una voz maligna dándome ordenes todo el día...No estaré poseído?**
>
> **No hijo, estás CASADO**

- *(En lepe)* Oiga, ¿conoce Vd. a Pedro Gutiérrez Sanz?
- Pues, así en frio, no caigo, si me dijera el apodo...
- Le llaman el Puntillita.
- Pero coño, si soy yo

> - Estuve ayer en el restaurante del Ikea y estoy que no me lo creo.
> - ¿Qué te pasó?
> - Me dieron la nata montada.

- Raquel, ¿qué significa *"fuck me"*?
- Fóllame.
- Vale. Pero después dime qué significa.

  - Anoche vi una peli de Alain Delon por Internet.
  - ¿On line?
  - No. Alain, es un actor.

> ¿SABÍA USTED QUE SU ESPOSA SE CAYÓ DEL COCHE HACE DIEZ KILÓMETROS?

> ¡OH, GRACIAS A DIOS! ¡CREÍ QUE ME HABÍA QUEDADO SORDO!

- Entonces, ¿ahora cómo te va la vida?
- Quitando lo de la salud, el dinero y el amor, lo demás bien.

  - Vamos a ver, ¿podría Vd. describir al hombre que le intentó asesinar mientras dormía?
  - Sí, señor juez. Muy torpe.

- *(Dos médicos examinan los análisis de un paciente)* A mí lo que menos me gusta es el hígado.
- Coincido contigo, el hígado está fatal.
- *(El paciente)* Pues, estamos los tres de acuerdo, donde esté una buena carne y un buen vino, el hígado para los gatos.

- ¡Espartanos! Alimentaros bien que esta noche cenamos en el infierno.
- Si no quieres venir a casa de mi madre, dilo.

- Mi mujer me da instrucciones hasta en el baño.
- ¿No me digas? ¿Qué te dice?
- Ayer me pegó un cartel en la pared.
- ¿Un cartel?

- Perdone, ¿qué le ha pasado en la pierna?
- Que me ha mordido un perro.
- ¿Y se ha puesto algo?
- ¿Para qué? Si le gustaba así.

- ¡Tenemos que encontrar la forma de salir de aquí!
- ¿Escaparnos?
- ¡Tiene que haber algo mejor que cortarnos los huevos!

- Disculpe doctor, creo que me tendría que poner un poco más de anestesia.
- Shhhhh... Que no se puede hablar con el médico durante la operación...

- Antes de ser vendedor de la ONCE, ¿a qué se dedicaba?
- Era criador de cuervos.

> ¿Cuál es su condición sexual?
>
> Para poner condiciones estoy yo...

- Manolo, qué gordas y feas son tus hijas.
- ¿Cómo osas...?
- Exacto.

- Manolo, dime algo que me haga sentir como una perra.
- Sit Amparo. Sit Amparo.

- Pues, mi mujer tiene un quiste del tamaño de una cuchara.
- ¿Sopera?
- Creo que sí. Ya está en lista de espera.

- Loli, hoy estoy muy deprimido.
- ¿Por qué mi vida?
- ¡Es que a veces me siento tan solo e inútil!
- Pues, no deberías sentirte solo.

- *(La viuda en velatorio)* ¡No somos nada!
- Nosotros tampoco señora, pero como aquí servían café...

- Tiene usted una salud de hierro, está genial. Va a durar hasta los 80 años.
- Pero, doctor, yo ya tengo 80 años.
- ¡Ve! Ya se lo decía yo.

- Su salud es muy delicada. Sólo va a poder beber un vaso de vino al día y como mucho dos pitillos. ¿De relaciones sexuales cómo anda?
- Pues, tres veces por semana, lunes, miércoles y sábado.
- Pues, va a tener que quitar el sábado.
- Eso es imposible, doctor, es el único día que estoy en casa, mi mujer me dejaría.

> Perdone, es para una encuesta. Cuando va en autobús y entra una persona anciana, ¿le cede usted el asiento?
>
> Pues la verdad es que no
>
> Perdone, pero ¡es usted un maleducado!
>
> ¡No señora! ¡Soy el conductor!

- Tengo entendido que usted tiene para su mujer un nombre muy cariñoso.
- Sí, le llamo pajarito.
- ¿Por qué?
- Porque siempre está que trina.

- *(El guía a los turistas)* A la izquierda, el castillo que mandó construir Luis II de Baviera.
- Oiga, yo no veo nada.
- Claro, porque no le hicieron caso.

> - Siento decirle que tal y como sospechábamos además de tonto es Usted estéril. No podrá tener hijos.
> - Pero hijas sí. ¿No?
> - Lo que yo decía.

- Oiga, que le he pedido un kilo de carne y sólo me ha puesto 800 gramos...
- Es que como hace tiempo que no venía Vd. y le he echado de menos.

- *(Entre actores)* ¿Por qué te has dejado bigote? ¿Por la obra de los tres mosqueteros?
- No, porque me sale de las narices.

- ¡Son los bomberos! ¡Se está quemando mi casa! ¡Vengan muy rápido!
- Dígame, ¿dónde se originó el fuego?
- En la Prehistoria, sería. Pero, no me jodan, ¡ayúdenme!

- Oiga, ¿a Vd. por qué le llaman el pato?
- Cua...cua...cualquiera sabe.

- Después de haber estudiado el caso, le concedo a su mujer una pensión vitalicia de 400 euros, más 60 euros por cada hijo. ¿Tiene algo que decir?
- Que es usted muy generoso, señor juez, no sé si podré dar algo yo también.

> CARIÑO... ¿SEGÚN TÚ TENEMOS TODAVÍA FEELING?
>
> Y YO QUE SÉ... ¡MIRA A VER EN LA CAJA DE LAS MEDICINAS!

- Manolo, ¿a partir de cuántas cervezas se puede considerar que tienes un problema?
- Cuando no queda ninguna.

> OYE ANTONIO, ¿POR QUÉ LOS FUNCIONARIOS SOIS ATEOS?
>
> PORQUE NO CREEMOS QUE DESPUES HAYA UNA VIDA MEJOR

- (Una extranjera) Me han echado dos piropos. Me han llamado Virgen y ave.
- No se lo crea, yo lo he escuchado y te han dicho: ¡Madre de Dios! ¡Qué loro!

- Con una casa tan pequeña, ¿qué hacen cuando llega el frío invernal?
- En invierno, todos estamos en la misma habitación: gato, cerdo, perro, vaca...
- ¿Y el olor?
- Ya se han acostumbrado los pobres animales.

- Ayer por la tarde vi por la calle a *"La Cafetera"*.
- ¿Quién es esa?
- La mujer de Manolo.
- ¿Y por qué la llamas así?
- Porque cuando va caliente silba.

> **Vengo a que me eche las cartas.**
> **¿Qué quiere saber usted?**
> **¿Será Cataluña independiente?**
> **Un momento... a ver...**

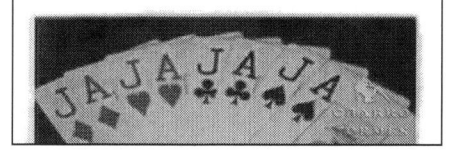

- Mamá, te presento a mi novio Epelechetué.
- ¿Epelechetué?
- Sí, descendiente de una antigua civilización peruana.
- ¿La Inca?
- Hasta el fondo mamá. Y tres veces al día.

- Mamá, ¿y mi nombre por qué significa empresa que se dedica a la comida fuera?
- ¿Qué dices Catherine?

Jesús Escudero Martín - Diálogos con humor (I, II, III y IV)

- Doctor, siento en el oído unos zumbidos imprecisos y unos golpes confusos.
- Está bien, póngase estas gotas y vuelva la próxima semana a ver qué tal está.
- ... ¿Cómo se siente?
- Muy bien, doctor. Ahora oigo los zumbidos y los golpes con mucha más nitidez.

- Quillo, ¿cómo te la operación del oído?
- Sí.

SRA. ESTEBAN LE TENGO QUE INFORMAR QUE SU AVIÓN VIENE DEMORADO

QUE BONITO, DEL COLOR QUE MÁS ME GUSTA

- *(Periodista en la playa nudista)* Perdone la indiscreción, ¿cuántos hijos tiene Vd.?
- Ocho con mi primera mujer, siete con la segunda, nueve con la tercera...
- Vaya, Vd. no es nudista, a Vd. no le da tiempo a vestirse.

- Doctor, todas las noches sueño con *"2+1"* y todo el día pienso en *"2+1"*. ¿Qué será eso?
- Muy fácil: estrés.

  - ¡Adiós bizco!
  - ¡Adiós... chavales!

> **Pero hombre, ¿No ha visto la señal?**
>
> Si, si la señal si la he visto, al que no le he visto es a usted.

- *(En el rodaje de una película)* Tienes que correr a gran velocidad, te perseguirá un tigre pero no te debe alcanzar. ¿Has comprendido?
- Yo, sí. Pero, ¿ya lo sabe el tigre?

  - Mi hijo me ha dañado ligeramente el móvil, así que lo voy a regalar.
  - ¿Qué lo vas a regalar?
  - Sí, lo regalo. Si alguien lo quiere, tiene tres años, pelo castaño y ojos marrones.

- Manuel, que la lavadora se ha calcificado.
- ¿Para la final?

   - ¿Familiares de Ernesto López?
   - Aquí, yo soy su esposa.
   - Mire, le comunico que hemos perdido a su marido.
   - Pero, ¿cómo es posible, doctor? Si solo venía a operarse de apendicitis...
   - Ya, pero demasiado alcohol, demasiada droga...
   - Pero, si Ernesto ni bebía ni fumaba...
   - Ya, pero yo sí.

- Ese lazo del capirote, ¿es por alguna promesa?
- No, es porque el año pasado mi madre le dio el bocadillo a otro.

   - *(En la taquilla de Renfe)* ... y no se monte Vd. en el último vagón porque si hay un accidente el peor parado siempre es el último vagón.
   - ¿Y por qué no lo quitan?

- *(En un concurso de televisión)* Tenemos ante Vds. a Míster Memoria. Vamos a preguntarle por cualquier número de la guía telefónica. ¿El de la policía?
- El 091.
- ¿El de Party Line?
- El 903.
- ¿El de Pedro Calvo Sanz?
- El 923 54 32 78.
- ¿El prefijo de Bilbao?
- El 94.
- ¿Información de Renfe?
- Tu-tu-tu-tu-tu-tu...

> ¿Pero no era yo la que tenía que soplar?

- Cariño, que la cisterna pierde.
- Pues, dile que lo importante es participar.

- Buenos días, llamo para dar de baja la línea.
- ¿Puede decirme el titular?
- No sé... *"Cliente se da de baja del móvil"*, pero no creo que sea noticia.

- Estoy desesperado doctor, es que cada vez que me subo al autobús me quedo dormido.
- No es para tanto hombre, no es nada malo, mucha gente se duerme en el autobús.
- ¿Ah sí? ¿Entonces no es tan grave?
- No se preocupe.
- Pues perfecto entonces, ¿Me puede hacer un certificado?
- ¿Para qué lo quiere?
- Es para cuando me ven los policías dormido conduciendo.

> — MAESTRO, QUIÉN SE DEPILA EL CULO, ¿ES GAY?
>
> #MAXXGUETTA
>
> PEQUEÑO SALTAMONTES... QUIEN LIMPIA SU CASA, ESPERA VISITAS.

- Oiga, ¿ha estado Vd. viendo el partido de fútbol?
- Sí, acaba de terminar ahora mismo.
- ¿Y cómo terminó?
- ¡Empatamos! 3 a..., bueno, ahora no me acuerdo.

- Doctor, mi marido Anselmo está ahí fuera, vengo a decirle que se cree que es un calendario.
- Hágalo pasar... Vamos a ver, Anselmo, ¿desde cuándo se cree que es un calendario?
- Desde el uno de enero de 2005.

- No harían falta tantas leyes si hubiera más educación.
- ¡Eso! Lo legislaremos pero ya.

- *(En la comisaría)* Vamos a ver, ¿cómo se llama Vd.?
- Yo no me llamo, me llaman.
- ¿Cómo?
- Si estoy cerca, en voz baja y si no a gritos.
- ¿Dónde vive?
- En mi casa.
- Ya lo sé, pero, ¿dónde está su casa?
- Al lado de la de mis amigos.
- ¿Y dónde viven sus amigos?
- Al lado de mi casa.
- ¡Qué ya lo sé! Pero, ¿dónde viven, dónde están las casas?
- Una pegadita a la otra.

> Hola cariño ¿Qué has hecho hoy?
> Nada mi amor, cosas de mujeres.
> ¿Ir de compras?
> No cari, darle un golpe al coche.

- Ring, ring, ring... ¿Dígame?
- ¿Hablo con la familia Rodrígüez?
- Rodríguez, señor, la "u" no se pronuncia.
- Ah beno, despés llamo.

- Oye, Pili, el abrigo de visón que llevas es precioso, pero, ¿no te da pena que un pobre animal sufra para que tú presumas?
- Oye Merche, ¿por qué defiendes a mi marido?

¡Mis ojos ya no son los de antes! ¿Viste dónde cayó la bola?

Sí, Pero no me acuerdo.

- Pues, el médico me ha prohibido el jamón de Jabugo, el champán, el caviar y el marisco.
- Pero, ¿qué es lo que tienes?
- Nada, pero es para que le pueda pagar lo que le debo de otras veces.

- Tengo entendido que su vecino es filatélico.
- Pues no lo sé porque de enfermedades nunca hablamos

    - Cada vez está peor el servicio de Correos.
    - ¿Por qué lo dices?
    - Porque le pedí 500 euros a mi padre hace dos meses y todavía no los he recibido.

> HOLA PEQUEÑA
>
> ¿ME LO DECÍS A MI? ¿O TE LA ESTÁS MIRANDO?

- Les habla el capitán del barco. Escuchen todos: El barco se está hundiendo, ¿hay alguien que sepa rezar con devoción?
- Sí señor, yo.
- Estupendo, comience ya. Nos falta un chaleco salvavidas.

    - Hombre Manolo, ¿qué tal te va la vida?
    - Fenomenal.
    - ¿Qué sabes de Pilar?
    - Depilar no, pero sé algo de manicura.

- Hombre, Manuel, ¿a qué te dedicas ahora?
- Soy apicultor.
- ¿Y eso qué es?
- Sacar miel a las ovejas.
- Ja, ja, ja...
- ¿Qué pasa, que he pronunciado mal apicultor?
- Que has dicho las ovejas y son las avispas.

- Oye, ¿la Semana Santa la pasarás con tu familia?
- Sí, ya les he escrito para que vengan.

- ¿Y CÓMO ESTÁ TU NOVIO?
- YA NO ES MI NOVIO
- MEJOR, ERA UN IMBÉCIL Y UN CABRÓN
- AHORA ES MI MARIDO
- ESO SÍ, ES MUY BUENA PERSONA

- Pepita, tengo un vaquero que ya no uso, ¿lo quieres para ti?
- Vale.
- Johnny, baja del caballo que te voy a presentar a una amiga.

- Doctor, ¿me va a cobrar 50 euros por escayolarme el brazo?
- ¿Y qué espera por ese precio? ¿Papel pintado?

- Levántate, Juan.
- ¿Por qué?
- Porque se te va a hacer tarde para echarte la siesta.

¿CÓMO SE DISE EDIFISIO EN CATALÁN?

EDIFISI

QUILLO, YA SE QUE É DIFISI ¡PERO AR MENO INTÉNTALO!

- Si dices que las mujeres son iguales que los hombres, ponme un ejemplo de una sola mujer que haya destacado.
- Ahí tienes a Agustina de Aragón
- ¡Jolines, tú siempre generalizando!

- Usted iba conduciendo a gran velocidad.
- Imposible; puedo demostrar que no iba deprisa.
- ¿Cómo lo prueba?
- Iba a visitar a mi suegra.

- Paco, ¿todavía sigues saliendo con Rebeca?
- Bueno, los días que hace fresquito.

- Enséñeme el permiso para cantar en la vía pública.
- No lo tengo, señor guardia.
- Entonces, haga el favor de acompañarme.
- Muy bien, señor, ¿cuál va a cantar?

- Papá, ¿por qué te casaste con mamá?
- ¿Lo ves Pili? Ni los niños lo entienden...

A LAS MUJERES LES GUSTA UN HOMBRE QUE LAS ESCUCHE

- *(Tras un robo)* Vamos rápido a dar parte la policía.
- Pero cómo quieres que demos parte, si nos lo han robado todo.

- Manuel, que está aquí el médico.
- Dile que no le puedo recibir porque estoy enfermo.

- Doctor, mi mujer cree que es una cortadora de césped.
- ¿Y por qué no la ha traído para examinarla?
- Es que se la presté a un vecino.

- ¿Y tú por quién vas a votar?
- Por el único que no puede jodernos gobernando. Por Franco.
- Pero, si Franco ya está muerto.
- Exacto.

CELEBRACIÓN

ROBERTO, ¿SABES QUÉ TIENEN EN COMÚN NUESTRO **ANIVERSARIO**, MI **CUMPLEAÑOS** Y EL **PUNTO G**?

¿EL QUÉ?

QUE NO ACIERTAS CON NINGUNO.

- Oye, ¿tú eres disléxico?
- ¿Yo? No, lo guisante.

- Doctor, ahora después de la operación de apendicitis, ¿se me verá la cicatriz?
- Eso depende de usted...

    - Juan, ¿te has enterado de que me he hecho encantador de serpientes?
    - ¿Cobras?
    - No, no, gratis.

- Manolo, ¿sabes el chiste del hombre entre dos vallas?
- No.
- Vaya, hombre, vaya.

    - Cómo me gustaría que las cosas fueran como antes.
    - ¿Cómo antes? ¿Cuándo nos conocimos?
    - No, antes, antes...

- Señorita, ¿practica usted actualmente la prostitución?
- No, señor juez, la practiqué hace ya muchos años, ahora la ejerzo.

- Ring, ring, ring... ¿Dígame?
- Por favor, ¿hablo con el verdugo?
- Sí, sí, soy yo.
- Por favor, no me cuelgue.

- Hoy me he emocionado, mi hijo se ha levantado y se ha vestido por primera vez él solito.
- ¿El de 35 años o el mayor?

- Buenas tardes, ¿me pone un vino?
- ¿De la tierra?
- Anda... ¿Tienen vinos de otros planetas?

- Manuel, ¿qué te pasa que estás tan preocupado?
- Que estoy estreñido.
- Pues, tómate una de esta pastilla después del café y verás como se te pasa.
- (Al mes) Pero, Manuel, ¿sigues estreñido?
- Sí, mucho.
- ¿Te tomaste la pastilla después del café como te dije?
- No.
- ¿Por qué?
- Porque yo nunca tomo café.

> HOLA TENGO 46 AÑOS SOY DIPUTADO. Y SOY HONESTO
>
> HOLA TENGO 32 AÑOS SOY PROSTITUTA Y SOY VIRGEN

- *(La azafata)* Señoras y señores pasajeros, lamento informarles de que se quemaron las alas.
- ¡Aaaaaaaaahhhhhhh!
- Tranquilícense, se quemaron las alas, pero quedan pechugas y muslos en cantidad. Hay para todos.

- Hijo mío, si mañana no apruebas el examen final, olvídate de que soy tu padre.
- *(Al día siguiente)* Hola hijo, ¿cómo te ha ido en el examen?
- Perdone, ¿usted quién es?

- ¡Mujer al agua por estribor!
- ¡Calla hombre! ¡Con lo que me ha costado tirarla!

- ¿Sus últimos deseos antes de ser ejecutado?
- Quiero que venga a verme Angelina Jolie, cuatro gramos de coca y queso de cabra.
- No puede ser.
- Pues de oveja.

> ¡TODO EL DÍA PENSANDO EN NÚMEROS, CIFRAS, CUENTAS, CÁLCULOS MATEMÁTICOS, PORCENTAJES! ¿NO TE DAS CUENTA DE CUÁNTO DAÑA NUESTRA RELACIÓN?
>
> SÍ, UN 63%...

- Oiga, camarero, me pones muchísimo...
- Señor, las medias raciones vienen así.

- ¡Eres un sinvergüenza! ¡Siempre estás durmiendo!
- Ya sabes que no me gusta estar sin hacer nada.

- ¿Sabe que iba Vd. a 250 km/h? Le voy a denunciar por ir tan rápido.
- No puede. Soy australiano y en Australia se puede ir así.
- Bueno, pues por ir por el carril contrario.
- No puede. Australia fue descubierta por los ingleses y hemos adoptado el modo de circular por la izquierda.
- Vale. Iba Vd. con las luces apagadas.
- ¿Y qué pasa? Si es de día.
- Muy bien. En Australia es de noche. ¿Puedo o no puedo? Firme la denuncia.

- *(Dos amigas en el ejército)* María, venga, levántate; ¿no ves que ya han tocado a diana?
- Bueno, pero hasta que me toquen a mí...

- Hijo, ¿tú te drogas?
- No, mamá, yo paso.
- ¡Qué bien! Mi hijo no tiene nada que ver con las drogas.
- No mamá, no me has entendido. Yo paso.

- ¡Hombre, Juan! ¿Qué es de tu vida?
- Pues, bastante bien. ¿Sabías que llevo ya dos meses en el gimnasio?
- ¿Y tu familia no te echa de menos?

!Joder, Luisa, se van a creer que estoy salido¡

¡Sujeta bien el pañal y sigue bailando!

- Pepe, ¿qué harías tú si yo me muriera?
- ¡Vaya, mujer! Probablemente lo mismo que tú, si muriera yo.
- ¡Sinvergüenza! ¡Y me habías prometido no volver a casarte!

- ¿Sabe Vd. dónde está el duodeno?
- No señor. Yo he venido el sexto.

- Manolo, ¿crees que los noviazgos largos acaban mal?
- Claro que sí, porque suelen acabar en matrimonio.

> - (Familia muy pobre con cinco miembros pide limosna en la calle) Señora, llevamos tres días sin comer.
> - ¡Pues vaya fuerza de voluntad!

> Desde que me separé...no puedo dormir bien!
> ¿la extrañas?
> NO, se llevo la cama!

- ¡Qué pena! ¡Me dejé las llaves de casa en el trabajo!
- No pasa nada, ¿sabes inglés?
- ¿Y eso qué tiene que ver?
- Hombre, no sé. Pero dicen que el inglés abre muchas puertas.

> - Libro, ¡qué bonita palabra!
> - A mí me gusta más 'jueves'
> - ¿Es que lees los jueves?
> - No, los jueves libro.

Jesús Escudero Martín - Diálogos con humor (I, II, III y IV)

- Pedro, ¡cuánto tiempo sin verte!
- Es que llevo tres meses en una secta.
- ¿De mimbre?

    - ¿Sabes quién era Mao?
    - Hombre, pues claro.
    - Pues se ha muerto.
    - ¡Vaya, con la buena cerveza que hacía!

EL NOVIO DE MI HIJA LE MANDÓ UN WASAP DICIENDO QUE SE IBA A CORRER PENSANDO EN ELLA

VAYA, QUE CHICO MÁS MAJO Y ADEMÁS DEPORTISTA

- Juan, si te ajusticiaran y más tarde se comprobara tu inocencia, ¿qué dirías?
- ¡Ni pío!

    - Papá, me gusta mucho una chica pero no me hace caso. ¿Qué hago?
    - Pues ármate de valor y ve a por todas.
    - Eso, eso, que alguna caerá.

- Tiene Vd. un currículum impresionante. Dice que habla perfectamente inglés.
- Sí, fui a un colegio bilingüe.
- ¿Y francés?
- Sí, mi madre era francesa.
- ¿Y alemán?
- Mi padre nació en Berlín.
- ¿También italiano?
- Trabajé en Italia un par de años.
- ¿Y chino?
- Tuve una novia china.
- Muy bien, queda Vd. contratado. Solamente una curiosidad, conociendo tantos idiomas, ¿Vd. en qué piensa?
- En sexo, como todo el mundo.

> Don Donald, ¿puede decirnos como logró hacerse multibillonario?
>
> Fue fácil: me fui para Bilbao, puse un puesto de castañas en la Gran Vía y les cobré la voluntad.

- ¿Tiene usted móvil?
- No.
- ¿Fijo?
- Fijo, no. Segurísimo.

Jesús Escudero Martín - Diálogos con humor (I, II, III y IV)

- La abuela ha tenido un infarto, y le han tenido que revisar el corazón...
- ¿Y latía?
- La tía no sé, yo te estoy hablando de la abuela.

    ■ Oiga, ¿qué opina Vd. de la felicidad?
    ■ No puedo opinar, todavía estoy casado.

> Tía ¿Por qué tú no tienes hijos?
>
> Por que la cigüeña no me las ha traído
>
> ¿Por qué no cambias de pájaro?

- *(Entre romanos)* César, nos hemos quedado sin centuriones.
- Pues, poneos los tirantes.

    ■ Hombre Manuel, ¿cuánto tiempo? ¿Qué tal te va?
    ■ Muy bien. Aunque veo que tú mucho mejor. Vaya reloj de oro que llevas...
    ■ Lo conseguí en una carrera.
    ■ ¿Quién participabais?
    ■ Dos policías y yo.

- Señora, su chico le ha sacado la lengua al mío.
- Es cosa de críos...
- Será cosa de críos, pero no le podemos parar la hemorragia.

- Buenos días, cabrona ramera.
- ¡Por última vez, me llamo Ramona Cabrera, disléxico de mierda!
- ¡A mí no me tigre!

- Mamá, ¿me enseñas a hacer arroz?
- Claro hijo, es muy fácil. Pones a hervir dos vasos de agua y cuando hiervan echas el arroz. Envíame una foto cuando ya lo tengas.
- Ya estoy con ello. Mira como va.

- María, voy a poner la camiseta en la lavadora, ¿qué programa pongo?
- ¿Qué pone en la camiseta?
- University of Oklahoma.
- Déjalo.

- Oiga, ¿a Vd. por qué le llaman oveja?
- Veee...veee...vete tú a saber.

  - Te concedo tres deseos.
  - Quiero un mechero que no se gaste.
  - Concedido.
  - Quiero otro.
  - ¿Otro?
  - Es que lo he perdido.
  - Concedido. Último deseo.
  - No te lo vas a creer...

- Voy a montar una asociación "pá desganaos".

- ¿Sin ánimo de lucro?

- Sin ánimo de "ná".

- Apúntame.

- Apúntate tú.

- ¿Y tú cómo te ganas la vida?
- ¿Ganar? Yo pensaba que iba perdiendo.

- Hola, me llamo Oportunidad.
- ¿Cómo dices?
- Lo siento, las oportunidades solo se presentan una vez.

- Doctor, ¿hay pastillas para bajar la autoestima?
- Si, por supuesto, aquí las tiene.
- Pensándolo mejor... es igual... no me las merezco...

> Señor, va a tener que hacer una prueba de alcohol
>
> Pues, si hay que probarlo, se prueba. ¡Qué detallazo!

- Mamá, ¿puedo usar el coche?
- No, no puedes sin mi supervisión.
- ¡Uy! ¡Perdón por no tener súperpoderes como tú!

- Ayer asistí a un curso de crítica constructiva.
- ¿Y qué tal?
- Fue una puta mierda.

- ¡Cómo has podido tirarte a mi hermana!
- Hombre... estaba desnuda... yo soy un hombre... ¿qué querías que hiciera?
- La autopsia, hombre, la autopsia.

– ¿Qué tal tu hijo Juan Carlos?
– Ahora le llamamos Joan Carles
– Pero si sois de Cádiz!
– Es para ver si así le entran ganas de independizarse.

- ¿A dónde vas, Diógenes?
- A subir la basura.

- ¿Nombre?
- Bond, James Bond.
- Bien, Bond Jamesbond.
- No, no. James y Bond aparte.
- ¿James Bonaparte?
- No. James Bond y ya.
- ¿James Bonilla?
- Anda, pon 007.

- Póngame un bocadillo de lomo, por favor.
- Lo siento, acabo de limpiar la plancha.
- Bueno, ya vendré mañana cuando la tenga llena de mierda.

- ¿Cómo te llamas?
- Vane.
- ¿Vane de Vanessa?
- No, de Banesto, no te joroba.

> Recibe mis sinceras felicitaciones, hijito. Estoy seguro de que recordarás este día como el más feliz de tu vida.
>
> Gracias, papá. Pero mi boda es mañana.
>
> Créeme, yo sé lo que te digo.

- Buenos días, quería contratar un seguro de automóvil.
- ¿Con franquicia?
- Sí, sí, le doy mi palabra.

- ¡Feliz Navidad, hijo!
- Mamá, sabes de sobra que no soporto la Navidad.
- Ah, ¿entonces qué hago con este iPhone X?
- ¡Belén, campanas de Belén...!

- ¡Agente! ¡Ayúdeme! ¡Me han robado la peluca!
- Señora, no se preocupe, peinaremos la zona.

- En mi relación de pareja, cada uno tiene sus propias responsabilidades.
- ¿Tenéis niños?
- Eso lo lleva ella, pero creo que no.

- Yo soy más de aquí te pillo aquí te mato.
- ¿De relaciones cortas?
- No, psicópata.

- Mándame una foto tuya.
- No tengo, solo tengo viejas.
- No importa, mándame una vieja.
- Vale, ahí te va.

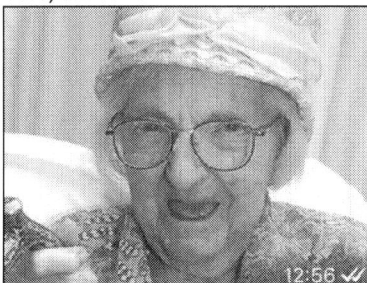

- Perdone, ¿cómo se llama usted?
- Como mi padre.
- ¿Y cómo se llama su padre?
- Como mi abuelo.
- ¿Y cómo se llama su abuelo?
- ¡Toma!; pues como nosotros dos.
- Pero, ¿cómo se llaman los tres?
- Pues..., pues..., a gritos, cuando estamos lejos.

- ¿Te he contado el chiste de estadísticas?
- Probablemente…

- *(Viajero en el autobús)* ¿Adónde va usted por esta ruta?
- *(El conductor cabreado)* ¡Al infierno!
- Bueno, pues menos mal que traigo billete de ida y vuelta.

- Oiga, ¿qué opina Vd. de la felicidad?
- Pues, no sabría decírselo; mi esposa ha sido la única mujer con la que he convivido.

> Parachoques roto, intermitente que no funciona, sin ventanilla trasera... esto le va a costar 200 euros
>
> ¡Perfecto, hazlo tío! el mecánico me pedía 400. ¡Menudo ladrón!

- Todas me llaman feo hasta que se enteran de cuánto gano.
- ¿Y cómo te llaman entonces?
- Feo y pobre.

- Por favor, ¿la calle Saboya?
- Si anda dando brincos, claro que se abolla.

- Cuando veo una prostituta me acuerdo siempre de las abejas.
- ¿Y eso?
- Mira, la abeja va de flor en flor y la prostituta va de capullo en capullo.

- ¡Qué metal más raro!
- Es estaño.
- ¡A que sí!

- Esto está buenísimo, ¿qué has dicho que era?
- Pan con aceite.
- Brutal, ya me pasarás la receta.
- No tengo ni idea, me lo ha hecho mi madre.
- Pregúntale si puedo hacerlo con la Thermomix.

- Acabe la frase: Mens sana...
- Culito de rana.
- ¿Y Vd. está aquí por el puesto de profesor de latín?
- Por supuestum.

- ¿Qué buscas?
- Unos papeles que tenía por aquí con poesías.
- ¿Sonetos?
- Ah, pues sí, estos son, muchas gracias.

- Discúlpeme, jefe, pero es que hace tres meses que no cobro.
- Nada, nada, hombre. No se preocupe, está disculpado.

- Soy vidente, y por diez euros te digo el futuro.
- ¿Por 10 euros? Vale, toma.
- Yo seré vidente, tú serás vidente, él será vidente...

- Manuel, ¿Valladolid es con *"y"* o con *"ll"*?
- Ni idea, ya no me acuerdo. Pregúntale a tu padre que trabaja en la Sexta.

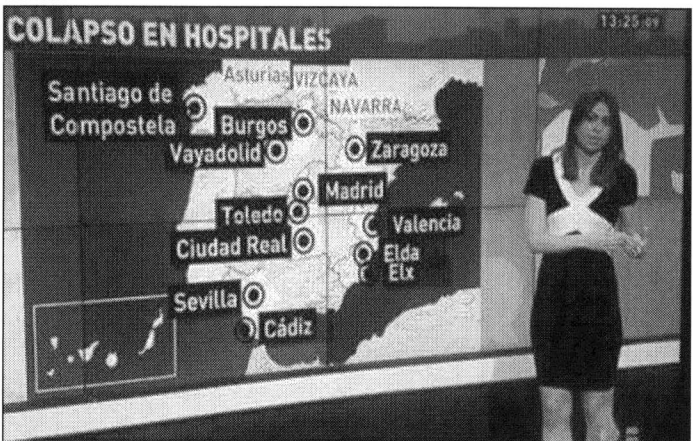

- Perdone, ¿Vd. no nada nada?
- No, porque no traje traje.

- Paco, todo el que se acuesta con mi mujer se queda sordo.
- ¿Ehhhhh?

- Por favor, nos daría algo para el hambre de la India.
- Anda, yo no sabía que la iba a alambrar.

- Doctor, no sé qué me pasa que cuando veo a una mujer me pongo como loco.
- Mmm... ¿Lujuria?
- ¡Sí, se lo jurio!

- ¿Quién es?
- Su ex.
- ¡Anda, como la tónica!

Siempre que hago el amor contigo, me acuerdo de aquella canción de ABBA

¿Cúal? ¿Mamma mia?

No. "Chiquitita"

- Ayer denuncié que mi mujer había desaparecido. Vengo a decirles que ya pueden suspender su búsqueda.
- ¿Ya la ha encontrado? Nos alegramos.
- No, es que he reflexionado.

- ¿Por favor, la calle Sagasta?
- Hombre, si pisa así de fuerte, claro que se gasta.

- Hola, ¿cómo te llamas?
- Adivínalo, te doy una pista. Empieza por ele.
- ¿Laura?
- No.
- ¿Lorena?
- No.
- ¿Leticia?
- No. ¿Te rindes?
- Sí, me rindo.
- Me llamo Elena.

  - Mi mujer es muy tímida.
  - ¿Ah sí? ¿Cómo de tímida?
  - Imagínate, no empezó a salir con chicos hasta después de casarse conmigo...

SEÑORA NO PUEDE ENTRAR CON ESE PERRO EN LA CASETA

ES MI PERRO GUIA

PERO SI USTED NO ESTÁ CIEGA

TU DAME UN PAR DE HORAS...

- Alejandro, cariño, ¿en qué estás pensando?
- En esos pobres sultanes que tienen tantas esposas.

- Esta mañana mi mujer se ha quedado tirada con el coche.
- ¿Qué le ha pasado?
- Me llamó y me dijo que el coche no arrancaba.
- Sería de la batería.
- Claro, le dije: Toma la batería y las pinzas y pon el positivo al polo rojo y el negativo al polo negro.
- ¿Y arrancó?
- Al cabo de media hora seguía sin arrancar. Por si acaso estaba haciendo algo mal me envió esta foto.

- Se te dan fatal las rimas.
- ¡Y una mierda como una olla!

- ¡Camarero! ¿Se puede saber qué está haciendo esta mosca en mi sopa?
- Mmm..., yo creo que está nadando a braza, señor.

- Me han dicho que te vas a vivir para el norte...
- Sí, es duro decir adiós...
- ¡Pues, anda que decir Massachusetts!

- No quería dormirme hasta que no llegaras.
- Pues, yo no quería llegar hasta que estuvieras dormida.

- ¿Cuántos años tiene usted, señora?
- Me estoy acercando a los cuarenta.
- ¿Por delante o por detrás?

¡María, me aburro!
¡Y yo!
¿Y si vamos a tocar timbres?

- ¿Te gusta mi disfraz de camaleón?
- ¿Quién está hablando?

- Loli, fíjate, no puedo comer carne.
- ¿Tienes la tensión alta?
- No, tengo la pensión baja.

- *Abuelo:* No te preocupes, María, que yo hasta los 100 años te seré fiel.
- Vaya, qué espabilado, y después por ahí con una, con otra...

- Hijo, voy a dar marcha atrás con el coche, avísame si le doy al vehículo que está detrás de nosotros.
- *(Se oye un golpe muy fuerte)* ¡Ya está, papá, ya le has dado!

- *(En el cementerio)* ¡Ayyyyyyyyyy! ¡No te tenías que haber muerto nunca!
- ¿Quién es, su padre, su hermano...?
- No, el anterior marido de mi mujer.

¡ALTO! ¿Sabe usted por qué le he parado?

Coño, ya me ha tocado un guardia con Alzheirmer

- Nena, ¿acepta mi compañía por 30 euros?
- Encantada.
- ¡Atenta la compañía, en columna de a uno!

- Mira qué gato que me han regalado.
- ¿Persa?
- Un kilo más o menos, todavía es pequeño.

- Manolo, te veo un poco desmejorado. ¿Qué te pasa?
- Que de pequeño me dijeron que a la vida había que ponerle azúcar, sal y pimienta.
- ¿Y eso qué tiene que ver?
- ¿Que qué tiene que ver? Que tengo 40 años y tengo diabetes, soy hipertenso y tengo hemorroides.

> Tiene aspecto de haber bebido mucho. Pruebe a moverse en línea recta.
>
> Mierda!

- Quiero tener un hijo tuyo.
- Pues, ya tengo tres, quédate al pequeño.

- Doctor, ¿cómo está mi marido?
- Lo hemos perdido.
- No diga tonterías, si le veo los pies por debajo de la sábana.

- ¿Tú padre es el calvo ése de la moto?
- Sí.
- ¿Tú sabes que eso se hereda?
- Claro. A ver si la palma ya y dejo de ir andando al instituto.

   - ¿Quiere usted formar parte de nuestra diócesis?
   - De acuerdo.
   - ¡Bien! ¡Muchachos, ya somos diócesiete!

> le tengo que multar con 600€ y 5 puntos
>
> La multa vale. Pero la puntución un pelín baja, ¿no agente? el trompo lo he bordao.

- Manolo, últimamente me he tirado a la Rosa, a la Conchy, a la telefonista, a la...
- Calla, no sigas, que entre tú y tu mujer os vais a cepillar a todo el pueblo.

   - Pues el otro día me fui al ballet con mi novio.
   - Jo tía, que envidia, ya me gustaría a mí tener a un novio con esa sensibilidad.
   - No te creas, al acabar le pregunte si le había gustado, y me dijo que no, que no sabia que equipo había ganado.

- Ayer me leí *"los pilares de la Tierra"* en dos horas.
- ¿Tanto tardaste?
- Sé que son cinco palabras, pero estoy satisfecho.

- Velas, ¿qué celebramos?
- Que nos han cortado la luz.

- Mire, somos de la televisión. ¿Cuál es la persona más vieja de todo este pueblo?
- Pues ahora nadie. La más vieja murió hace dos semanas.

- **¿Está su marido en casa?**
- **No.**
- **Pues, asómese a ver si soy yo.**

- Jenny, estamos tratando de contactar contigo con la ouija. ¿Estás ahí? ¡Manifiéstate!
- S-T-O-I... E-N... E-L... M-A-S... H-A-Y-A...
- ¡Pues sí, es la Jenny!

- A partir de ahora, llámame al móvil, ¿vale?
- Claro.
- Perfecto. Pues, hasta luego, Pedro.
- Hasta luego, Almóvil.

- Hola, ¿Michael Douglas?
- Sí, dígame.
- Mucho gusto. Oiga, la rubia esa de *"Instinto Básico"*, ¿sigue haciendo películas?
- ¡Ah, la Sharon!
- Vaya, qué lástima...

   - ¿Qué lees?
   - Kafka.
   - Uyyy, qué tos más fea...

- Señor, voy a ir con su hija a la misa y luego a el cine.
- Vale, no tardéis mucho.
- No señor, a las diez la traigo.

   - ¿Nombre de pila?
   - Unai.
   - ¿Griega o latina?

- ¿Qué tal la tienda que abrió tu mujer?
- ¡Chapeau!
- Vaya, pues sí que ha durado poco...

- En su currículum pone que habla Vd. siete idiomas, pero no dice cuáles.
- Es que son todos inventados por mí.
- Ah, vale, pues ya le llamaremos.
- Flagorcio klenspretes...

> me veo fatal! Vieja, gorda, fea... necesito un cumplido
>
> tienes una vista perfecta

- Se le incendió el bolso al cartero.
- ¿Y qué pasó?
- No hubo ningún sobre viviente...

- Paco, ya puedes venir a comer.
- Espera, que acabo el crucigrama.
- Natural de Viena, de seis letras.
- Vienés.
- ¡Que ya voy!

- Yo soy ateo.
- Yo anolo, ucho gusto.
- El gusto el ío.

- Perdona que te llame a estas horas, pero saber cómo es *"mostaza"* en francés.
- Es *"moutarde"*.
- Ya sé que es muy tarde, pero lo necesito para mañana...

- ¡Qué poesía más bonita me has recitado!
- Bueno, es lo que tiene ser un hombre culto...
- ¿Y de quién es?
- De Rafael Alberti.
- Pues, me ha encantado. ¡Viva Alberti!
- ¡Manque pierda!

> ¿Le traigo café o la cuenta señor?
>
> Pues, casi que ya no me va a traer nada más, que he comido muy bien.

- Pili, tengo dos entradas para el cine.
- Qué bueno, ¿vas a ver dos películas?
- Nena, eres un poco cortita.

- Papá, si me das 20 euros te digo con quien duerme mamá cuando tú no estás.
- Toma los 20 euros y dímelo.
- Duerme conmigo.

- Maruja, ¿qué tal de penitencias pone el cura nuevo?
- A mí, por tocársela a mi marido me ha dicho que me lave las manos.
- Pues, si yo me confesara yo con él, me mandaría a hacer gárgaras.

- ¿Me haces una foto con tu móvil?
- No tengo memoria.
- Pues borra algunas fotos.
- ¿Para qué?
- Para hacerme la foto.
- ¿Qué foto?

- Estuve el otro día en el homenaje a Katherine Hepburn y Marilyn Monroe, y la gente sólo se hablaba de Marilyn.
- ¿Y de Katherine?
- Fatal, unos tristes canapés.

- ¿Por qué no se detuvo cuando se lo ordené?
- Agente, es que mi mujer se fugó ayer con un policía y pensé que me la venía a devolver.

- Abuela, es curioso, el coche de mi novio siempre se avería cuando más lejos estamos o más oscura está la noche.
- Mira, dale una patada en los cataplines a tu novio y verás que pronto se arregla el coche.

- Oye Pepe, cuando esté vieja, gorda y fea, ¿me vas a seguir queriendo igual?
- Pero, Luisa, ¿te vas a poner peor?

- ¡Qué bonito es hacer el amor con tu mujer mientras están tus hijos en el colegio!
- Pero, si tú no tienes ni mujer ni hijos…
- Creo, que no me has entendido.

　
- Buenas, Sixto, ¿me da un saco de pienso?
- ¿Y por qué sabe Vd. que me llamo Sixto?
- Porque he visto los sacos fuera y me he dicho: *"Pienso, luego es Sixto"*.

- Jaimito, ¿por qué has traído tu conejo al colegio?
- Porque escuché a mi papá decirle a mi mamá: Me voy a comer ese conejito en cuanto se vaya Jaimito al colegio.

　
- Abuelo, ¿cómo haces a tu edad para tener sexo?
- Pues, lo mismo que si jugara al polo con una soga.

- Doctor, ¿usted sabe qué sucede después de morirnos?
- Sí, le damos la cama a otro paciente que lo necesite.

　
- ¿Cómo te llamas?
- Pues, no soy ni el ayer, no soy el mañana…
- ¿Pero qué dices?
- Pues, que me llamo Eloy.

- Jefe, ¿podemos hablar de la mejora de mi salario?
- ¡Por fin, algo de humor entre tanta crispación!

- Doctor, tengo sueños con campos de amapolas.
- Son delirios.
- No, son de amapolas.

> CADA VEZ QUE TE VEO PIENSO EN DEJAR A MI MUJER
> PERO YO SOY TU MUJER
> MHM

- Oye, tengo una diarrea horrible desde que volví de ese pueblo de Cádiz.
- ¿Barbate?
- ¡Cada cinco minutos!

- ¡Marujita! ¡Eres una descarada! ¡Mira cómo has salido en esta foto!
- ¡Oh! ¡Si no se me ve la cara!
- Lo que te he dicho, una descarada.

   - Dime con quién andas y te diré quién eres.
   - Ando con tu hermana.
   - Pues entonces eres mi cuñado.

VAMOS A MANDARLES UNA FOTO A MIS PADRES, QUE AÚN NO TE CONOCEN

- Inspector, ¿cómo murió la víctima?
- Los indicios apuntan a que murió ahorcado.
- Sí, todo concuerda.
- Con cuerda, eso es...

   - Oiga, ¿es el club de los nostálgicos?
   - Era.

- En la pescadería:
- Me ha dicho mi mujer que me ponga bonito.
- Pues dile a tu mujer que esto es una pescadería y no hacemos milagros.

  - Oiga, ¿me podría decir el futuro?
  - ¿De qué verbo?

> ODIO A LA GENTE QUE TRATA A LOS DEMÁS CON DESPRECIO
> ¡Yo TAMBIÉN!
> ¡TU CALLA, QUE NO TIENES NI PUTA IDEA!

- Así que fue usted quien robó las barras de pan. ¿Fue porque tenía hambre?
- Sí, señoría, fue por hambre.
- ¿Y por qué se llevó, además, el dinero que había en la caja?
- Señoría, lo dice la Biblia: no sólo de pan vive el hombre.

  - María, ¿cuándo vas a dejar de ser celosa?
  - Cuando me llames por mi nombre, ¡me llamo Ana!

- Doctor, creo que necesito vitaminas A y B.
- Pues, está usted tan pálido que hasta le voy a recetar todo el alfabeto.

- Veo que en la aldea hay poca gente. Aquí no debe de haber muchos nacimientos, ¿verdad?
- Uno al año, el que ponemos en Navidad.

(Viñeta: Un hombre arrodillado en un confesionario dice "Padre he robado y mentido." El sacerdote responde "¿De qué partido político eres, hijo?")

- Te repito que no vayas a esa casa maldita. Yo fui y volví con un demonio en mi interior.
- Poseído...
- ¡Mira que te he dicho veces que no fueras!

- Fíjate si hacemos buena pareja, mi mujer y yo, que nos conocimos en un ascensor.
- ¿Y eso qué tiene que ver?
- Pues, que soy el amor de subida.

- *(Recién casados saliendo de la iglesia)* ¡Qué felicidad, Miguel! Al fin casados y para toda la vida...
- ¡Ya estamos! Tú siempre viendo el lado negativo de las cosas.

> - *Esposa:* Supongo que hay razón para que llegues a las seis de la mañana a casa.
> - *Esposo:* Sí, el desayuno.

Dicen que si estornudas una vez es porque hablan de ti, y si lo haces dos te están criticando

Y si lo haces tres....¡estás resfriado!

- ¿Qué hiciste con la planta que te regale?
- Podarla.
- Povale, hombre.

> - Creo que mi mujer se ha fugado con un tío a un pueblo de Málaga.
> - ¿Antequera?
> - Pues, lo mismo que ahora, un poquito golfa.

- Aquí tiene la ración de patatas.
- ¿Quemarán?
- Tranquilo, que no larán nada...

- Mariano, ¿cuándo piensas llenar las botellas de agua?
- Ahora mismo, en cuanto acabe este documental de los perros que se ríen...
- ¿Las hienas?
- ¡Pues claro, no las voy a dejar a la mitad!

- Hola guapa, ¿a qué te dedicas?
- Soy experta en artesanales.
- ¿Trabajas con la madera, el vidrio...?
- No me has entendido...

NO PUEDE USTED COMER NI MARISCO, NI JAMÓN
¿QUE ES LO QUE TENGO, DOCTOR?
¡UNA PENSIÓN DE MIERDA!

- Capitán, hay una agujero en el barco.
- ¡Rápido! ¡Avise al pirata Patapalo!
- ¿Para qué?
- ¡Pues, patapalo!

- Hola, quería ingresar en la liga de los súper-héroes.
- ¿Cuál es su poder?
- Tengo 35 años y vivo con mis padres.
- Excelente, quedas admitido. Serás Supermán Tenido.

  - Tú traes cervezas, tú ginebra, tú comida...
  - ¿Y yo?
  - Tú ron.
  - ¿Del duro o del blando?
  - Tú no vienes...

> NIÑO, TU QUE OPINAS DE ESO DEL COITO ANAL
>
> HOMBRE, PA QUE TE VOY A ENGAÑAR, A MI ME GUSTABA MÁS SEMANAL.

- ¿Qué tal tus vacaciones en Creta?
- Mal, todo muy sucio, un asco.
- ¿De verdad? ¿Un asco, Creta?
- No gracias, ya he cenado...

  - ¿Tiene jarabe para tos?
  - Depende, ¿cuántos sois?

- ¿De dónde vienes tan tarde, borracho y con papel higiénico?
- Pues del bal, donde me mandaste, caliño.
- Te mandé a por papel Albal.
- ¡Pues eso, al bal!
- ¡Este chino es gilopollas!

- ¡Policía! ¡Un lobo, un lobo!
- Tiene Vd. que llamar al zoológico.
- No, que están lobando un banco.
- ¡Maldito chino! Ya no pillamos a los ladrones.

> No puedo salir a la calle, le debo dinero a todo el mundo...
> Prueba a dejarte barba...
> Es que con barba debo el doble

- ¿Pero, qué haces dándole esos golpes a la máquina?
- Que me ha tragao el euro que he echao.
- Pero, si pone que no sirve.
- ¡Si no he sirvao!

- ¿Por qué te bañas con pintura azul?
- Porque mi novia se marcha de viaje.
- ¿Y eso qué tiene que ver?
- Es que yo quiero estar siempre azulado...

- Doctor, ¿por qué quiere saber siempre qué marca de vino beben sus pacientes?
- Porque según la marca del vino les hago yo la factura.

- Vivimos en un mundo de sinvergüenzas. Hoy en la tienda me metieron un billete de diez euros falso.
- Déjame verlo.
- Ya no lo tengo, acabo de pagar la carne con él.

¿Y siente que su esposa lo domina?

¡Dile que no!

- Fíjate, nos escriben los secuestradores de tu madre.
- ¿Y qué dicen?
- Piden mil euros.
- ¿Y si no pagamos?
- Nos la devuelven.

- He pasado unas estupendas vacaciones en las playas de Suiza.
- No es posible. Tú mientes.
- ¿Y tú cómo lo sabes?
- Porque sé que a ti no te gusta nada la playa.

- Mi novio me ha regalado una rosa preciosa y me dijo que cuando pierda los pétalos nos volveremos a ver.
- ¿Y por qué estás tan triste?
- Porque la rosa es de plástico.

> Buenos días. Control de tráfico ¿Me enseña el seguro del coche?
>
> Claro agente. Mírelo, aquí en la puerta. Este pitorro que sube y baja.

- ¿Qué pasa con los cien euros que te he prestado?, ¿o es que se te han olvidado?
- No, qué va, pero dame un poco más de tiempo.
- ¿Para pagarme?
- No, para olvidarlo.

- Paco, ¿sabes por qué el César iba siempre en sandalias?
- ¿Porque entonces era lo que había?
- No, porque era Julio.

- Oiga, ¿dónde hay un hotel en esta localidad?
- Mire, vaya hasta la playa. El hotel está a un tiro de piedra del mar.
- ¿Y cómo lo reconoceré?
- Fácil, es el que tiene los cristales rotos.

- Pero, ¿no le dije que no bebiera más? Tiene sigue teniendo usted la tensión muy alta.
- Pero doctor, si no bebo más. Sigo bebiendo lo que le dije la semana pasada: los dos litros de vino al día con las comidas.

> - Raquel, corazón, ¿te acuerdas de qué nos dijo el médico que yo era amnésico o pirómano?
> - Amnésico, amorcito, ¿por qué?
> - No, por nada. Es que acabo de quemar el sofá y no recuerdo si tenemos extintor de incendios.

> Paco, tengo que dejarte, nuestra relación se ha acabado 14:18
>
> María no me jodas, me vas a dejar por Whatsapp? 14:19 ✓✓
>
> No, te dejo por gilipollas, Whatsapp no tiene la culpa 14:20

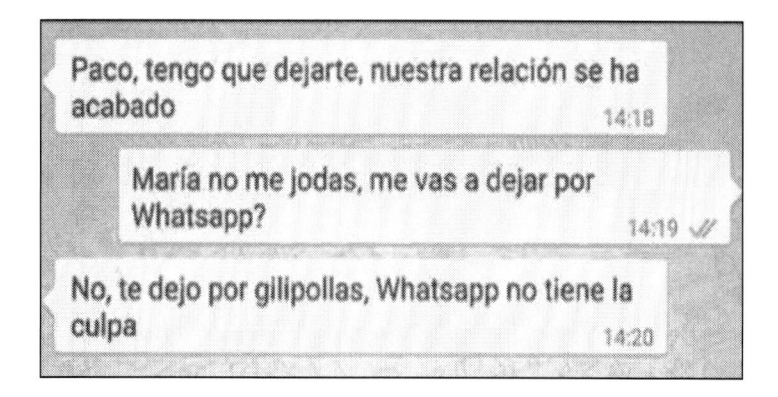

- *(Un boxeador a su entrenador)* Estoy últimamente agobiado porque padezco insomnio.
- ¿Y has probado a contar hasta quedarte dormido?
- Sí, pero es que, al llegar a nueve, me levanto de la lona.

> - ¿Cuánto cuesta este jersey?
> - 200 euros.
> - ¿Cómo es tan caro?
> - Porque es de lana de oveja virgen.
> - ¿Y no tiene Vd. otro igual de alguna oveja que sea un poco más golfa?

- Doctor, las pastillas que me ha recetado contra las pesadillas no surten efecto. Sigo soñando todas las noches que me persigue un toro.
- Pues no le quedará más remedio que aprender a torear.

* Con el sueldo que ganas, ¿llegas a fin de mes?
* Según. Cuando lo cobro el 29, llego sin problemas.

> ¡QUÉ LINDAS VACACIONES!, ¡LÁSTIMA QUE DURAN TAN POCO!
>
> YO POR ESO VACACIONO CON MI MUJER...¡SE ME HACEN ETERNAS!

- Cariño, ¿crees en el amor a primera vista?
- Pues sí, porque si te hubiera visto dos veces, no me caso.

* ¿Sabes qué significa viagra?
* No, ¿qué significa?
* Viejecitos Agradecidos.

- Paco, tú no sabes lo que vale una mujer como yo.
- Es verdad, Marisa, pero sé lo que cuesta.

Jesús Escudero Martín - Diálogos con humor (I, II, III y IV)

- Manuel, ¿qué tal pinta este verano?
- Pues, tengo ganas de ir a Moscú, como el año pasado.
- Ah, ¿pero fuiste a Moscú el año pasado?
- No, pero también tuve ganas...

- ¡Despierta Manolo!
- Estooooo, sólo estaba descansando la vista...
- Pues, te roncan los ojos...

ESTOY COLADO POR TI, NENA

- El papel, por mucho que digan o hagan sobrevivirá a Internet.
- Por supuesto; nadie se va a limpiar el culo con na pantalla.

- Cariño, ¿dónde está el niño?
- En inglés.
- ¡Será posible! Where is the boy?

- Disculpe, ¿usted limpia piscinas?
- Pos cloro que sí.

- Pues, mis padres se han ido este año de vacaciones a la capital de Siria.
- ¿Damasco?
- Tú sí que das asco...

* Hola, venía a inscribirme al gimnasio...
* ¿Será un propósito de Año Nuevo?
* Efectivamente.
* ¿Lo inscribo sólo por un día?
* Sí, mejor. Gracias.

> ¡oputa Lobo mira que querer cargarte a la abuela, que estamos todos viviendo de su PENSIÓN

- ¿Sabe Vd. inglés?
- Sí, bastante bien.
- ¿Cómo se dice fiesta?
- Party.
- Úselo en una frase.
- Ayer me party los dientes con el monopatín.

* ¿Adónde va Vd.?
* Donde nos lleve el viento y diga su corazón.
* Señor, sea serio o bájese del taxi.

- Mamá, cuéntame un chiste.
- Hija, mejor ayúdame a limpiar el salón.
- Jajajajajaja... ¡Qué buen chiste! ¡Eres genial, mamá!

- ¿Cuánto cuesta este oso de peluche?
- Pues, 300 euros.
- Me lo llevo.
- ... Oiga, espere, estos billetes son falsos...
- ¿Acaso el oso es de verdad?

[Viñeta: "Haber tuu,, por donde andas" / "Como es que nacimos juntos,, y te as muerto antes,"]

- Así que usted es el soldado que protestó ayer porque había un poco de tierra en la comida...
- Señor, sí señor.
- ¿Usted vino al ejército a servir a su país o a protestar?
- Señor, vine al ejército a servir a mi país, no a comérmelo.

- ¿Nivel de inglés?
- ¡Excelenteishon!

- Fíjate si hay porteros buenos en el fútbol mundial. Yo no tengo dudas sobre el que es el mejor.
- Para mí el de Bélgica: Courtois.
- No. El mejor es el de Para-guay.

- Pues, tengo un vecino que es músico.
- ¿Y qué toca?
- Los huevos.

¡190 KILOMETROS POR HORA! ¡Pero si sólo llevo conduciendo DIEZ MINUTOS!

- Manolo, ¿sabes qué es lo que más desea una servilleta?
- Vete tú a saber...
- Ser billete.

- Mi virtud es la paciencia.
- ¿Qué?
- Que mi virtud es la paciencia. ¡Sordo asqueroso!

Jesús Escudero Martín - Diálogos con humor (I, II, III y IV)

- Oye, Maruja, ¿quieres ser mi sol?
- Claro que sí.
- Pues, hazme el favor de alejarte 150 mil kilómetros de mí.

- A partir de hoy te llamaré Eva.
- ¿Por qué?
- Porque eres mi primera mujer.
- Vale, yo te llamaré dálmata.
- ¿Por qué?
- Porque eres el 101.

> CARIÑO, TENGO COMPLEJO DE FEA
> YA TE DIGO YO QUE DE COMPLEJO NADA

- El otro día me desperté en mitad de un campo de cereales.
- ¿Soñando?
- No, me desperté intrigado.

- Tengo en mi casa un mosquito que es como mi hermano.
- ¿Y eso?
- ¡Es que lleva mi sangre!

- María, ¿cómo van tus estudios?
- ¿Podemos hablar de otra cosa?
- Vale. ¿Y tu novio?
- Bueno, los profesores no son muy buenos que digamos...

- ¿Conocías el gato de Fermín?
- Sí. Decían que era muy bueno.
- Por lo visto tenía 16 vidas. Pues, murió ayer.
- ¿Qué pasó?
- Lo atropelló un 4x4.

- Manolo, ¿es verdad que la energía ni se crea ni se destruye?
- Sí, eso lo estudié yo en física en el bachillerato.
- ¿Entonces, qué demonios nos está cobrando Iberdrola?

- Hola Blanca.
- Soy Rosa.
- Perdóname, es que soy daltónico.

- Juan, ¿por qué no dejas de fumar? Con lo que te gastas en tabaco te podrías comprar un coche.
- ¿Tú fumas?
- Yo no.
- ¿Y dónde tienes el coche?

- Doctor, tengo muchos gases, ¿qué me recomienda?
- Que no se lo diga a nadie, porque como se entere Carmena no vuelve Vd. a pisar el centro de Madrid en su puñetera vida.

¿Y siente que su esposa lo domina?

¡Dile que no!

- Manolo, ¿sabes por qué a los hombres que han muerto por haber tomado viagra no los pueden enterrar?
- Pues, no tengo ni idea.
- Porque no pueden cerrar la tapa del ataúd.

- Para este trabajo tiene Vd. que ser mayor de edad.
- ¿Cuántos años hay que tener para ello?
- Dieciocho.
- Entonces no. Yo tengo muchos más.

- ¡Arriba las manos! ¡Esto es un atraco! ¿Tiene algo de valor?
- De valor nada, siempre he sido un cobarde toda la vida.

  - Ahora con esto del Facebook parece que hemos vuelto a la época de las cavernas...
  - ¿Qué bobadas dices?
  - Vaya, todo el mundo se comunica escribiendo en los muros.

- Manolo, te envío la foto de las lámparas nuevas que he puesto en el salón.
- Están muy bien.
- ¿Sí? Pues, me ha dicho mi mujer que las próximas las compra ella.

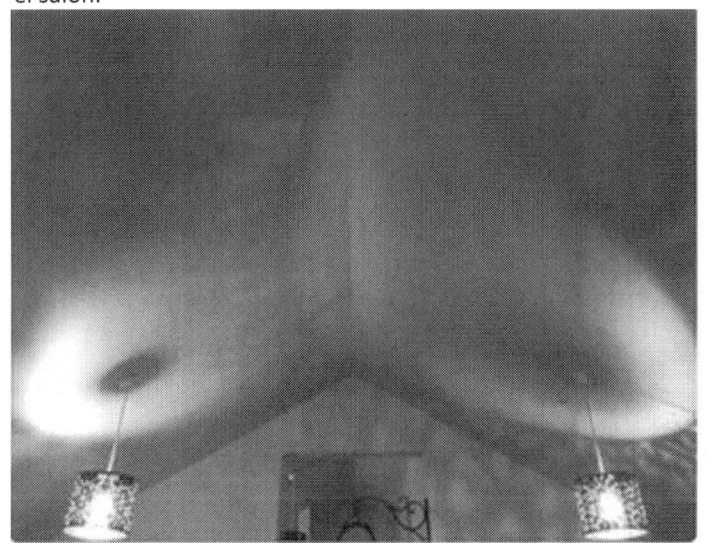

  - ¿Cuál es su nivel de ruso?
  - Excelentovsky.
  - No sabe usted nada, ¿verdad?
  - Exactovsky.
  - Ya se puede marchar.
  - Hasta luegovsky.

- Mi marido es barbero, pero si hubiera sido torero, sería de los más grandes.
- ¿Por qué lo dices?
- Porque es raro el día que no le corta la oreja a algún cliente.

> NUNCA PENSÉ QUE EN LA TERCERA EDAD ME CONVERTIRÍA EN UN FANÁTICO DE LA LECTURA
>
> ¿Y QUÉ LEES?
>
> LAS RECETAS MÉDICAS

- Tranquilízate, Juan, que pareces Spiderman.
- ¿Por qué parezco Spiderman?
- Porque estás que te subes por las paredes.

- Niños, ¿cuántas veces os he dicho que no os peleéis?
- Si no nos peleamos, tía. Estamos jugando a papá y mamá.

- Maruja, el proverbio chino ese de la pesca es una chorrada.
- ¿Qué proverbio?
- El que dice: *"Regálale un pez a un hombre y comerá un día. Enséñale a pescar y comerá toda la vida"*.
- ¿Y por qué es una chorrada?
- Sería muchísimo mejor si fuera: *"Regálale un pez a un hombre y comerá un día. Enséñale a pescar y te librarás de él todos los fines de semana"*.

- Señorita, ¿por qué no coge usted el teléfono?
- Jefe, porque todas las llamadas son para usted.

Tío, ¡eres un egocéntrico!

¡Pues anda que yo!

- *(En la ventanilla del banco)* ¿Cómo quiere Vd. que le dé el dinero?
- Mire, ¿qué le parece si yo alargo la mano y usted me lo pone en ella?

- Pues yo a los ocho años ya me ganaba un buen dinerito con el piano.
- ¿Ah sí? ¿A esa edad ya dabas conciertos?
- No, pero los vecinos me pagaban para que no tocase el piano a la hora de la siesta.

- ¿Por qué sacas una fotocopia de todas las cartas que escribes a tu novia? ¿Es que no quieres repetirte?
- ¡Qué va! ¡Lo que no quiero es contradecirme!

    - Oye, ¿tú sabías que ya hace cinco mil años que se juega al ajedrez?
    - ¿Y en tantísimo tiempo no debería haber ganado alguien? ¿No?

- Paco, ¿a que a ti te han dicho muchas veces que el ser humano es un animal que lee?
- Claro, ¿y qué pasa?
- Que cuando ve un banco con el cartel *"RECIÉN PINTADO"*, lo primero que hace es tocar.

    - Bueno, joven, ahora que ha conseguido el puesto de trabajo en la empresa, tengo que decirle que aquí se trabajan las ocho horas.
    - ¿Repartidas en cuántos días?

- He oído, que tu hija, la que trabaja en Alemania, se ha hecho pro...
- ¿Protestante?
- No, prostituta.
- Ah, eso es otra cosa.

- ¿Y tú por qué te han metido en la cárcel?
- Por cojo.
- Hombre, por cojo no meten a nadie en la cárcel.
- Ya, pero es que yo por estar cojo no me pude escapar.

- ¿Qué nombre le quieren poner a su hijo?
- Altrán.
- ¿Altrán?
- Altrán, sí, como el presidente.
- ¿Pero, qué presidente?
- Pues, el presidente americano, Don Altrán.

- Me temo que tenemos que volver a operarlo. Me he dejado un guante dentro.
- No se preocupe, doctor, tome veinte euros y cómprese otro.

- Maruja, cariño, me estoy haciendo mayor, la vida son cuatro días y quisiera pasar el próximo verano en un lugar donde no haya estado nunca antes.
- ¿Qué tal la cocina, querido?

- Venía a por el puesto de trabajo...
- ¿Tiene Vd. experiencia como vendedor?
- Sí, claro. He vendido mi casa, mi coche, mi piano...

- *(El jefe hospitalizado y un empleado le visita)* ¡Qué detalle de su parte haber venido a verme! Me imagino que viene en representación de todos los empleados.
- Así es, jefe, lo echamos a suerte y perdí yo.

PROSTITUCIÓN MASCULINA

CLARO QUE SÍ, NENA, CUMPLIRÉ TUS DESEOS...
TE ESCUCHARÉ TOOODA LA NOCHE

- Es un poco ridículo lo que están haciendo conmigo aquí en la cárcel.
- ¿Y eso?
- Pues, porque me metieron aquí por robar comida, y ahora me la traen gratis todos los días. ¡Es ridículo!

- Adiós, buenas tardes. ¿Quedaron conformes con el menú?
- El pan y el agua estaban estupendos. Felicite de nuestra parte al cocinero.

- Bernardo, vaya borrachera que llevas encima. Es de las buenas, de las de verdad, de las de aúpa...
- ¿A que sí? Pues ya verás como mi mujer le encontrará alguna pega.

- ¿Para qué me da esta servilleta? Lo que le he pedido ha sido ha sido la cuenta.
- Precisamente, señor. Es para que pueda secarse el sudor.

> MIRA, ABUELO, TENGO UNA OFERTA DE TRABAJO EN AL-QAEDA
>
> UYY, MAL ROLLO, ESTOS SÓLO TE QUIEREN PARA EXPLOTARTE

- ¿Vive aquí el señor Pollo?
- No. Señor. Aquí vive el señor Gallo.
- Bueno, debe ser el mismo. Yo no le veo desde niño.

- Quería un kilo de carne que sea dura.
- Chiquillo, ¿por qué la quieres dura?
- Porque si m e la da tierna se la come toda la abuelita.

- Doctor, no estoy de acuerdo con usted. El agua ha matado a más gente que el vino.
- Está usted loco.
- ¿Loco? Dígame el número de víctimas del Diluvio.

- Mire, doctor, mi problema es que ronco muchísimo.
- ¿Y qué pasa, le molesta a su mujer?
- No, qué va, si ella duerme como un verdadero tronco. El problema es que, por culpa de los ronquidos, ya me han despedido de tres trabajos.

> PUES YO, AQUÍ DONDE ME VES, ESTUVE A PUNTO DE CASARME CON UN JARDINERO
>
> ¿Y QUÉ PASÓ?
>
> QUE ME DEJÓ PLANTADA

- Según su esposa, usted la agredió con el aspirador y después la empujó escaleras abajo. ¿Es cierto?
- Mire, señor juez. Sobre el caso existen tres versiones: la de mi mujer, la mía y la verdadera.

- Les felicito. Nunca discuten, son Vds. un matrimonio modelo.
- Como mi marido hace siempre lo que yo quiero, no puede haber discusión.

- ¡Ramírez! ¡Le he dicho mil veces que no se puede dormir en la oficina!
- Perdone, jefe, es que el nene no me ha dejado pegar ojo en toda la noche.
- ¡Estupendo! Desde mañana tráigalo a la oficina.

```
Mi coronel, hemos incautado 20 kilos de cocaina
¿15 kilos de Cocaina?
Si señor 10 kilos
Asi que 5 kg ¿eh?
La verdad solo ah sido un kilo
¿Un kilo de que?
El Pichicatero
```

- ¿Por qué se niega Vd. a pagar el bistec?
- Porque estaba demasiado caliente.
- Pudo Vd. esperar un poco a que se enfriara o también soplarlo un poco.
- Camarero, eso es lo que hice. Le soplé un poco y desapareció volando.

- Juan, cariño, ¿verdad que yo no represento 30 años?
- No, Julia, ya no.

- Papá, ¿por qué, cuando se casan, los novios se dan la mano delante del cura?
- Por nada, hijo. También se la dan, antes de empezar, en un combate de boxeo.

- Pues, mi novio es ya otro hombre.
- ¿Ha cambiado de carácter?
- No. He cambiado de novio.

- Fíjate Paco, cenando ayer me pusieron esto:

- Para mí que te pusieron el plato boca abajo al verte que eras de pueblo.

- ¿Qué le pasa a tu mujer que está tan enfurruñada?
- Pues, que el otro día le di un beso y a continuación me puse a dictarle una carta. No es tonta y ha adivinado que tengo algo con la secretaria.

- Juan, aunque siempre he sabido que eres disléxico, en esta fiesta no se te nota nada.
- Hombre, los disléxicos, con la cerveza nos venimos abirra.

- Pero, ¿qué hace este enfermo en el suelo?
- Lo que usted le dijo, doctor. Tomándose el medicamento.
- Pero yo dije que lo tomara a gotas.
- ¡Atiza! Nosotros entendimos que *"a gatas"*.

- ¿Qué, Jaimito? ¿Le gusta a tu hermana el anillo que le he regalado?
- No mucho, porque cuando viene su otro novio se hace daño al quitárselo.

> No puedo entrar al Facebook
>
> Pero si estás con el Microhondas
>
> **Los Años no perdonan**

- ¿Qué tal tu nivel de inglés?
- Bastante alto.
- Estupendo, ahora te mando un mail del cliente, ve a buscarle al aeropuerto.
- Okey.

- ¿Qué tal, señor González? ¿Cómo está usted? Lo encuentro muy cambiado.
- Perdone, pero es que no soy el señor González.
- ¿Cómo? ¿Ha cambiado usted también de nombre?

- Oiga, ¿usted es negro, verdad?
- Sí señora. ¿Y cómo lo ha sabido?
- Hombre, por el acento.

> Cuando yo tenía cuarenta años, con el pito paraba un camión.
>
> Es que usted debe haber sido un hombre muy viril.
>
> No, guardia urbano.

- ¿Qué te recetó el médico contra el insomnio?
- Que me fuera a dormir con las gallinas.
- ¿Y qué tal?
- No pegué ojo en toda la noche. Creo que me caí más de diez veces del palo.

- ¿Qué te parece mi nuevo novio?
- Excelente chico, se merece una buena mujer a su lado. Y te recomiendo que te cases con él antes de que la encuentre.

> Antes, cuando era joven, tenía que desnudarme por completo, cuando iba al médico.
>
> Ahora, es suficiente con enseñarle la lengua
>
> ¡Es increíble, lo que ha adelantando la medicina!

- Señora, soy el médico de su marido. Le ha caído una manzana en la cabeza.
- ¿Y cómo está?
- Pues, herido de 'gravedad'.

- El reloj nuevo me ha gastado una broma muy pesada.
- ¿El reloj una broma?
- Sí, se me adelanta tanto que el otro día fue a un entierro y el tío todavía no había muerto.

- Perdone, ¿cuántos barriles de cerveza suele despachar en una semana?
- Pues, unos ocho barriles.
- ¿Quiere que le diga cómo podría despachar diez u once?
- Sí, ¿cómo?
- Llenando más los vasos.

- Y usted, ¿cuántos hijos tiene?
- Cuatro, señor: Aurora, Isabel, Pedro, Jaime, y cinco más que se murieron.
- ¿Y cómo se llamaban los muertos?
- Pues mire usted, en este pueblo a los muertos los llamamos difuntos.

- Camarero, un café por favor.
- ¿Con leche?
- ¡Ni se te ocurra!

- ¿Tiene turrón se Suchard?
- No, tengo Delavida.
- ¿No me diga que se ha muerto Suchard?

- En los próximos meses, nada de fumar ni beber ni comer en restaurantes caros. Y, por supuesto, nada de viajes al Caribe.
- ¿Y eso hasta cuándo, doctor?
- Hasta que me pague todo lo que me debe.

- ¿Sabías que tu novio había salido conmigo antes de conocerte a ti?
- Pues no, pero siempre me dijo que antes de conocerme a mí había cometido algunas estupideces.

- Luis, mi mujer y yo somos uno.
- Pues mi mujer y yo somos diez: Ella es el uno y yo el cero.

- Soy repartidor de pizzas, un trabajo muy jodido, todo el día las veo, las huelo, se me antojan y no me puedo comer ninguna...
- Entonces, estamos igual.
- ¿También es Vd. repartidor de pizzas?
- No, soy ginecólogo.

> **Soy un genio, te concedo dos deseos.**
> **¿Pero no eran tres?**
> **Me cobro uno como comisión de servicio.**
> **¡Tócate los huevos!**
> **Te queda uno.**

- Pero, ¿qué te ha pasado para tener las orejas en carne viva?
- Es que mi mujer dejó la plancha encendida, sonó el teléfono y yo agarré la plancha por equivocación.
- ¿Y qué te pasó en la otra oreja?
- Pues el maldito imbécil volvió a llamar.

- ¡Hola! ¿Qué te cuentas?
- Pues, para ser sincero, sólo hasta nueve.

- ¿Y por qué quiere usted divorciarse de su esposa?
- Porque después de 30 años de casados me dijo que soy un pésimo amante.
- ¿Y por eso quiere usted divorciarse?
- ¿Y cómo supo ella que soy un mal amante?

- Manolo, viene hoy en el periódico que en unos 20 años ya no existirá el dinero físico.
- Entonces, en mi casa, como siempre, adelantándonos al futuro.

- Papá, en casa de Jenny no usan tantos platos.
- Porque tendrán que lavarlos ellos, hija.

- El único deporte que yo hacía antes era ver torneos de golf en la tele, pero mi médico me aconsejó que haga ejercicio para evitar problemas cardiovasculares.
- ¿Y qué haces ahora?
- Me he pasado a ver partidos de tenis.

- Me he enterado de que ha muerto tu socio. ¿No podrías colocar en su lugar a mi novio?
- Pues, voy a hablar con la funeraria, pero va a ser difícil porque creo que ya lo han incinerado.

- *(El policía de tráfico detiene a un borracho que iba haciendo eses con el coche)* ¿Me da su permiso para circular?
- Cómo no, circule, agente, tiene usted mi permiso.

  - Lo siento, no encuentro la causa de sus dolores de estómago, pero creo que se debe a la bebida.
  - Bueno, doctor, volveré cuando esté usted sobrio.

> Soy tu regalo
>
> ¿Has guardado el ticket?

- *(Entre recién casadas)* ¿Eres feliz?
- No demasiado.
- ¡Pero tu marido decía que te trataría como a una reina!
- Pues se habrá hecho republicano.

  - Faltan 100 euros en la caja y sólo usted y yo tenemos la llave. ¿Qué me dice?
  - Pues mire, jefe, ponemos 50 euros cada uno y no hablamos más del asunto.

- Pero, hijo, ¿por qué te da tanto miedo ir a la peluquería?
- Mamá, tiene un letrero que dice: *"Le quitamos diez años de encima"*. ¡Y yo sólo tengo nueve!

　
- ¿Su esposa colaboró en el robo de la alfombra?
- No, señor juez, ella sólo me acompañó para elegirla.

> Me sé una rima super graciosa, ya verás, dime un número terminado en cinco
>
> Quince

　
- Qué cabezona eres, María.
- Rosa.
- Y dale.

　
- Mozart, cariño, hoy tenemos cena en casa de Haydn. Nos toca llevar el pan.
- ¿Va Goethe?
- O chapata, como tú veas.

　
- Vendí tu Séat.
- Bendito seas tú también.

- Vengo a denunciar que hay un tipo que se hace pasar por mí.
- ¿Suplantación?
- En la terraza, son geranios que compré el año pasado.

- ¡Ande, hombre, entre, no se quede en la puerta!
- No me atrevo, traigo los pies llenos de barro.
- No importa, déjese las botas puestas.

> No se que me pasa que últimamente nadie me presta atención.
> ¿Decías?

- Buenos días, venimos por lo de la terapia de pareja.
- Lo primero que tienen que hacer es aparcar las diferencias.
- Eso lo hago yo. Mi mujer no sabe conducir.

- Queríamos comprar una cama muy resistente.
- Muy bien. Pero el señor no me parece muy corpulento.
- Ya, Pero tengo un sueño muy pesado, ¿sabe usted?

- Camarero, he encontrado un pelo en la sopa, y no es mío.
- Démelo, por favor, lo guardaré por si viene alguien a reclamarlo.

- Para cuando tenga una hija tengo preparado para ella un nombre muy especial.
- ¿Qué nombre ese?
- Suverga. Fíjate cuando su novio me diga a mí: Señor Antonio, estoy enamorado de Suverga.

> !ALTO!
> ¿SABE USTED QUE CONDUCIR CON MÁS DE 65 AÑOS ESTÁ CONSIDERADO COMO PELIGROSO?
>
> MANDA HUEVOS Y LUEGO PRETENDEN QUE TRABAJEMOS HASTA LOS 70
>
> LUGO ←5Km
> 600-FRU

- Oye, papi, ¿error lleva "h"?
- Pues, claro.
- Gracias, papi.
- De nada, Hugo.

OBRAS DEL AUTOR

Título	Págs	Tapa Blanda B/N	Tapa Blanda COLOR	Kindle
Diálogos con humor (I) (Gran selección)	138	X		X
Diálogos con humor (II) (Gran selección)	138	X		X
Diálogos con humor (III) (Gran selección)	138	X		X
Diálogos con humor (IV) (Gran selección)	148	X	X	X
Diálogos con humor (I y II) (Gran selección)	264	X		X
Diálogos con humor (I, II y III) (Gran selección)	390	X		X
Diálogos con humor (I, II, III y IV) (Gran selección)	480	X	X	X
Pequeñas historias con humor	156	X	X	X
Problemas "acertijos" mentales	122	X		X
Resolución de problemas matemáticos	360	X		X
En el colegio (1) (Experiencias)	156	X	X	X
En el colegio (2) (Experiencias)	154	X	X	X
En el colegio (1 y 2) (Experiencias)	292	X	X	X
250 Acertijos de ingenio escogidos (Vol. 1)	198	X		X
300 Acertijos de ingenio escogidos (Vol. 2)	200	X		X
310 Acertijos de ingenio escogidos (Vol. 3)	194	X		X
290 Acertijos de ingenio escogidos (Vol. 4)	190	X		X
550 Acertijos de ingenio escogidos (Vol. 1 y 2)	380	X		X
600 Acertijos de ingenio escogidos (Vol. 3 y 4)	360	X		X
Momentos entretenidos con los números (Vol. 8)	202	X		X
Acertijos escogidos de tipo geométrico (Vol. 9)	182	X		X
Acertijos escogidos relativos al lenguaje (Vol. 11)	208	X		X
Acertijos numéricos, geom. y de lenguaje (Vol. 8, 9 y 11)	482	X		X
El gran libro de los acertijos de ingenio (Parte 1)	164	X	X	X
El gran libro de los acertijos de ingenio (Parte 2)	164	X	X	X
El gran libro de los acertijos de ingenio (Parte 3)	160	X	X	X
El gran libro de los acertijos de ingenio (Partes 1 y 2)	300	X	X	X
El gran libro de los acertijos de ingenio (Partes 1, 2 y 3)	434	X	X	X

DIÁLOGOS CON HUMOR (I)
DIÁLOGOS CON HUMOR (II)
DIÁLOGOS CON HUMOR (IV)
GRAN SELECCIÓN (B/N)
Jesús Escudero Martín
DIÁLOGOS CON HUMOR (IV)
GRAN SELECCIÓN (B/N)
Jesús Escudero Martín
PROBLEMAS ACERTIJOS MENTALES
DIÁLOGOS CON HUMOR (I y II)
DIÁLOGOS CON HUMOR (I, II y III)
PEQUEÑAS HISTORIAS CON HUMOR
EN EL COLEGIO (1)
EN EL COLEGIO (2)
EN EL COLEGIO (2)
EN EL COLEGIO (1 y 2)
EN EL COLEGIO (1 y 2)
Vol. 1
290 ACERTIJOS DE INGENIO ESCOGIDOS
Vol. 2
300 ACERTIJOS DE INGENIO ESCOGIDOS
Vol. 3
310 ACERTIJOS DE INGENIO ESCOGIDOS
290 ACERTIJOS DE INGENIO ESCOGIDOS
Vol. 4
600 ACERTIJOS DE INGENIO ESCOGIDOS
Vol. 3 y 4
MOMENTOS ENTRETENIDOS CON LOS NÚMEROS
Vol. 8
ACERTIJOS ESCOGIDOS DE TIPO GEOMÉTRICO
Vol. 9
Vol. 11
ACERTIJOS ESCOGIDOS RELATIVOS AL LENGUAJE
ACERTIJOS NUMÉRICOS, GEOMÉTRICOS Y DE LENGUAJE
Vol. 8, 9 y 11
Resolución de problemas matemáticos
EL GRAN LIBRO DE LOS ACERTIJOS DE INGENIO
[Parte 1] [COLOR]
EL GRAN LIBRO DE LOS ACERTIJOS DE INGENIO
[Parte 1] [B/N]
EL GRAN LIBRO DE LOS ACERTIJOS DE INGENIO
[Parte 2] [COLOR]
EL GRAN LIBRO DE LOS ACERTIJOS DE INGENIO
[Parte 2] [B/N]
EL GRAN LIBRO DE LOS ACERTIJOS DE INGENIO
EL GRAN LIBRO DE LOS ACERTIJOS DE INGENIO
Jesús Escudero Martín
EL GRAN LIBRO DE LOS ACERTIJOS DE INGENIO
Jesús Escudero Martín
EL GRAN LIBRO DE LOS ACERTIJOS DE INGENIO
Jesús Escudero Martín
EL GRAN LIBRO DE LOS ACERTIJOS DE INGENIO
[PARTES 1, 2 y 3] [B/N]
Jesús Escudero Martín

Printed in Great Britain
by Amazon